DIALÉTICA DO ESCLARECIMENTO

THEODOR W. ADORNO E MAX HORKHEIMER

DIALÉTICA DO ESCLARECIMENTO
FRAGMENTOS FILOSÓFICOS

Tradução:
GUIDO ANTONIO DE ALMEIDA
Professor de Filosofia da Universidade Federal do Rio de Janeiro

23ª reimpressão

Copyright © 1944 by Social Studies Association, Inc., New York,
by arrangments with S. Fischer Verlag, GmbH, Frankfurt am Main

Tradução autorizada da edição alemã publicada em 1969
por S. Fischer Verlag, GmbH, de Frankfurt am Main, Alemanha

Grafia atualizada segundo o Acordo Ortográfico da Língua Portuguesa de 1990, que entrou em vigor no Brasil em 2009.

Título original
Dialektik der Aufklärung: Philosophische Fragmente

Capa
Dupla Design

Novo projeto (com nova paginação e capa, sem alterações de conteúdo): 2006.

cip-Brasil. Catalogação na publicação
Sindicato Nacional dos Editores de Livros, rj

A186d	Adorno, Theodor W., 1903-1969 Dialética do esclarecimento: fragmentos filosóficos / Theodor W. Adorno, Max Horkheimer; tradução, Guido Antonio de Almeida. — 1ª ed. — Rio de Janeiro: Zahar, 1985. Tradução de: Dialektik der Aufklärung: Philosophische Fragmente. Inclui bibliografia isbn 978-85-7110-414-3 1. Filosofia alemã – Século xx. i.Horkheimer, Max, 1895-1973. ii. Título.
85-0613	cdd: 193 cdu: 1(430)

Todos os direitos desta e dição reservados à
EDITORA SCHWARCZ S.A.
Praça Floriano, 19, sala 3001 — Cinelândia
20031-050 — Rio de Janeiro — rj
Telefone: (21) 3993-7510
www.companhiadasletras.com.br
www.blogdacompanhia.com.br
facebook.com/editorazahar
instagram.com/editorazahar
twitter.com/editorazahar

Sumário

7 Nota preliminar do tradutor
9 Sobre a nova edição alemã
11 Prefácio

17 O Conceito de Esclarecimento
47 Excurso I: Ulisses ou Mito e Esclarecimento
71 Excurso II: Juliette ou Esclarecimento e Moral
99 A Indústria Cultural: O Esclarecimento como Mistificação das Massas
139 Elementos do Antissemitismo: Limites do Esclarecimento
173 Notas e Esboços

213 *Notas*

Para Friedrich Pollock

Nota preliminar do tradutor

A tradução de *Aufklärung* por *esclarecimento* requer uma explicação: por que não recorremos ao termo *iluminismo*, ou *ilustração*, que são as expressões mais usuais entre nós para designar aquilo que também conhecemos como a *Época* ou a *Filosofia das Luzes?* Em primeiro lugar, como não poderia deixar de ser, por uma questão de maior fidelidade: a expressão *esclarecimento* traduz com perfeição não apenas o significado histórico-filosófico, mas também o sentido mais amplo que o termo encontra em Adorno e Horkheimer, bem como o significado corrente de *Aufklärung* na linguagem ordinária. É bom que se note, antes de mais nada, que *Aufklärung* não é apenas um conceito histórico-filosófico, mas uma expressão familiar da língua alemã, que encontra um correspondente exato na palavra portuguesa *esclarecimento*, por exemplo em contextos como: *sexuelle Aufklärung* (esclarecimento sexual) ou *politische Aufklärung* (esclarecimento político). Neste sentido, as duas palavras designam, em alemão e em português, o processo pelo qual uma pessoa vence as trevas da ignorância e do preconceito em questões de ordem prática (religiosas, políticas, sexuais etc.).

Ora, o conceito histórico-filosófico está ligado ao sentido coloquial do termo, e não é por outra razão que foi escolhido como palavra de ordem e senha de identificação pelos espíritos esclarecidos dos tempos modernos. Kant, como se sabe, define a *Aufklärung*, num texto célebre, como um processo de emancipação intelectual resultando, de um lado, da superação da ignorância e da preguiça de pensar por conta própria e, de outro lado, da crítica das prevenções inculcadas nos intelectualmente menores por seus maiores (superiores hierárquicos, padres, governantes etc.). A ligação entre o conceito filosófico e a expressão coloquial é uma razão decisiva para nossa tradução.

Em Adorno e Horkheimer, o termo é usado para designar o processo de "desencantamento do mundo", pelo qual as pessoas se libertam do medo de uma natureza desconhecida, à qual atribuem poderes ocultos para explicar seu desamparo em face dela. Por isso mesmo, o esclarecimento de que falam não é, como o iluminismo, ou a ilustração, um movimento filosófico ou uma época histórica determinados, mas o processo pelo qual, ao longo da história, os homens se libertam das potências míticas da natureza, ou seja, o processo de racionalização que prossegue na filosofia e na ciência. Mas este não é um simples processo de desmitologização: o fato de que ele tem origem no próprio mito e encontra seu termo atual na mitologização do esclarecimento sob a forma da ciência positiva reflete o fato de que o conhecimento pela dominação da natureza tem lugar pela assimilação dos processos de conhecimento e controle aos processos naturais, e explica por que esse processo de dominação da natureza pode resultar paradoxalmente numa mais completa naturalização do homem totalmente civilizado. Tudo isso deixa claro que o conceito de esclarecimento, embora sem perder o vínculo que o liga ao conceito crítico e emancipador expresso pelo termo na linguagem ordinária e filosófica, não pode se resumir, para nossos autores, às Luzes do século dezoito. Não só a expressão não designa mais um movimento filosófico, mas resulta de um aprofundamento crítico que leva à desilusão de seu otimismo. Acresce a isso que não podemos nem mesmo supor que a ilustração constitua para eles o exemplo histórico privilegiado do esclarecimento, uma vez que é muito mais longe, na experiência do herói da *Odisseia*, que vão buscar o protótipo dessa atividade esclarecedora que se confunde com o processo civilizatório.

Há outras razões, menos importantes de um ponto de vista teórico-conceitual, mas igualmente importantes do ponto de vista da tradução, para se preferir esclarecimento a iluminismo e ilustração. Em particular, é possível dar uma tradução unitária para expressões cognatas como *aufklären* = esclarecer e *aufgeklärt* = esclarecido. Iluminar e iluminado conotam, não o esclarecimento que devemos ao uso da razão, mas à iluminação mística ou às luzes divinas. Ilustrar e ilustrado, por sua vez, significam antes a instrução pelo estudo e pela leitura do que o esclarecimento que resulta da reflexão e da crítica.

Finalmente, a tradução de *Aufklärung* por esclarecimento vai se tornando mais comum. É assim, aliás, que se traduziu em português o título do texto de Kant acima mencionado: "*Beantwortung der Frage: Was ist Aufklärung?*" ("Resposta à pergunta: 'Que é 'Esclarecimento?'", trad. F. de Sousa Fernandes, in: Immanuel Kant, *Textos seletos*, Petrópolis, Vozes, 1974).

Sobre a nova edição alemã

A *Dialética do Esclarecimento* saiu em 1947 pela editora Querido em Amsterdam. O livro, que só pouco a pouco se difundiu, está há muito esgotado. Ao reeditá-lo agora, decorridos mais de vinte anos, não somos movidos apenas pelas múltiplas solicitações, mas pela crença de que não poucos dos pensamentos ainda são atuais e têm determinado em larga medida nossos esforços teóricos ulteriores. É difícil para alguém de fora fazer ideia da medida em que somos ambos responsáveis por cada frase. Juntos ditamos largos trechos, e a tensão dos dois temperamentos intelectuais que se juntaram na *Dialética* é seu elemento vital.

Não nos agarramos sem modificações a tudo o que está dito no livro. Isso seria incompatível com uma teoria que atribui à verdade um núcleo temporal, em vez de opô-la ao movimento histórico como algo de imutável. O livro foi redigido num momento em que já se podia enxergar o fim do terror nacional-socialista. Mas não são poucas as passagens em que a formulação não é mais adequada à realidade atual. E, no entanto, não se pode dizer que, mesmo naquela época, tenhamos avaliado de maneira excessivamente inócua o processo de transição para o mundo administrado.

No período da grande divisão política em dois blocos colossais, objetivamente compelidos a colidirem um com o outro, o horror continuou. Os conflitos no Terceiro Mundo, o crescimento renovado do totalitarismo não são meros incidentes históricos, assim como tampouco o foi, segundo a *Dialética*, o fascismo em sua época. O pensamento crítico, que não se detém nem mesmo diante do progresso, exige hoje que se tome partido pelos últimos resíduos de liberdade, pelas tendências ainda existentes a uma humanidade real, ainda que pareçam impotentes em face da grande marcha da história.

O desenvolvimento que diagnosticamos neste livro em direção à integração total está suspenso, mas não interrompido; ele ameaça se completar através de ditaduras e guerras. O prognóstico da conversão correlata do esclarecimento no positivismo, o mito dos fatos, finalmente a identidade da inteligência e da hostilidade ao espírito encontraram uma confirmação avassaladora. Nossa concepção da história não presume estar livre disso, mas, certamente, não está à cata de informações à maneira positivista. Crítica da filosofia que é, não quer abrir mão da filosofia.

Retornamos dos Estados Unidos, onde o livro foi escrito, para a Alemanha, na convicção de que aqui poderemos fazer mais do que em outro lugar, tanto teórica quanto praticamente. Juntamente com Friedrich Pollock, a quem o livro é agora dedicado por seus 75 anos, como já o era por seus 50 anos, reconstruímos o Instituto para Pesquisa Social com o pensamento de prosseguir a concepção formulada na *Dialética*. No desenvolvimento de nossa teoria e nas experiências comuns que se seguiram, tivemos a ajuda, no mais belo sentido, de Gretel Adorno, como já ocorrera por ocasião da primeira redação.

Quanto às alterações, fomos muito mais parcimoniosos que o costume na reedição de livros publicados há mais de uma década. Não queríamos retocar o que havíamos escrito, nem mesmo as passagens manifestamente inadequadas. Atualizar todo o texto teria significado nada menos do que um novo livro. A ideia de que hoje importa mais conservar a liberdade, ampliá-la e desdobrá-la, em vez de acelerar, ainda que indiretamente, a marcha em direção ao mundo administrado, é algo que também exprimimos em nossos escritos ulteriores. Contentamo-nos, no essencial, com a correção de erros tipográficos e coisas que tais. Semelhante reserva transforma o livro numa documentação; temos a esperança de que seja, ao mesmo tempo, mais que isso.

Frankfurt, abril 1969

THEODOR W. ADORNO
MAX HORKHEIMER

Prefácio

Quando começamos o trabalho, cujas primeiras provas dedicamos a Friedrich Pollock, tínhamos a esperança de poder apresentar o todo concluído por ocasião de seu quinquagésimo aniversário. Mas quanto mais nos aprofundávamos em nossa tarefa, mais claramente percebíamos a desproporção entre ela e nossas forças. O que nos propuséramos era, de fato, nada menos do que descobrir por que a humanidade, em vez de entrar em um estado verdadeiramente humano, está se afundando em uma nova espécie de barbárie. Subestimamos as dificuldades da exposição porque ainda tínhamos uma excessiva confiança na consciência do momento presente. Embora tivéssemos observado há muitos anos que, na atividade científica moderna, o preço das grandes invenções é a ruína progressiva da cultura teórica, acreditávamos de qualquer modo que podíamos nos dedicar a ela na medida em que fosse possível limitar nosso desempenho à crítica ou ao desenvolvimento de temáticas especializadas. Nosso desempenho devia restringir-se, pelo menos tematicamente, às disciplinas tradicionais: à sociologia, à psicologia e à teoria do conhecimento.

Os fragmentos que aqui reunimos mostram, contudo, que tivemos de abandonar aquela confiança. Se uma parte do conhecimento consiste no cultivo e no exame atentos da tradição científica (especialmente onde ela se vê entregue ao esquecimento como um lastro inútil pelos expurgadores positivistas), em compensação, no colapso atual da civilização burguesa, o que se torna problemático é não apenas a atividade, mas o sentido da ciência. O que os fascistas ferrenhos elogiam hipocritamente e os dóceis especialistas da humanidade ingenuamente levam a cabo: a infatigável autodestruição do esclarecimento força o pensamento a recusar o último vestígio de inocência em face dos costumes e das tendências do espírito da época. Se a opinião pública atingiu um estado em que o pensamento inevitavelmente se converte em mercadoria e a linguagem, em seu encarecimento, então a tentativa de pôr a nu semelhante depravação tem de recusar lealdade às convenções linguísticas e conceituais em vigor, antes que suas consequências para a história universal frustrem completamente essa tentativa.

Se se tratasse apenas dos obstáculos resultantes da instrumentação desmemoriada da ciência, o pensamento sobre questões sociais poderia, pelo menos, tomar como ponto de partida as tendências opostas à ciência oficial. Mas também estas são presas do processo global de produção. Elas não se modificaram menos do que a ideologia à qual se referiam. Com elas se passa o que sempre sucedeu ao pensamento triunfante. Se ele sai voluntariamente de seu elemento crítico como um mero instrumento a serviço da ordem existente, ele tende, contra sua própria vontade, a transformar aquilo que escolheu como positivo em algo negativo, destrutivo. A filosofia que, no século dezoito, apesar das fogueiras levantadas para os livros e as pessoas, infundia um medo mortal na infâmia,* sob Bonaparte já passava para o lado desta. Finalmente, a escola apologética de Comte usurpou a sucessão dos enciclopedistas intransigentes e estendeu a mão a tudo aquilo contra o qual estes haviam se colocado. As metamorfoses da crítica na afirmação tampouco deixam incólume o conteúdo teórico, sua verdade volatiliza-se. Agora, é verdade, a história motorizada toma a dianteira desses desenvolvimentos intelectuais e os porta-vozes oficiais, movidos por outros cuidados, liquidam a teoria que os ajudou a encontrar um lugar ao sol, antes que esta consiga prostituir-se direito.

Ao tomar consciência de sua própria culpa, o pensamento se vê por isso privado não só do uso afirmativo da linguagem conceitual científica e quotidiana, mas igualmente da linguagem da oposição. Não há mais nenhuma expressão que não tenda a concordar com as direções dominantes do pensamento, e o que a linguagem desgastada não faz espontaneamente é suprido com precisão pelos mecanismos sociais. Aos censores, que as fábricas de filmes mantêm voluntariamente por medo de acarretar no final um aumento dos custos, correspondem instâncias análogas em todas as áreas. O processo a que se submete um texto literário, se não na previsão automática de seu produtor, ao menos pelo corpo de leitores, editores, redatores e *ghost-writers* dentro e fora do escritório da editora, é muito mais minucioso que qualquer censura. Tornar inteiramente supérfluas suas funções parece ser, apesar de todas as reformas benéficas, a ambição do sistema educacional. Na crença de que ficaria excessivamente suscetível à charlatanice e à superstição, se não se restringisse à constatação de fatos e ao cálculo de probabilidades, o espírito conhecedor prepara um chão suficientemente ressecado para acolher com avidez a charlatanice e a superstição. Assim como a proibição sempre abriu as portas para um produto mais tóxico ainda, assim também o

---

* Alusão à expressão com que Voltaire designava a superstição: "*écrasez l'infâme*". (N.T.)

cerceamento da imaginação teórica preparou o caminho para o desvario político. E, mesmo quando as pessoas ainda não sucumbiram a ele, elas se veem privadas dos meios de resistência pelos mecanismos de censura, tanto os externos quanto os implantados dentro delas próprias.

A aporia com que defrontamos em nosso trabalho revela-se assim como o primeiro objeto a investigar: a autodestruição do esclarecimento. Não alimentamos dúvida nenhuma – e nisso reside nossa *petitio principii* – de que a liberdade na sociedade é inseparável do pensamento esclarecedor. Contudo, acreditamos ter reconhecido com a mesma clareza que o próprio conceito desse pensamento, tanto quanto as formas históricas concretas, as instituições da sociedade com as quais está entrelaçado, contém o germe para a regressão que hoje tem lugar por toda parte. Se o esclarecimento não acolhe dentro de si a reflexão sobre esse elemento regressivo, ele está selando seu próprio destino. Abandonando a seus inimigos a reflexão sobre o elemento destrutivo do progresso, o pensamento cegamente pragmatizado perde seu caráter superador e, por isso, também sua relação com a verdade. A disposição enigmática das massas educadas tecnologicamente a deixar dominar-se pelo fascínio de um despotismo qualquer, sua afinidade autodestrutiva com a paranoia racista, todo esse absurdo incompreendido manifesta a fraqueza do poder de compreensão do pensamento teórico atual.

Acreditamos contribuir com estes fragmentos para essa compreensão, mostrando que a causa da recaída do esclarecimento na mitologia não deve ser buscada tanto nas mitologias nacionalistas, pagãs e em outras mitologias modernas especificamente idealizadas em vista dessa recaída, mas no próprio esclarecimento paralisado pelo temor da verdade. Neste respeito, os dois conceitos devem ser compreendidos não apenas como histórico-culturais, mas como reais. Assim como o esclarecimento exprime o movimento real da sociedade burguesa como um todo sob o aspecto da encarnação de sua Ideia em pessoas e instituições, assim também a verdade não significa meramente a consciência racional mas, do mesmo modo, a figura que esta assume na realidade efetiva. O medo que o bom filho da civilização moderna tem de afastar-se dos fatos – fatos esses que, no entanto, já estão pré-moldados como clichês na própria percepção pelas usanças dominantes na ciência, nos negócios e na política – é exatamente o mesmo medo do desvio social. Essas usanças também definem o conceito de clareza na linguagem e no pensamento a que a arte, a literatura e a filosofia devem se conformar hoje. Ao tachar de complicação obscura e, de preferência, de alienígena o pensamento que se aplica negativamente aos fatos, bem como às formas de pensar dominantes, e ao colocar assim um tabu sobre ele, esse conceito mantém o espírito sob o domínio da mais profunda cegueira. É característico de uma situação sem saída que até mesmo o mais honesto dos reformadores, ao usar uma linguagem desgastada para recomendar a inovação, adota também o aparelho categorial inculcado e a má filosofia que se esconde por trás dele, e assim reforça o poder da ordem existente que ele gostaria de romper. A falsa clareza é apenas uma outra expressão do mito. Este sempre foi obscuro e iluminante ao mesmo tempo. Suas credenciais têm sido desde sempre a familiaridade e o fato de dispensar do trabalho do conceito.

A naturalização dos homens hoje não é dissociável do progresso social. O aumento da produtividade econômica, que por um lado produz as condições para um mundo mais justo, confere por outro lado ao aparelho técnico e aos grupos sociais que o controlam uma superioridade imensa sobre o resto da população. O indivíduo se vê completamente anulado em face dos poderes econômicos. Ao mesmo tempo, estes elevam o poder da sociedade sobre a natureza a um nível jamais imaginado. Desaparecendo diante do aparelho a que serve, o indivíduo se vê, ao mesmo tempo, melhor do que nunca provido por ele. Numa situação injusta, a impotência e a dirigibilidade da massa aumentam com a quantidade de bens a ela destinados. A elevação do padrão de vida das classes inferiores, materialmente considerável e socialmente lastimável, reflete-se na difusão hipócrita do espírito. Sua verdadeira aspiração é a negação da reificação. Mas ele necessariamente se esvai quando se vê concretizado em um bem cultural e distribuído para fins de consumo. A enxurrada de informações precisas e diversões assépticas desperta e idiotiza as pessoas ao mesmo tempo.

O que está em questão não é a cultura como valor, como pensam os críticos da civilização Huxley, Jaspers, Ortega y Gasset e outros. A questão é que o esclarecimento tem que tomar consciência de si mesmo, se os homens não devem ser completamente traídos. Não se trata da conservação do passado, mas de resgatar a esperança passada. Hoje, porém, o passado se prolonga como destruição do passado. Se a cultura respeitável constituiu até o século dezenove um privilégio, cujo preço era o aumento do sofrimento dos incultos, no século vinte o espaço higiênico da fábrica teve por preço a fusão de todos os elementos da cultura num cadinho gigantesco. Talvez isso não fosse um preço tão alto, como acreditam aqueles defensores da cultura, se a venda em liquidação da cultura não contribuísse para a conversão das conquistas econômicas em seu contrário.

Nas condições atuais, os próprios bens da fortuna convertem-se em elementos do infortúnio. Enquanto no período passado a massa desses bens, na falta de um sujeito social, resultava na chamada superprodução, em meio às crises da economia interna, hoje ela produz, com a entronização dos grupos que detêm o poder no lugar desse sujeito social, a ameaça internacional do fascismo: o progresso converte-se em regressão. O fato de que o espaço higiênico da fábrica e tudo o que acompanha isso, o Volkswagen e o Palácio dos Esportes, levem a uma liquidação estúpida da metafísica, ainda seria indiferente, mas que eles próprios se tornem, no interior do todo social, a metafísica, a cortina ideológica atrás da qual se concentra a desgraça real não é indiferente. Eis aí o ponto de partida de nossos fragmentos.

O primeiro estudo, o fundamento teórico dos seguintes, procura tornar mais inteligível o entrelaçamento da racionalidade e da realidade social, bem como o entrelaçamento, inseparável do primeiro, da natureza e da dominação da natureza. A crítica aí feita ao esclarecimento deve preparar um conceito positivo do esclarecimento, que o solte do emaranhado que o prende a uma dominação cega.

Em linhas gerais, o primeiro estudo pode ser reduzido em sua parte crítica a duas teses: o mito já é esclarecimento e o esclarecimento acaba por reverter à mitologia. Nos dois excursos, essas teses são desenvolvidas a propósito de objetos específicos. O primeiro acompanha a dialética do mito e do esclarecimento na *Odisseia* como um dos mais precoces e representativos testemunhos da civilização burguesa ocidental. No centro estão os conceitos de sacrifício e renúncia, nos quais se revelam tanto a diferença quanto a unidade da natureza mítica e do domínio esclarecido da natureza. O segundo excurso ocupa-se de Kant, Sade e Nietzsche, os implacáveis realizadores do esclarecimento. Ele mostra como a submissão de tudo aquilo que é natural ao sujeito autocrático culmina exatamente no domínio de uma natureza e uma objetividade cegas. Essa tendência aplaina todas as antinomias do pensamento burguês, em especial a antinomia do rigor moral e da absoluta amoralidade.

O segmento sobre a "indústria cultural" mostra a regressão do esclarecimento à ideologia, que encontra no cinema e no rádio sua expressão mais influente. O esclarecimento consiste aí, sobretudo, no cálculo da eficácia e na técnica de produção e difusão. Em conformidade com seu verdadeiro conteúdo, a ideologia se esgota na idolatria daquilo que existe e do poder pelo qual a técnica é controlada. No tratamento dessa contradição, a indústria cultural é levada mais a sério do que gostaria. Mas como a invocação de seu próprio caráter comercial, de sua profissão de uma verdade atenuada, há muito se tornou uma evasiva com a qual ela tenta se furtar à responsabilidade pela mentira que difunde, nossa análise atém-se à pretensão, objetivamente inerente aos produtos, de serem obras estéticas e, por isso mesmo, uma configuração da verdade. Ela revela, na nulidade dessa pretensão, o caráter maligno do social. O segmento sobre a indústria cultural é ainda mais fragmentário que os outros.

A discussão dos "Elementos do antissemitismo" através de teses trata do retorno efetivo da civilização esclarecida à barbárie. A tendência não apenas ideal, mas também prática, à autodestruição, caracteriza a racionalidade desde o início e de modo nenhum apenas a fase em que essa tendência evidencia-se sem disfarces. Neste sentido, esboçamos uma pré-história filosófica do antissemitismo. Seu "irracionalismo" é derivado da essência da própria razão dominante e do mundo correspondente a sua imagem. Os "Elementos" estão diretamente ligados a pesquisas empíricas do Instituto para Pesquisa Social, a fundação instituída e mantida por Felix Weil, sem a qual não teriam sido possíveis, não apenas nossos estudos, mas uma boa parte do trabalho teórico dos emigrantes alemães, que teve prosseguimento apesar de Hitler.

As primeiras três teses foram escritas com Leo Löwenthal, com quem desde os primeiros anos de Frankfurt trabalhamos em muitas questões científicas.

No último capítulo publicam-se notas e esboços que, em parte, pertencem ao horizonte intelectual dos estudos precedentes, sem encontrar aí seu lugar, e em parte traçam um esboço provisório de problemas a serem tratados num trabalho futuro. A maioria deles refere-se a uma antropologia dialética.

Los Angeles, maio de 1944

O livro não contém nenhuma modificação essencial do texto tal como concluído ainda durante a guerra. Só a última tese dos "Elementos do antissemitismo" foi acrescentada ulteriormente.

Junho de 1947

THEODOR W. ADORNO
MAX HORKHEIMER

O CONCEITO DE ESCLARECIMENTO

No sentido mais amplo do progresso do pensamento, o esclarecimento tem perseguido sempre o objetivo de livrar os homens do medo e de investi-los na posição de senhores. Mas a terra totalmente esclarecida resplandece sob o signo de uma calamidade triunfal. O programa do esclarecimento era o desencantamento do mundo. Sua meta era dissolver os mitos e substituir a imaginação pelo saber. Bacon, "o pai da filosofia experimental"[1], já reunira seus diferentes temas. Ele desprezava os adeptos da tradição, que "primeiro acreditam que os outros sabem o que eles não sabem; e depois que eles próprios sabem o que não sabem. Contudo, a credulidade, a aversão à dúvida, a temeridade no responder, o vangloriar-se com o saber, a timidez no contradizer, o agir por interesse, a preguiça nas investigações pessoais, o fetichismo verbal, o deter-se em conhecimentos parciais: isto e coisas semelhantes impediram um casamento feliz do entendimento humano com a natureza das coisas e o acasalaram, em vez disso, a conceitos vãos e experimentos erráticos: o fruto e a posteridade de tão gloriosa união pode-se facilmente imaginar. A imprensa não passou de uma invenção grosseira; o canhão era uma invenção que já estava praticamente assegurada; a bússola já era, até certo ponto, conhecida. Mas que mudança essas três invenções produziram – uma na ciência, a outra na guerra, a terceira nas finanças, no comércio e na navegação! E foi apenas por acaso, digo eu, que a gente tropeçou e caiu sobre elas. Portanto, a superioridade do homem está no saber, disso não há dúvida. Nele muitas coisas estão guardadas que os reis, com todos os seus tesouros, não podem comprar, sobre as quais sua vontade não impera, das quais seus espias e informantes nenhuma notícia trazem, e que provêm de países que seus navegantes e descobridores não podem alcançar. Hoje, apenas presumimos dominar a natureza, mas, de fato, estamos submetidos à sua necessidade; se contudo nos deixássemos guiar por ela na invenção, nós a comandaríamos na prática."[2]

Apesar de seu alheamento à matemática, Bacon capturou bem a mentalidade da ciência que se fez depois dele. O casamento feliz entre o entendimento humano e a natureza das coisas que ele tem em mente é patriarcal: o entendimento que vence a superstição deve imperar sobre a natureza desencantada. O saber que é poder não conhece barreira alguma, nem na escravização da criatura, nem na complacência em face dos senhores do mundo. Do mesmo modo que está a serviço de todos os fins da economia burguesa na fábrica e no campo de batalha, assim também está à disposição dos empresários, não importa sua origem. Os reis não controlam a técnica mais diretamente do que os comerciantes: ela é tão democrática quanto o sistema econômico com o qual se desenvolve. A técnica é a essência desse saber, que não visa conceitos e imagens, nem o prazer do discernimento, mas o método, a utilização do trabalho de outros, o capital. As múltiplas coisas que, segundo Bacon, ele ainda encerra nada mais são do que instrumentos: o rádio, que é a imprensa sublimada; o avião de caça, que é uma artilharia mais eficaz; o controle remoto, que é uma bússola mais confiável. O que os homens querem aprender da natureza é como empregá-la para dominar completamente a ela e aos homens. Nada mais importa. Sem a menor consideração consigo mesmo, o esclarecimento eliminou com seu cautério o último resto de sua própria autoconsciência. Só o pensamento que se faz violência a si mesmo é suficientemente duro para destruir os mitos. Diante do atual triunfo da mentalidade factual, até mesmo o credo nominalista de Bacon seria suspeito de metafísica e incorreria no veredicto de vacuidade que proferiu contra a escolástica. Poder e conhecimento são sinônimos.[3] Para Bacon, como para Lutero, o estéril prazer que o conhecimento proporciona não passa de uma espécie de lascívia. O que importa não é aquela satisfação que, para os homens, se chama "verdade", mas a "*operation*", o procedimento eficaz. Pois não é nos "discursos plausíveis, capazes de proporcionar deleite, de inspirar respeito ou de impressionar de uma maneira qualquer, nem em quaisquer argumentos verossímeis, mas em obrar e trabalhar e na descoberta de particularidades antes desconhecidas, para melhor prover e auxiliar a vida", que reside "o verdadeiro objetivo e função da ciência".[4] Não deve haver nenhum mistério, mas tampouco o desejo de sua revelação.

Desencantar o mundo é destruir o animismo. Xenófanes zombava da multidão de deuses, porque eram iguais aos homens, que os produziram, em tudo aquilo que é contingente e mau, e a lógica mais recente denuncia as palavras cunhadas pela linguagem como moedas falsas, que será melhor substituir por fichas neutras. O mundo torna-se o caos, e a síntese, a salvação. Nenhuma distinção deve haver entre o animal totêmico, os sonhos do visionário e a Ideia absoluta. No trajeto para a ciência moderna, os homens renunciaram ao sentido e substituíram o conceito pela fórmula, a causa pela regra e pela probabilidade. A causa foi apenas o último conceito filosófico que serviu de padrão para a crítica científica, porque ela era, por assim dizer, dentre todas as ideias antigas, o único conceito que a ela ainda se apresentava, derradeira secularização do princípio criador. A filosofia buscou sempre, desde Bacon, uma definição moderna de substância e qualidade, de ação e paixão, do ser e da existência, mas a ciência já podia passar sem semelhantes categorias. Essas categorias tinham ficado para trás como *idola theatri* da antiga metafísica e já eram, em sua época, monumentos de entidades e potências de um passado pré-histórico. Para este, a vida e a morte haviam se explicado e entrelaçado nos mitos. As categorias, nas quais a filosofia ocidental determinava sua ordem natural eterna, marcavam os lugares outrora ocupados por Ocnos e Perséfone, Ariadne e Nereu. As cosmologias pré-socráticas fixam o instante da transição. O úmido, o indiviso, o ar, o fogo, aí citados como a matéria primordial da natureza, são apenas sedimentos racionalizados da intuição mítica. Assim como as imagens da geração a partir das águas do rio e da terra se tornaram, entre os gregos, princípios hilozoístas, elementos, assim também toda a luxuriante plurivocidade dos demônios míticos espiritualizou-se na forma pura das entidades ontológicas. Com as Ideias de Platão, finalmente, também os deuses patriarcais do Olimpo foram capturados pelo logos filosófico. O esclarecimento, porém, reconheceu as antigas potências no legado platônico e aristotélico da metafísica e instaurou um processo contra a pretensão de verdade dos universais, acusando-a de superstição. Na autoridade dos conceitos universais ele crê enxergar ainda o medo pelos demônios, cujas imagens eram o meio, de que se serviam os homens, no ritual mágico, para tentar influenciar a natureza. Doravante, a matéria deve ser dominada sem o recurso ilusório a forças soberanas ou imanentes, sem a ilusão de qualidades ocultas. O que não se submete ao critério da calculabilidade e da utilidade torna-se suspeito para o esclarecimento. A partir do momento em que ele pode se desenvolver sem a interferência da coerção externa, nada mais pode segurá-lo. Passa-se então com as suas ideias acerca do direito humano o mesmo que se passou com os universais mais antigos. Cada resistência espiritual que ele encontra serve apenas para aumentar sua força.[5] Isso se deve ao fato de que o esclarecimento ainda se reconhece a si mesmo nos próprios mitos. Quaisquer que sejam os mitos de que possa se valer a resistência, o simples fato de que eles se tornam argumentos por uma tal oposição significa que eles adotam o princípio da racionalidade corrosiva da qual acusam o esclarecimento. O esclarecimento é totalitário.

Para ele, o elemento básico do mito foi sempre o antropomorfismo, a projeção do subjetivo na natureza.[6] O sobrenatural, o espírito e os demônios seriam as imagens especulares dos homens que se deixam amedrontar pelo natural. Todas as figuras míticas podem se reduzir, segundo o esclarecimento, ao mesmo denominador, a saber, ao sujeito. A resposta de Édipo ao enigma da esfinge: "É o homem!" é a informação estereotipada invariavelmente repetida pelo esclarecimento, não importa se este se confronta com uma parte de um sentido objetivo, o esboço de uma ordem, o medo de potências maléficas ou a esperança da redenção. De antemão, o esclarecimento só reconhece como ser e acontecer o que se deixa captar pela unidade. Seu ideal é o sistema do qual se pode deduzir toda e cada coisa. Não é nisso que sua versão racionalista se distingue da versão empirista. Embora as diferentes escolas interpretassem de maneira diferente os axiomas, a estrutura da ciência unitária era sempre a mesma. O postulado baconiano da *una scientia universalis*[7] é, apesar de todo o pluralismo das áreas de pesquisa, tão hostil ao que não pode ser vinculado, quanto a *mathesis universalis* de Leibniz à descontinuidade. A multiplicidade das figuras se reduz à posição e à ordem, a história ao fato, as coisas à matéria. Ainda de acordo com Bacon, entre os primeiros princípios e os enunciados observacionais deve subsistir uma ligação lógica unívoca, medida por graus de universalidade. De Maistre zomba de Bacon por cultivar "*une idole d'échelle*".[8] A lógica formal era a grande escola da unificação. Ela oferecia aos esclarecedores o esquema da calculabilidade do mundo. O equacionamento mitologizante das Ideias com os números nos últimos escritos de Platão exprime o anseio de toda desmitologização: o número tornou-se o cânon do esclarecimento. As mesmas equações dominam a justiça burguesa e a troca mercantil. "Não é a regra: 'se adicionares o desigual ao igual obterás algo de desigual' (*Si inaequalibus aequalia addas, omnia erunt inaequalia*) um princípio tanto da justiça quanto da matemática? E não existe uma verdadeira coincidência entre a justiça cumulativa e distributiva por um lado e as proporções geométricas e aritméticas por outro lado?"[9] A sociedade burguesa está dominada pelo equivalente. Ela torna o heterogêneo comparável, reduzindo-o a grandezas abstratas. Para o esclarecimento, aquilo que não se reduz a números e, por fim, ao uno, passa a ser ilusão: o positivismo moderno remete-o para a literatura. "Unidade" continua a ser a divisa, de Parmênides a Russell. O que se continua a exigir insistentemente é a destruição dos deuses e das qualidades.

Mas os mitos que caem vítimas do esclarecimento já eram o produto do próprio esclarecimento. No cálculo científico dos acontecimentos anula-se a conta que outrora o pensamento dera, nos mitos, dos acontecimentos. O mito queria relatar, denominar, dizer a origem, mas também expor, fixar, explicar. Com o registro e a coleção dos mitos, essa tendência reforçou-se. Muito cedo deixaram de ser um relato, para se tornarem uma doutrina. Todo ritual inclui uma representação dos acontecimentos bem como do processo a ser influenciado pela magia. Esse elemento teórico do ritual tornou-se autônomo nas primeiras epopeias dos povos. Os mitos, como os encontraram os poetas trágicos, já se encontram sob o signo daquela disciplina e poder que Bacon enaltece como o objetivo a se alcançar. O lugar dos espíritos e demônios locais foi tomado pelo céu e sua hierarquia; o lugar das práticas de conjuração do feiticeiro e da tribo, pelo sacrifício bem dosado e pelo trabalho servil mediado pelo comando. As deidades olímpicas não se identificam mais diretamente aos elementos, mas passam a significá-los. Em Homero, Zeus preside o céu diurno, Apolo guia o sol, Hélio e Éo já tendem para o alegórico. Os deuses separam-se dos elementos materiais como sua suprema manifestação. De agora em diante, o ser se resolve no logos – que, com o progresso da filosofia, se reduz à mônada, mero ponto de referência – e na massa de todas as coisas e criaturas exteriores a ele. Uma única distinção, a distinção entre a própria existência e a realidade, engolfa todas as outras distinções. Destruídas as distinções, o mundo é submetido ao domínio dos homens. Nisso estão de acordo a história judia da criação e a religião olímpica. "... e dominarão os peixes do mar e as aves do céu e o gado e a terra inteira e todos os répteis que se arrastam sobre a terra."[10] "Zeus, nosso pai, sois o senhor dos céus, e a vosso olhar não escapa nenhuma obra humana, sacrílegas ou justas, e nem mesmo a turbulência dos animais, e estimais a retidão."[11] "E assim se passa que um expia logo, um outro mais tarde. E mesmo que alguém escape ao castigo e o fado ameaçador dos deuses não o alcance, este acaba sempre por chegar, e são pessoas inocentes – seus filhos ou uma outra geração – que terão de expiar o crime."[12] Perante os deuses, só consegue se afirmar quem se submete sem restrições. O despertar do sujeito tem por preço o reconhecimento do poder como o princípio de todas as relações. Em face da unidade de tal razão, a separação de Deus e do homem reduz-se àquela irrelevância que, inabalável, a razão assinalava desde a mais antiga crítica de Homero. Enquanto soberanos da natureza, o deus criador e o espírito ordenador se igualam. A imagem e semelhança divinas do homem consistem na soberania sobre a existência, no olhar do senhor, no comando.

    O mito converte-se em esclarecimento, e a natureza em mera objetividade. O preço que os homens pagam pelo aumento de seu poder é a alienação daquilo sobre o que exercem o poder. O esclarecimento comporta-se com as coisas como o ditador se comporta com os homens. Este conhece-os na medida em que pode manipulá-los. O homem de ciência conhece as coisas na medida em que pode fazê-las. É assim que seu *em-si torna para-ele*. Nessa metamorfose, a essência das coisas revela-se como sempre a mesma, como substrato da dominação. Essa identidade constitui a unidade da natureza. Assim como a unidade do sujeito, ela tampouco constitui um pressuposto da conjuração mágica. Os ritos do xamã dirigiam-se ao vento, à chuva, à serpente lá fora ou ao demônio dentro do doente, não a matérias ou exemplares. Não era um e o mesmo espírito que se dedicava à magia; ele mudava igual às máscaras do culto, que deviam se assemelhar aos múltiplos espíritos. A magia é a pura e simples inverdade, mas nela a dominação ainda não é negada, ao se colocar, transformada na pura verdade, como a base do mundo que a ela sucumbiu. O feiticeiro torna-se semelhante aos demônios; para assustá-los ou suavizá-los, ele assume um ar assustadiço ou suave.

Embora seu ofício seja a repetição, diferentemente do civilizado – para quem os modestos campos de caça se transformam no cosmo unificado, no conjunto de todas as possibilidades de presas – ele ainda não se declarou à imagem e semelhança do poder invisível. É só enquanto tal imagem e semelhança que o homem alcança a identidade do eu que não pode se perder na identificação com o outro, mas toma definitivamente posse de si como máscara impenetrável. É à identidade do espírito e a seu correlato, à unidade da natureza, que sucumbem as múltiplas qualidades. A natureza desqualificada torna-se a matéria caótica para uma simples classificação, e o eu todo-poderoso torna-se o mero ter, a identidade abstrata. Na magia existe uma substitutividade específica. O que acontece à lança do inimigo, à sua cabeleira, a seu nome, afeta ao mesmo tempo a pessoa; em vez do deus, é o animal sacrificial que é massacrado. A substituição no sacrifício assinala um novo passo em direção à lógica discursiva. Embora a cerva oferecida em lugar da filha e o cordeiro em lugar do primogênito ainda devessem ter qualidades próprias, eles já representavam o gênero e exibiam a indiferença do exemplar. Mas a sacralidade do *hic et nunc*, a singularidade histórica do escolhido, que recai sobre o elemento substituto, distingue-o radicalmente, torna-o introcável na troca. É isso que a ciência dá fim. Nela não há nenhuma substitutividade específica: se ainda há animais sacrificiais, não há mais Deus. A substitutividade converte-se na fungibilidade universal. Um átomo é desintegrado, não em substituição, mas como um espécime da matéria, e a cobaia atravessa, não em substituição, mas desconhecida como um simples exemplar, a paixão do laboratório. Porque na ciência funcional as distinções são tão fluidas que tudo desaparece na matéria una, o objeto científico se petrifica, e o rígido ritual de outrora parece flexível porquanto substituía a um também o outro. O mundo da magia ainda continha distinções, cujos vestígios desapareceram até mesmo da forma linguística.[13] As múltiplas afinidades entre os entes são recalcadas pela única relação entre o sujeito doador de sentido e o objeto sem sentido, entre o significado racional e o portador ocasional do significado. No estágio mágico, sonho e imagem não eram tidos como meros sinais da coisa, mas como ligados a esta por semelhança ou pelo nome. A relação não é a da intenção, mas do parentesco. Como a ciência, a magia visa fins, mas ela os persegue pela mimese, não pelo distanciamento progressivo em relação ao objeto. Ela não se baseia de modo algum na "onipotência dos pensamentos", que o primitivo se atribuiria, segundo se diz, assim como o neurótico.[14] Não pode haver uma "superestimação dos processos psíquicos por oposição à realidade", quando o pensamento e a realidade não estão radicalmente separados. A "confiança inabalável na possibilidade de dominar o mundo",[15] que Freud anacronicamente atribui à magia, só vem corresponder a uma dominação realista do mundo graças a uma ciência mais astuciosa que a magia. Para substituir as práticas localizadas do curandeiro pela técnica industrial universal foi preciso, primeiro, que os pensamentos se tornassem autônomos em face dos objetos, como ocorre no ego ajustado à realidade.

Enquanto totalidade desenvolvida linguisticamente, que desvaloriza, com sua pretensão de verdade, a crença mítica mais antiga: a religião popular, o mito patriarcal solar é ele próprio esclarecimento, com o qual o esclarecimento filosófico pode-se medir no mesmo plano. A ele se paga, agora, na mesma moeda. A própria mitologia desfecha o processo sem fim do esclarecimento, no qual toda concepção teórica determinada acaba fatalmente por sucumbir a uma crítica arrasadora, à crítica de ser apenas uma crença, até que os próprios conceitos de espírito, de verdade, e até mesmo de esclarecimento tenham-se convertido em magia animista. O princípio da necessidade fatal, que traz a desgraça aos heróis míticos e que se desdobra a partir da sentença oracular como uma consequência lógica, não apenas domina todo sistema racionalista da filosofia ocidental, onde se vê depurado até atingir o rigor da lógica formal, mas impera até mesmo sobre a série dos sistemas, que começa com a hierarquia dos deuses e, num permanente crepúsculo dos ídolos, transmite sempre o mesmo conteúdo: a ira pela falta de honestidade. Do mesmo modo que os mitos já levam a cabo o esclarecimento, assim também o esclarecimento fica cada vez mais enredado, a cada passo que dá, na mitologia. Todo conteúdo, ele o recebe dos mitos, para destruí-los, e ao julgá-los, ele cai na órbita do mito. Ele quer se furtar ao processo do destino e da retribuição, fazendo-o pagão, ele próprio, uma retribuição. No mito, tudo o que acontece deve expiar uma pena pelo fato de ter acontecido. E assim continua no esclarecimento: o fato torna-se nulo, mal acabou de acontecer. A doutrina da igualdade entre a ação e a reação afirmava o poder da repetição sobre o que existe muito tempo após os homens terem renunciado à ilusão de que pela repetição poderiam se identificar com a realidade repetida e, assim, escapar a seu poder. Mas quanto mais se desvanece a ilusão mágica, tanto mais inexoravelmente a repetição, sob o título da submissão à lei, prende o homem naquele ciclo que, objetualizado sob a forma da lei natural, parecia garanti-lo como um sujeito livre. O princípio da imanência, a explicação de todo acontecimento como repetição, que o esclarecimento defende contra a imaginação mítica, é o princípio do próprio mito. A insossa sabedoria para a qual não há nada de novo sob o sol, porque todas as cartas do jogo sem-sentido já teriam sido jogadas, porque todos os grandes pensamentos já teriam sido pensados, porque as descobertas possíveis poderiam ser projetadas de antemão, e os homens estariam forçados a assegurar a autoconservação pela adaptação — essa insossa sabedoria reproduz tão somente a sabedoria fantástica que ela rejeita: a ratificação do destino que, pela retribuição, reproduz sem cessar o que já era. O que seria diferente é igualado. Esse é o veredicto que estabelece criticamente os limites da experiência possível. O preço que se paga pela identidade de tudo com tudo é o fato de que nada, ao mesmo tempo, pode ser idêntico consigo mesmo. O esclarecimento corrói a injustiça da antiga desigualdade, o senhorio não mediatizado; perpetua-o, porém, ao mesmo tempo, na mediação universal, na relação de cada ente com cada ente. Ele faz aquilo que Kierkegaard celebra em sua ética protestante e que se encontra no ciclo épico de Héracles como uma das imagens primordiais do poder mítico: ele elimina o incomensurável. Não apenas são as qualidades dissolvidas no pensamento, mas os homens são forçados à real conformidade. O preço dessa vantagem, que é a indiferença do mercado pela origem das pessoas que nele vêm trocar suas mercadorias, é pago por elas mesmas ao deixarem que suas possibilidades inatas sejam modeladas pela produção das mercadorias que se podem comprar no mercado. Os homens receberam o seu eu como algo pertencente a cada um, diferente de todos os outros, para que ele possa com tanto maior segurança se tornar igual. Mas, como isso nunca se realizou inteiramente, o esclarecimento sempre simpatizou, mesmo durante o período do liberalismo, com a coerção social. A unidade da coletividade manipulada consiste na negação de cada indivíduo; seria digna de escárnio a sociedade que conseguisse transformar os homens em indivíduos. A horda, cujo nome sem dúvida está presente na organização da Juventude Hitlerista, não é nenhuma recaída na antiga barbárie, mas o triunfo da igualdade repressiva, a realização pelos iguais da igualdade do direito à injustiça. O mito de fancaria dos fascistas evidencia-se como o autêntico mito da Antiguidade, na medida em que o mito autêntico conseguiu enxergar a retribuição, enquanto o falso cobrava-a cegamente de suas vítimas. Toda tentativa de romper as imposições da natureza rompendo a natureza, resulta numa submissão ainda mais profunda às imposições da natureza. Tal foi o rumo tomado pela civilização europeia. A abstração, que é o instrumento do esclarecimento, comporta-se com seus objetos do mesmo modo que o destino, cujo conceito é por ele eliminado, ou seja, ela se comporta como um processo de liquidação. Sob o domínio nivelador do abstrato, que transforma todas as coisas na natureza em algo de reprodutível, e da indústria, para a qual esse domínio do abstrato prepara o reprodutível, os próprios liberados acabaram por se transformar naquele "destacamento" que Hegel[16] designou como o resultado do esclarecimento.

    A distância do sujeito com relação ao objeto, que é o pressuposto da abstração, está fundada na distância em relação à coisa, que o senhor conquista através do dominado. Os cantos de Homero e os hinos do *Rigveda* datam da época da dominação territorial e dos lugares fortificados, quando uma belicosa nação de senhores se estabeleceu sobre a massa dos autóctones vencidos.[17] O deus supremo entre os deuses surgiu com esse mundo civil, onde o rei, como chefe da nobreza armada, mantém os subjugados presos à terra, enquanto os médicos, adivinhos, artesãos e comerciantes se ocupam do intercâmbio social. Com o fim do nomadismo, a ordem social foi instaurada sobre a base da propriedade fixa. Dominação e trabalho separam-se. Um proprietário como Ulisses "dirige a distância um pessoal numeroso, meticulosamente organizado, composto de servidores e pastores de bois, de ovelhas e de porcos. Ao anoitecer, depois de ver de seu palácio a terra iluminada por mil fogueiras, pode entregar-se sossegado ao sono: ele sabe que seus bravos servidores vigiam, para afastar os animais selvagens e expulsar os ladrões dos coutos que estão encarregados de guardar".[18] A universalidade dos pensamentos, como a desenvolve a lógica discursiva, a dominação na esfera do conceito, eleva-se fundamentada na dominação do real. É a substituição da herança mágica, isto é, das antigas representações difusas, pela unidade conceitual que exprime a nova forma de vida, organizada com base no comando e determinada pelos homens livres. O eu, que aprendeu a ordem e a subordinação com a sujeição do mundo, não demorou a identificar a verdade em geral com o pensamento ordenador, e essa verdade não pode subsistir sem as rígidas diferenciações daquele pensamento ordenador. Juntamente com a magia mimética, ele tornou tabu o conhecimento que atinge efetivamente o objeto. Seu ódio volta-se contra a imagem do mundo pré-histórico superado e sua felicidade imaginária. Os deuses ctônicos dos habitantes primitivos são banidos para o inferno em que se converte a terra, sob a religião do sol e da luz de Indra e Zeus.

O céu e o inferno, porém, estão ligados um ao outro. Assim como, em cultos que não se excluíam, o nome de Zeus era dado tanto a um deus subterrâneo quanto a um deus da luz,[19] e os deuses olímpicos cultivavam toda espécie de relações com os ctônicos, assim também as potências do bem e do mal, a graça e a desgraça, não eram claramente separadas. Elas estavam ligadas como o vir-a-ser e o parecer, a vida e a morte, o verão e o inverno. No mundo luminoso da religião grega perdura a obscura indivisão do princípio religioso venerado sob o nome de "mana" nos mais antigos estágios que se conhecem da humanidade. Primário, indiferenciado, ele é tudo o que é desconhecido, estranho: aquilo que transcende o âmbito da experiência, aquilo que nas coisas é mais do que sua realidade já conhecida. O que o primitivo aí sente como algo de sobrenatural não é uma substância espiritual oposta à substância material, mas o emaranhado da natureza em face do elemento individual. O grito de terror com que é vivido o insólito torna-se seu nome. Ele fixa a transcendência do desconhecido em face do conhecido e, assim, o horror como sacralidade. A duplicação da natureza como aparência e essência, ação e força, que torna possível tanto o mito quanto a ciência, provém do medo do homem, cuja expressão se converte na explicação. Não é a alma que é transposta para a natureza, como o psicologismo faz crer. O mana, o espírito que move, não é uma projeção, mas o eco da real supremacia da natureza nas almas fracas dos selvagens. A separação do animado e do inanimado, a ocupação de lugares determinados por demônios e divindades, tem origem nesse pré-animismo. Nele já está virtualmente contida até mesmo a separação do sujeito e do objeto. Quando uma árvore é considerada não mais simplesmente como árvore, mas como testemunho de uma outra coisa, como sede do mana, a linguagem exprime a contradição de que uma coisa seria ao mesmo tempo ela mesma e outra coisa diferente dela, idêntica e não idêntica.[20] Através da divindade, a linguagem passa da tautologia à linguagem. O conceito, que se costuma definir como a unidade característica do que está nele subsumido, já era desde o início o produto do pensamento dialético, no qual cada coisa só é o que ela é tornando-se aquilo que ela não é. Eis aí a forma primitiva da determinação objetivadora na qual se separavam o conceito e a coisa, determinação essa que já está amplamente desenvolvida na epopeia homérica e que se acelera na ciência positiva moderna. Mas essa dialética permanece impotente na medida em que se desenvolve a partir do grito de terror que é a própria duplicação, a tautologia do terror. Os deuses não podem livrar os homens do medo, pois são as vozes petrificadas do medo que eles trazem como nome. Do medo o homem presume estar livre quando não há nada mais de desconhecido. É isso que determina o trajeto da desmitologização e do esclarecimento, que identifica o animado ao inanimado, assim como o mito identifica o inanimado ao animado. O esclarecimento é a radicalização da angústia mítica. A pura imanência do positivismo, seu derradeiro produto, nada mais é do que um tabu, por assim dizer, universal. Nada mais pode ficar de fora, porque a simples ideia do "fora" é a verdadeira fonte da angústia... Se o primitivo apaziguava, às vezes, seu desejo de vingar o assassinato de um dos seus acolhendo o assassino na própria família,[21] isso significava, tanto quanto a vingança, a infusão do sangue alheio no próprio sangue, a restauração da imanência. O dualismo mítico não ultrapassa o âmbito da existência. O mundo totalmente dominado pelo mana, bem como o mundo do mito indiano e grego, são, ao mesmo tempo, sem saída e eternamente iguais. Todo nascimento se paga com a morte, toda ventura com a desventura. Homens e deuses podem tentar, no prazo que lhes cabe, distribuir a sorte de cada um segundo critérios diferentes do curso cego do destino; ao fim e ao cabo, a realidade triunfa sobre eles. Até mesmo sua justiça, arrancada que foi à fatalidade, exibe ainda os seus traços. Ela corresponde ao olhar que os homens, tanto os primitivos quanto os gregos e os bárbaros, lançam sobre o mundo a partir de uma sociedade da opressão e da miséria. Por isso, tanto a justiça mítica como a esclarecida consideram a culpa e a expiação, a ventura e a desventura como os dois lados de uma única equação. A justiça se absorve no direito. O xamã esconjura o perigo com a imagem do perigo. A igualdade é o seu instrumento. É ela que, na civilização, regula o castigo e o mérito. As representações míticas também podem se reduzir integralmente a relações naturais. Assim como a constelação de Gêmeos remete, como todos os outros símbolos da dualidade, ao ciclo inescapável da natureza; assim como este mesmo ciclo tem, no símbolo do ovo, do qual provêm os demais, seu símbolo mais remoto; assim também a balança nas mãos de Zeus, que simboliza a justiça de todo o mundo patriarcal, remete à mera natureza. A passagem do caos para a civilização, onde as condições naturais não mais exercem seu poder de maneira imediata, mas através da consciência dos homens, nada modificou no princípio da igualdade. Aliás, os homens expiaram essa passagem justamente com a adoração daquilo a que estavam outrora submetidos como as demais criaturas. Antes, os fetiches estavam sob a lei da igualdade. Agora, a própria igualdade torna-se fetiche. A venda sobre os olhos da Justiça não significa apenas que não se deve interferir no direito, mas que ele não nasceu da liberdade.

A doutrina dos sacerdotes era simbólica no sentido de que nela coincidiam o signo e a imagem. Como atestam os hieróglifos, a palavra exerceu originariamente também a função da imagem. Esta função passou para os mitos. Estes, assim como os ritos mágicos, têm em vista a natureza que se repete. Ela é o âmago do simbólico: um ser ou um processo representado como eterno porque deve voltar sempre a ocorrer na efetuação do símbolo. Inexauribilidade, renovação infinita, permanência do significado não são apenas atributos de todos os símbolos, mas seu verdadeiro conteúdo. As representações da criação nas quais o mundo surge da Mãe primordial, da Vaca ou do Ovo, são, ao contrário do Gênesis judeu, simbólicas. A zombaria com que os antigos ridicularizaram os deuses demasiadamente humanos deixou incólume seu âmago. A individualidade não esgota a essência dos deuses. Eles tinham ainda algo do mana dentro de si; eles personificavam a natureza como um poder universal. Com seus traços pré-animistas, eles se destacam no esclarecimento. Sob o véu pudico da *chronique scandaleuse* olímpica já havia se formado a doutrina da mistura, da pressão e do choque dos elementos, que logo se estabeleceu como ciência e transformou os mitos em obras da fantasia. Com a nítida separação da ciência e da poesia, a divisão de trabalho já efetuada com sua ajuda estende-se à linguagem. É enquanto signo que a palavra chega à ciência. Enquanto som, enquanto imagem, enquanto palavra propriamente dita, ela se vê dividida entre as diferentes artes, sem jamais deixar-se reconstituir através de sua adição, através da sinestesia ou da arte total. Enquanto signo, a linguagem deve resignar-se ao cálculo; para conhecer a natureza, deve renunciar à pretensão de ser semelhante a ela. Enquanto imagem, deve resignar-se à cópia; para ser totalmente natureza, deve renunciar à pretensão de conhecê-la. Com o progresso do esclarecimento, só as obras de arte autênticas conseguiram escapar à mera imitação daquilo que, de um modo qualquer, já é.

A antítese corrente da arte e da ciência, que as separa como domínios culturais, a fim de torná-las administráveis conjuntamente como domínios culturais, faz com que elas acabem por se confundir como opostos exatos graças às suas próprias tendências. A ciência em sua interpretação neopositivista torna-se esteticismo, sistema de signos desligados, destituídos de toda intenção transcendendo o sistema: ela se torna aquele jogo que os matemáticos há muito orgulhosamente declararam assunto deles. A arte da copiabilidade integral, porém, entregou-se até mesmo em suas técnicas à ciência positivista. De fato, ela retorna mais uma vez ao mundo, na duplicação ideológica, na reprodução dócil. A separação do signo e da imagem é inevitável. Contudo, se ela é, uma vez mais, hipostasiada numa atitude ao mesmo tempo inconsciente e autocomplacente, então cada um dos dois princípios isolados tende para a destruição da verdade.

O abismo que se abriu com a separação, a filosofia enxergou-o na relação entre a intuição e o conceito e tentou sempre em vão fechá-lo de novo: aliás, é por essa tentativa que ela é definida. Na maioria das vezes, porém, ela se colocou do lado do qual recebia o nome. Platão baniu a poesia com o mesmo gesto com que o positivismo baniu a doutrina das Ideias. Com sua arte celebrada, Homero, segundo se diz, não levou a cabo nem reformas públicas nem privadas, não ganhou nenhuma guerra nem fez qualquer invenção. Não sabemos, diz-se, da existência de numerosos seguidores que o tenham honrado ou amado. A arte teria, primeiro, que mostrar a sua utilidade.[22] A imitação está proscrita tanto em Homero como entre os judeus. A razão e a religião declaram anátema o princípio da magia. Mesmo na distância renunciadora da vida, enquanto arte, ele permanece desonroso; as pessoas que o praticam tornam-se vagabundos, nômades sobreviventes que não encontram pátria entre os que se tornaram sedentários. A natureza não deve mais ser influenciada pela assimilação, mas deve ser dominada pelo trabalho. A obra de arte ainda tem em comum com a magia o fato de estabelecer um domínio próprio, fechado em si mesmo e arrebatado ao contexto da vida profana. Neste domínio imperam leis particulares. Assim como a primeira coisa que o feiticeiro fazia em sua cerimônia era delimitar em face do mundo ambiente o lugar onde as forças sagradas deviam atuar, assim também, com cada obra de arte, seu círculo fechado se destaca do real. É exatamente a renúncia a agir, pela qual a arte se separa da simpatia mágica, que fixa ainda mais profundamente a herança mágica. Esta renúncia coloca a imagem pura em oposição à realidade mesma, cujos elementos ela supera retendo-os [*aufhebt*] dentro de si. Pertence ao sentido da obra de arte, da aparência estética, ser aquilo em que se converteu, na magia do primitivo, o novo e terrível: a manifestação do todo no particular. Na obra de arte volta sempre a se realizar a duplicação pela qual a coisa se manifestava como algo de espiritual, como exteriorização do mana. É isto que constitui sua aura. Enquanto expressão da totalidade, a arte reclama a dignidade do absoluto. Isso, às vezes, levou a filosofia a atribuir-lhe prioridade em face do conhecimento conceitual. Segundo Schelling, a arte entra em ação quando o saber desampara os homens. Para ele, a arte é "o modelo da ciência, e é aonde está a arte que a ciência deve ainda chegar".[23] Em sua doutrina, a separação da imagem e do signo é "totalmente suprimida por cada representação artística".[24] Só muito raramente o mundo burguês esteve aberto a semelhante confiança na arte. Quando ele limitava o saber, isso acontecia via de regra, não para abrir espaço para a arte, mas para a fé. É através da fé que a religiosidade militante dos novos tempos – Torquemada, Lutero, Maomé – pretendia reconciliar o espírito e a vida. Mas a fé é um conceito privativo: ela se anula como fé se não ressalta continuamente sua oposição ao saber ou sua concordância com ele. Permanecendo dependente da limitação do saber, ela própria fica limitada. A tentativa da fé, empreendida no protestantismo, de encontrar, como outrora, o princípio da verdade que a transcende, e sem a qual não pode existir diretamente, na própria palavra e de restituir a esta a força simbólica – essa tentativa teve como preço a obediência à palavra, aliás a uma palavra que não era a sagrada. Permanecendo inevitavelmente presa ao saber como amiga ou inimiga, a fé perpetua a separação na luta para superá-la: seu fanatismo é a marca de sua inverdade, a confissão objetiva de que quem apenas crê por isso mesmo não mais crê. A má consciência é sua segunda natureza. Na secreta consciência da deficiência que lhe é necessariamente inerente, da contradição imanente nela e que consiste em fazer da reconciliação sua vocação, está a razão por que toda a honestidade dos fiéis sempre foi irascível e perigosa. Não foi como exagero mas como realização do próprio princípio da fé que se cometeram os horrores do fogo e da espada, da contrarreforma e da reforma. A fé não cessa de mostrar que é do mesmo jaez que a história universal, sobre a qual gostaria de imperar; nos tempos modernos, ela até mesmo se converte em seu instrumento preferido, sua astúcia particular. Não é apenas o esclarecimento do século dezoito que é irresistível, como atestou Hegel, mas (e ninguém sabia melhor que ele) o movimento do próprio pensamento. Tanto o mais superficial quanto o mais profundo discernimento já contém o discernimento de sua distância com relação à verdade que faz do apologeta um mentiroso. O paradoxo da fé acaba por degenerar no embuste, no mito do século vinte, enquanto sua irracionalidade degenera na cerimônia organizada racionalmente sob o controle dos integralmente esclarecidos e que, no entanto, dirigem a sociedade em direção à barbárie.

Quando a linguagem penetra na história, seus mestres já são sacerdotes e feiticeiros. Quem viola os símbolos fica sujeito, em nome das potências supraterrenas, às potências terrenas, cujos representantes são esses órgãos comissionados da sociedade. O que precedeu a isso está envolto em sombras. Onde quer que a etnologia o encontre, o sentimento de horror de que se origina o mana já tinha recebido a sanção pelo menos dos mais velhos da tribo. O mana não idêntico e difuso é tornado consistente pelos homens e materializado à força. Logo os feiticeiros povoam todo lugar de emanações e correlacionam a multiplicidade dos ritos sagrados à dos domínios sagrados. Eles expandem o mundo dos espíritos e suas particularidades e, com ele, seu saber corporativo e seu poder. A essência sagrada transfere-se para os feiticeiros que lidam com ela. Nas primeiras fases do nomadismo, os membros da tribo têm ainda uma parte autônoma nas ações destinadas a influenciar o curso da natureza. Os homens rastreiam a caça, as mulheres cuidam do trabalho que pode ser feito sem um comando rígido. Quanta violência foi necessária antes que as pessoas se acostumassem a uma coordenação tão simples como essa é impossível determinar. Nela, o mundo já está dividido numa esfera do poder e numa esfera profana. Nela, o curso da natureza enquanto eflúvio do mana já está erigido em norma, que exige a submissão. Mas, se o selvagem nômade, apesar de toda a submissão, ainda participava da magia que a limitava e se disfarçava no animal caçado para surpreendê-lo, em períodos posteriores o comércio com os espíritos e a submissão foram divididos pelas diferentes classes da humanidade: o poder está de um lado, a obediência do outro. Os processos naturais recorrentes e eternamente iguais são inculcados como ritmo do trabalho nos homens submetidos, seja por tribos estrangeiras, seja pelas próprias cliques de governantes, no compasso da maça e do porrete que ecoa em todo tambor bárbaro, em todo ritual monótono. Os símbolos assumem a expressão do fetiche. A repetição da natureza, que é o seu significado, acaba sempre por se mostrar como a permanência, por eles representada, da coerção social. O sentimento de horror materializado numa imagem sólida torna-se o sinal da dominação consolidada dos privilegiados. Mas isso é o que os conceitos universais continuam a ser mesmo quando se desfizeram de todo aspecto figurativo. A forma dedutiva da ciência reflete ainda a hierarquia e a coerção. Assim como as primeiras categorias representavam a tribo organizada e seu poder sobre os indivíduos, assim também a ordem lógica em seu conjunto — a dependência, o encadeamento, a extensão e união dos conceitos — baseia-se nas relações correspondentes da realidade social, da divisão do trabalho.[25] Só que, é verdade, esse caráter social das formas do pensamento não é, como ensina Durkheim, expressão da solidariedade social, mas testemunho da unidade impenetrável da sociedade e da dominação. Esta confere maior consistência e força ao todo social no qual se estabelece. A divisão do trabalho, em que culmina o processo social da dominação, serve à autoconservação do todo dominado. Dessa maneira, porém, o todo enquanto todo, a ativação da razão a ele imanente, converte-se necessariamente na execução do particular. A dominação defronta o indivíduo como o universal, como a razão na realidade efetiva. O poder de todos os membros da sociedade, que enquanto tais não têm outra saída, acaba sempre, pela divisão do trabalho a eles imposta, por se agregar no sentido justamente da realização do todo, cuja racionalidade é assim mais uma vez multiplicada. Aquilo que acontece a todos por obra e graça de poucos realiza-se sempre como a subjugação dos indivíduos por muitos: a opressão da sociedade tem sempre o caráter da opressão por uma coletividade. É essa unidade de coletividade e dominação e não a universalidade social imediata, a solidariedade, que se sedimenta nas formas do pensamento. Os conceitos filosóficos nos quais Platão e Aristóteles expõem o mundo, exigiram, com sua pretensão de validade universal, as relações por eles fundamentadas como a verdadeira e efetiva realidade. Esses conceitos provêm, como diz Vico,[26] da praça do mercado de Atenas. Eles refletiam com a mesma pureza das leis da física a igualdade dos cidadãos plenos e a inferioridade das mulheres, das crianças e dos escravos. A própria linguagem conferia ao que era dito, isto é, às relações da dominação, aquela universalidade que ela tinha assumido como veículo de uma sociedade civil. A ênfase metafísica, a sanção através de ideias e normas, nada mais era senão a hipostasiação da dureza e da exclusividade que os conceitos tinham de assumir onde quer que a linguagem reunisse a comunidade dos dominantes para o exercício do comando. Na medida em que constituíam semelhante reforço do poder social da linguagem, as ideias se tornavam tanto mais supérfluas quanto mais crescia esse poder, e a linguagem da ciência preparou-lhes o fim. Não era à justificação consciente que se ligava a sugestão que ainda conserva algo do terror do fetiche. A unidade de coletividade e dominação mostra-se antes de tudo na universalidade que o mau conteúdo necessariamente assume na linguagem, tanto metafísica quanto científica. A apologia metafísica deixava entrever a injustiça da ordem existente pelo menos através da incongruência do conceito e da realidade. Na imparcialidade da linguagem científica, o impotente perdeu inteiramente a força para se exprimir, e só o existente encontra aí seu signo neutro. Tal neutralidade é mais metafísica que a metafísica. O esclarecimento acabou por consumir não apenas os símbolos mas também seus sucessores, os conceitos universais, e da metafísica não deixou nada senão o medo abstrato frente à coletividade da qual surgira. Diante do esclarecimento, os conceitos estão na mesma situação que os aposentados diante dos trustes industriais: ninguém pode sentir-se seguro. Se o positivismo lógico ainda deu uma chance à probabilidade, o positivismo etnológico equipara-a já à essência. "*Nos idées vagues de chance et de quintessence sont de pâles survivances de cette notion beaucoup plus riche*",[27] a saber da substância mágica.

O esclarecimento nominalista detém-se diante do *nomen*, o conceito sem extensão, punctual, o nome próprio. A questão se os nomes próprios, como alguns afirmaram,[28] eram originariamente, ao mesmo tempo, nomes genéricos, não se pode mais decidir com certeza; contudo os primeiros ainda não partilharam o destino dos últimos. A substância do ego negada por Hume e Mach não é a mesma que o nome. Na religião judaica, onde a ideia do patriarcado culmina na destruição do mito, o liame entre o nome e o ser permanece reconhecido através da proibição de pronunciar o nome de Deus. O mundo desencantado do judaísmo reconcilia a magia através de sua negação na ideia de Deus. A religião judaica não tolera nenhuma palavra que proporcione consolo ao desespero de qualquer mortal. Ela associa a esperança unicamente à proibição de invocar o falso como Deus, o finito como o infinito, a mentira como verdade. O penhor da salvação consiste na recusa de toda fé que se substitua a ela, o conhecimento na denúncia da ilusão. A negação, todavia, não é abstrata. A contestação indiferenciada de tudo o que é positivo, a fórmula estereotipada da nulidade, como a emprega o budismo, passa por cima da proibição de dar nomes ao absoluto, do mesmo modo que seu contrário, o panteísmo, ou sua caricatura, o ceticismo burguês. As explicações do mundo como o nada ou o todo são mitologias, e os caminhos garantidos para a redenção, práticas mágicas sublimadas. A autocomplacência do saber de antemão e a transfiguração da negatividade em redenção são formas falsas da resistência à impostura. O direito da imagem é salvo na execução fiel de sua proibição. Semelhante execução, "negação determinada",[29] não está imunizada pela soberania do conceito abstrato contra a intuição sedutora, como o está o ceticismo para o qual são nulos tanto o falso quanto o verdadeiro. A negação determinada rejeita as representações imperfeitas do absoluto, os ídolos, mas não como o rigorismo, opondo-lhes a Ideia que elas não podem satisfazer. A dialética revela, ao contrário, toda imagem como uma forma de escrita. Ela ensina a ler em seus traços a confissão de sua falsidade, confissão essa que a priva de seu poder e o transfere para a verdade. Desse modo, a linguagem torna-se mais que um simples sistema de signos. Com o conceito da negação determinada, Hegel destacou um elemento que distingue o esclarecimento da desagregação positivista à qual ele o atribui. É verdade, porém, que ele acabou por fazer um absoluto do resultado sabido do processo total da negação: a totalidade no sistema e na história, e que, ao fazer isso, infringiu a proibição e sucumbiu ele próprio à mitologia.

Isso não ocorreu apenas à sua filosofia enquanto apoteose do pensamento em progresso, mas ao próprio esclarecimento, entendido como a sobriedade pela qual este acredita distinguir-se de Hegel e da metafísica em geral. Pois o esclarecimento é totalitário como qualquer outro sistema. Sua inverdade não está naquilo que seus inimigos românticos sempre lhe censuraram: o método analítico, o retorno aos elementos, a decomposição pela reflexão, mas sim no fato de que para ele o processo está decidido de antemão. Quando, no procedimento matemático, o desconhecido se torna a incógnita de uma equação, ele se vê caracterizado por isso mesmo como algo de há muito conhecido, antes mesmo que se introduza qualquer valor. A natureza é, antes e depois da teoria quântica, o que deve ser apreendido matematicamente. Até mesmo aquilo que não se deixa compreender, a indissolubilidade e a irracionalidade, é cercado por teoremas matemáticos. Através da identificação antecipatória do mundo totalmente matematizado com a verdade, o esclarecimento acredita estar a salvo do retorno do mítico. Ele confunde o pensamento e a matemática. Desse modo, esta se vê por assim dizer solta, transformada na instância absoluta. "Um mundo infinito, no caso um mundo de idealidades, é concebido como um mundo cujos objetos não se tornam acessíveis ao nosso conhecimento um por um, de maneira imperfeita e como que por acaso; mas, ao contrário, um método racional, dotado de uma unidade sistemática, acaba por alcançar – numa progressão infinita – todo o objeto tal como ele é em si mesmo... Na matematização galileana da natureza, a natureza *ela própria* é agora idealizada sob a égide da nova matemática, ou, para exprimi-lo de uma maneira moderna, ela se torna ela própria uma multiplicidade matemática."[30] O pensar reifica-se num processo automático e autônomo, emulando a máquina que ele próprio produz para que ela possa finalmente substituí-lo. O esclarecimento[31] pôs de lado a exigência clássica de pensar o pensamento – a filosofia de Fichte é o seu desdobramento radical – porque ela desviaria do imperativo de comandar a práxis, que o próprio Fichte no entanto queria obedecer. O procedimento matemático tornou-se, por assim dizer, o ritual do pensamento. Apesar da autolimitação axiomática, ele se instaura como necessário e objetivo: ele transforma o pensamento em coisa, em instrumento, como ele próprio o denomina. Mas, com essa mimese, na qual o pensamento se iguala ao mundo, o factual tornou-se agora a tal ponto a única referência, que até mesmo a negação de Deus sucumbe ao juízo sobre a metafísica. Para o positivismo que assumiu a magistratura da razão esclarecida, extravagar em mundos inteligíveis é não apenas proibido, mas é tido como um palavreado sem sentido. Ele não precisa – para sorte sua – ser ateu, porque o pensamento coisificado não pode sequer colocar a questão. De bom grado o censor positivista deixa passar o culto oficial, do mesmo modo que a arte, como um domínio particular da atividade social nada tendo a ver com o conhecimento; mas a negação que se apresenta ela própria com a pretensão de ser conhecimento, jamais. Para a mentalidade científica, o desinteresse do pensamento pela tarefa de preparar o factual, a transgressão da esfera da realidade é desvario e autodestruição, do mesmo modo que, para o feiticeiro do mundo primitivo, a transgressão do círculo mágico traçado para a invocação, e nos dois casos tomam-se providências para que a infração do tabu acabe realmente em desgraça para o sacrílego. A dominação da natureza traça o círculo dentro do qual a *Crítica da razão pura* baniu o pensamento. Kant combinou a doutrina da incessante e laboriosa progressão do pensamento ao infinito com a insistência em sua insuficiência e eterna limitação. Sua lição é um oráculo. Não há nenhum ser no mundo que a ciência não possa penetrar, mas o que pode ser penetrado pela ciência não é o ser. É o novo, segundo Kant, que o juízo filosófico visa e, no entanto, ele não conhece nada de novo, porque repete tão somente o que a razão já colocou no objeto. Mas este pensamento, resguardado dos sonhos de um visionário nas diversas disciplinas da ciência, recebe a conta: a dominação universal da natureza volta-se contra o próprio sujeito pensante; nada sobra dele senão justamente esse *eu penso* eternamente igual que tem que poder acompanhar todas as minhas representações. Sujeito e objeto tornam-se ambos nulos. O eu abstrato, o título que dá o direito a protocolar e sistematizar, não tem diante de si outra coisa senão o material abstrato, que nenhuma outra propriedade possui além da de ser um substrato para semelhante posse. A equação do espírito e do mundo acaba por se resolver, mas apenas com a mútua redução de seus dois lados. Na redução do pensamento a uma aparelhagem matemática está implícita a ratificação do mundo como sua própria medida. O que aparece como triunfo da racionalidade objetiva, a submissão de todo ente ao formalismo lógico, tem por preço a subordinação obediente da razão ao imediatamente dado. Compreender o dado enquanto tal, descobrir nos dados não apenas suas relações espaço-temporais abstratas, com as quais se possa então agarrá-las, mas ao contrário pensá-las como a superfície, como aspectos mediatizados do conceito, que só se realizam no desdobramento de seu sentido social, histórico, humano – toda a pretensão do conhecimento é abandonada. Ela não consiste no mero perceber, classificar e calcular, mas precisamente na negação determinante de cada dado imediato. Ora, ao invés disso, o formalismo matemático, cujo instrumento é o número, a figura mais abstrata do imediato, mantém o pensamento firmemente preso à mera imediatidade. O factual tem a última palavra, o conhecimento restringe-se à sua repetição, o pensamento transforma-se na mera tautologia. Quanto mais a maquinaria do pensamento subjuga o que existe, tanto mais cegamente ela se contenta com essa reprodução. Desse modo, o esclarecimento regride à mitologia da qual jamais soube escapar. Pois, em suas figuras, a mitologia refletira a essência da ordem existente – o processo cíclico, o destino, a dominação do mundo – como a verdade e abdicara da esperança. Na pregnância da imagem mítica, bem como na clareza da fórmula científica, a eternidade do factual se vê confirmada e a mera existência expressa como o sentido que ela obstrui. O mundo como um gigantesco juízo analítico, o único sonho que restou de todos os sonhos da ciência, é da mesma espécie que o mito cósmico que associava a mudança da primavera e do outono ao rapto da Perséfone. A singularidade do evento mítico, que deve legitimar o evento factual, é ilusão. Originariamente, o rapto da deusa identificava-se imediatamente à morte da natureza. Ele se repetia em cada outono, e mesmo a repetição não era uma sequência de ocorrências separadas, mas a mesma cada vez. Com o enrijecimento da consciência do tempo, o evento foi fixado como tendo ocorrido uma única vez no passado, e tentou-se apaziguar ritualmente o medo da morte em cada novo ciclo das estações com o recurso a algo ocorrido há muito tempo. Mas a separação é impotente. Em virtude da colocação dessa ocorrência única do passado, o ciclo assume o caráter do inevitável, e o medo irradia-se desse acontecimento antigo para todos os demais como sua mera repetição. A subsunção do factual, seja sob a pré-história lendária, mítica, seja sob o formalismo matemático, o relacionamento simbólico do presente ao evento mítico no rito ou à categoria abstrata na ciência, faz com que o novo apareça como algo predeterminado, que é assim na verdade o antigo. Quem fica privado da esperança não é a existência, mas o saber que no símbolo figurativo ou matemático se apropria da existência enquanto esquema e a perpetua como tal.

No mundo esclarecido, a mitologia invadiu a esfera profana. A existência expurgada dos demônios e de seus descendentes conceituais assume em sua pura naturalidade o caráter numinoso que o mundo de outrora atribuía aos demônios. Sob o título dos fatos brutos, a injustiça social da qual esses provêm é sacramentada hoje como algo eternamente intangível e isso com a mesma segurança com que o curandeiro se fazia sacrossanto sob a proteção de seus deuses. O preço da dominação não é meramente a alienação dos homens com relação aos objetos dominados; com a coisificação do espírito, as próprias relações dos homens foram enfeitiçadas, inclusive as relações de cada indivíduo consigo mesmo. Ele se reduz a um ponto nodal das reações e funções convencionais que se esperam dele como algo objetivo. O animismo havia dotado a coisa de uma alma, o industrialismo coisifica as almas. O aparelho econômico, antes mesmo do planejamento total, já prové espontaneamente as mercadorias dos valores que decidem sobre o comportamento dos homens. A partir do momento em que as mercadorias, com o fim do livre intercâmbio, perderam todas suas qualidades econômicas salvo seu caráter de fetiche, este se espalhou como uma paralisia sobre a vida da sociedade em todos os seus aspectos. As inúmeras agências da produção em massa e da cultura por ela criada servem para inculcar no indivíduo os comportamentos normalizados como os únicos naturais, decentes, racionais. De agora em diante, ele só se determina como coisa, como elemento estatístico, como *success or failure*.* Seu padrão é a autoconservação, a assemelhação bem ou malsucedida à objetividade da sua função e aos modelos colocados para ela. Tudo o mais, Ideia e criminalidade, experimenta a força da coletividade que tudo vigia, da sala de aula ao sindicato. Contudo, mesmo essa coletividade ameaçadora pertence tão somente à superfície ilusória, sob a qual se abrigam as potências que a manipulam como algo de violento. A brutalidade com que enquadra o indivíduo é tão pouco representativa da verdadeira qualidade dos homens quanto o valor o é dos objetos de uso. A figura demoniacamente distorcida, que as coisas e os homens assumiram sob a luz do conhecimento isento de preconceitos, remete de volta à dominação, ao princípio que já operava a especificação do mana nos espíritos e divindades e fascinava o olhar nas fantasmagorias dos feiticeiros e

---

* Sucesso ou fracasso. (Os estrangeirismos do original foram mantidos na tradução.) (N.T.)

curandeiros. A fatalidade com que os tempos pré-históricos sancionavam a morte ininteligível passa a caracterizar a realidade integralmente inteligível. O pânico meridiano com que os homens de repente se deram conta da natureza como totalidade encontrou sua correspondência no pânico que hoje está pronto a irromper a qualquer instante: os homens aguardam que este mundo sem saída seja incendiado por uma totalidade que eles próprios constituem e sobre a qual nada podem.

O horror mítico do esclarecimento tem por objeto o mito. Ele não o descobre meramente em conceitos e palavras não aclarados, como presume a crítica da linguagem, mas em toda manifestação humana que não se situe no quadro teleológico da autoconservação. A frase de Spinoza: "*Conatus sese conservandi primum et unicum virtutis est fundamentum*"[32] contém a verdadeira máxima de toda a civilização ocidental, onde vêm se aquietar as diferenças religiosas e filosóficas da burguesia. O eu que, após o extermínio metódico de todos os vestígios naturais como algo de mitológico, não queria mais ser nem corpo, nem sangue, nem alma e nem mesmo um eu natural, constituiu, sublimado num sujeito transcendental ou lógico, o ponto de referência da razão, a instância legisladora da ação. Segundo o juízo do esclarecimento, bem como o do protestantismo, quem se abandona imediatamente à vida sem relação racional com a autoconservação regride à pré-história. O instinto enquanto tal seria tão mítico quanto a superstição; servir a um Deus não postulado pelo eu, tão insano quanto o alcoolismo. O progresso reservou a mesma sorte tanto para a adoração quanto para a queda no ser natural imediato: ele amaldiçoou do mesmo modo aquele que, esquecido de si, se abandona tanto ao pensamento quanto ao prazer. O trabalho social de todo indivíduo está mediatizado pelo princípio do eu na economia burguesa; a um ele deve restituir o capital aumentado, a outro a força para um excedente de trabalho. Mas quanto mais o processo da autoconservação é assegurado pela divisão burguesa do trabalho, tanto mais ele força a autoalienação dos indivíduos, que têm de se formar no corpo e na alma segundo a aparelhagem técnica. Mas isso, mais uma vez, é levado em conta pelo pensamento esclarecido: aparentemente, o próprio sujeito transcendental do conhecimento acaba por ser suprimido como a última reminiscência da subjetividade e é substituído pelo trabalho tanto mais suave dos mecanismos automáticos de controle. A subjetividade volatizou-se na lógica de regras de jogo pretensamente indeterminadas, a fim de dispor de uma maneira ainda mais desembaraçada. O positivismo – que afinal não recuou nem mesmo diante do pensamento, essa quimera tecida pelo cérebro no sentido mais liberal do termo* – eliminou a última instância inter-

---

* *Hirngespinst* significa quimera, fantasia; literalmente: tecido, teia (*Gespinst*) do cérebro (*Hirn*). (N.T.)

mediária entre a ação individual e a norma social. O processo técnico, no qual o sujeito se coisificou após sua eliminação da consciência, está livre da plurivocidade do pensamento mítico bem como de toda significação em geral, porque a própria razão se tornou um mero adminículo da aparelhagem econômica que a tudo engloba. Ela é usada como um instrumento universal servindo para a fabricação de todos os demais instrumentos. Rigidamente funcionalizada, ela é tão fatal quanto a manipulação calculada com exatidão na produção material e cujos resultados para os homens escapam a todo cálculo. Cumpriu-se afinal sua velha ambição de ser um órgão puro dos fins. A exclusividade das leis lógicas tem origem nessa univocidade da função, em última análise no caráter coercitivo da autoconservação. Esta culmina sempre na escolha entre a sobrevivência ou a morte, escolha essa na qual se pode perceber ainda um reflexo no princípio de que, entre duas proposições contraditórias, só uma pode ser verdadeira e só uma falsa. O formalismo desse princípio e de toda a lógica, que é o modo como ele se estabelece, deriva da opacidade e do entrelaçamento de interesses numa sociedade na qual só por acaso coincidem a conservação das formas e a dos indivíduos. A expulsão do pensamento da lógica ratifica na sala de aula a coisificação do homem na fábrica e no escritório. Assim, o tabu estende-se ao próprio poder de impor tabus, o esclarecimento ao espírito em que ele próprio consiste. Mas, desse modo, a natureza enquanto verdadeira autoconservação é atiçada pelo processo que prometia exorcizá-la, tanto no indivíduo quanto no destino coletivo da crise e da guerra. Se a única norma que resta para a teoria é o ideal da ciência unificada, então a práxis tem de sucumbir ao processo irreprimível da história universal. O eu integralmente capturado pela civilização se reduz a um elemento dessa inumanidade, à qual a civilização desde o início procurou escapar. Concretiza-se assim o mais antigo medo, o medo da perda do próprio nome. Para a civilização, a vida no estado natural puro, a vida animal e vegetativa, constituía o perigo absoluto. Um após o outro, os comportamentos mimético, mítico e metafísico foram considerados como eras superadas, de tal sorte que a ideia de recair neles estava associada ao pavor de que o eu revertesse à mera natureza, da qual havia se alienado com esforço indizível e que por isso mesmo infundia nele indizível terror. A lembrança viva dos tempos pretéritos – do nomadismo e, com muito mais razão, dos estágios propriamente pré-patriarcais – fora extirpada da consciência dos homens ao longo dos milênios com as penas mais terríveis. O espírito esclarecido substituiu a roda e o fogo pelo estigma que imprimiu em toda irracionalidade, já que esta leva à ruína. O hedonismo era moderado, os extremos não lhe eram menos odiosos do que para Aristóteles. O ideal burguês da naturalidade não visa a natureza amorfa, mas a virtude do meio. A promiscuidade e a ascese, a abundância e a fome são, apesar de opostas, imediatamente idênticas enquanto potências da dissolução. Ao subordinar a vida inteira às exigências de sua conservação, a minoria que detém o poder garante, justamente com sua própria segurança, a perpetuação do todo. De Homero aos tempos modernos, o espírito dominante quer navegar entre a Cila da regressão à simples reprodução e a Caribde da satisfação desenfreada; ele sempre desconfiou de qualquer outra estrela guia que não fosse a do mal menor. Os neopagãos e belicistas alemães querem liberar de novo o prazer. Mas como o prazer, sob a pressão milenar do trabalho, aprendeu a se odiar, ele permanece, na emancipação totalitária, vulgar e mutilado, em virtude de seu autodesprezo. Ele permanece preso à autoconservação, para a qual o educara a razão entrementes deposta. Nos momentos decisivos da civilização ocidental, da transição para a religião olímpica ao renascimento, à reforma e ao ateísmo burguês, todas as vezes que novos povos e camadas sociais recalcavam o mito, de maneira mais decidida, o medo da natureza não compreendida e ameaçadora – consequência da sua própria materialização e objetualização – era degradado em superstição animista, e a dominação da natureza interna e externa tornava-se o fim absoluto da vida. Quando afinal a autoconservação se automatiza, a razão é abandonada por aqueles que assumiram sua herança a título de organizadores da produção e agora a temem nos deserdados. A essência do esclarecimento é a alternativa que torna inevitável a dominação. Os homens sempre tiveram de escolher entre submeter-se à natureza ou submeter a natureza ao eu. Com a difusão da economia mercantil burguesa, o horizonte sombrio do mito é aclarado pelo sol da razão calculadora, sob cujos raios gelados amadurece a sementeira da nova barbárie. Forçado pela dominação, o trabalho humano tendeu sempre a se afastar do mito, voltando a cair sob o seu influxo, levado pela mesma dominação.

Esse entrelaçamento de mito, dominação e trabalho está conservado em uma das narrativas de Homero. O duodécimo canto da *Odisseia* relata o encontro com as Sereias. A sedução que exercem é a de se deixar perder no que passou. Mas o herói a quem se destina a sedução emancipou-se com o sofrimento. Nos perigos mortais que teve de arrostar, foi dando têmpera à unidade de sua própria vida e à identidade da pessoa. Assim como a água, a terra e o ar, assim também separam-se para ele os domínios do tempo. Para ele, a preamar do que já foi recuou da rocha do presente, e as nuvens do futuro estão acampadas no horizonte. O que Ulisses deixou para trás entra no mundo das sombras: o eu ainda está tão próximo do mito de outrora, de cujo seio se arrancou, que o próprio passado por ele vivido se transforma para ele num outrora mítico. É através de uma ordenação fixa do tempo que ele procura fazer face a isso. O esquema tripartido deve liberar o instante presente do poder do passado, desterrando-o para trás do limite absoluto do irrecuperável e colocando-o à disposição do agora como um saber praticável. A ânsia de salvar o passado como algo de vivo, em vez de utilizá-lo como material para o progresso, só se acalmava na arte, à qual pertence a própria

História como descrição da vida passada. Enquanto a arte renunciar a ser aceita como conhecimento, isolando-se assim da práxis, ela será tolerada, como o prazer, pela práxis social. Mas o canto das Sereias ainda não foi reduzido à impotência da arte. Elas sabem "tudo o que jamais ocorreu sobre a terra tão fértil",[33] sobretudo os acontecimentos de que participara o próprio Ulisses e "o quanto sofreram os filhos de Argos e os troianos por vontade dos Deuses".[34] Ao conjurar imediatamente o passado recente, elas ameaçam com a promessa irresistível do prazer – que é a maneira como seu canto é percebido – a ordem patriarcal, que só restitui a vida de cada um em troca de sua plena medida de tempo. Quem se deixa atrair por suas ilusões está condenado à perdição, quando só uma contínua presença de espírito consegue arrancar um meio de vida à natureza. Se as Sereias nada ignoram do que aconteceu, o preço que cobram por esse conhecimento é o futuro, e a promissão do alegre retorno é o embuste com que o passado captura o saudoso. Ulisses foi alertado por Circe, a divindade da reconversão ao estado animal, à qual resistira e que, em troca disso, fortaleceu-o para resistir a outras potências da dissolução. Mas a sedução das Sereias permanece mais poderosa. Ninguém que ouve sua canção pode escapar a ela. A humanidade teve de se submeter a terríveis provações até que se formasse o eu, o caráter idêntico, determinado e viril do homem, e toda infância ainda é de certa forma a repetição disso. O esforço para manter a coesão do ego marca-o em todas as suas fases, e a tentação de perdê-lo jamais deixou de acompanhar a determinação cega de conservá-lo. A embriaguez narcótica, que expia com um sono parecido à morte a euforia na qual o eu está suspenso, é uma das mais antigas cerimônias sociais mediadoras entre a autoconservação e a autodestruição, uma tentativa do eu de sobreviver a si mesmo. O medo de perder o eu e o de suprimir com o eu o limite entre si mesmo e a outra vida, o temor da morte e da destruição, está irmanado a uma promessa de felicidade, que ameaçava a cada instante a civilização. O caminho da civilização era o da obediência e do trabalho, sobre o qual a satisfação não brilha senão como mera aparência, como beleza destituída de poder. O pensamento de Ulisses, igualmente hostil à sua própria morte e à sua própria felicidade, sabe disso. Ele conhece apenas duas possibilidades de escapar. Uma é a que ele prescreve aos companheiros. Ele tapa seus ouvidos com cera e obriga-os a remar com todas as forças de seus músculos. Quem quiser vencer a provação não deve dar ouvidos ao chamado sedutor do irrecuperável e só o alcançará se conseguir não ouvi-lo. Disso a civilização sempre cuidou. Alertas e concentrados, os trabalhadores têm de olhar para a frente e esquecer o que foi posto de lado. A tendência que impele à distração, eles têm de se encarniçar em sublimá-la num esforço suplementar. É assim que se tornam práticos. A outra possibilidade é a escolhida pelo próprio Ulisses, o senhor de terras que faz os outros trabalharem para ele. Ele escuta, mas amarrado impotente ao mastro, e quanto maior se torna a sedução, tanto mais fortemente ele se deixa atar, exatamente como, muito depois, os burgueses, que recusavam a si mesmos a felicidade com tanto maior obstinação quanto mais acessível ela se tornava com o aumento de seu poderio. O que ele escuta não tem consequências para ele, a única coisa que consegue fazer é acenar com a cabeça para que o desatem; mas é tarde demais, os companheiros – que nada escutam – só sabem do perigo da canção, não de sua beleza – e o deixam no mastro para salvar a ele e a si mesmos. Eles reproduzem a vida do opressor juntamente com a própria vida, e aquele não consegue mais escapar a seu papel social. Os laços com que irrevogavelmente se atou à práxis mantêm ao mesmo tempo as Sereias afastadas da práxis: sua sedução transforma-se, neutralizada num mero objeto da contemplação, em arte. Amarrado, Ulisses assiste a um concerto, a escutar imóvel como os futuros frequentadores de concertos, e seu brado de libertação cheio de entusiasmo já ecoa como um aplauso. Assim a fruição artística e o trabalho manual já se separam na despedida do mundo pré-histórico. A epopeia já contém a teoria correta. O patrimônio cultural está em exata correlação com o trabalho comandado, e ambos se baseiam na inescapável compulsão à dominação social da natureza.

As medidas tomadas por Ulisses quando seu navio se aproxima das Sereias pressagiam alegoricamente a dialética do esclarecimento. Assim como a substituibilidade é a medida da dominação e o mais poderoso é aquele que pode se fazer substituir na maioria das funções, assim também a substituibilidade é o veículo do progresso e, ao mesmo tempo, da regressão. Na situação dada, estar excluído do trabalho também significa mutilação, tanto para os desempregados, quanto para os que estão no polo social oposto. Os chefes, que não precisam mais se ocupar da vida, não têm mais outra experiência dela senão como substrato e deixam-se empedernir integralmente no eu que comanda. O primitivo só tinha experiência da coisa natural como objeto fugidio do desejo, "mas o senhor, que interpôs o servo entre a coisa e ele próprio, só se prende à dependência da coisa e desfruta-a em sua pureza; o aspecto da independência, porém, abandona-o ao servo que a trabalha".[35] Ulisses é substituído no trabalho. Assim como não pode ceder à tentação de se abandonar, assim também acaba por renunciar enquanto proprietário a participar do trabalho e, por fim, até mesmo a dirigi-lo, enquanto os companheiros, apesar de toda proximidade às coisas, não podem desfrutar do trabalho porque este se efetua sob coação, desesperadamente, com os sentidos fechados à força. O servo permanece subjugado no corpo e na alma, o senhor regride. Nenhuma dominação conseguiu ainda evitar pagar esse preço, e a aparência cíclica da história em seu progresso também se explica por semelhante enfraquecimento, que é o equivalente do poderio. A humanidade, cujas habilidades e conhecimentos se diferenciam com a divisão do trabalho, é ao mesmo tempo forçada a regredir a estágios antropologicamente mais primitivos, pois a persistência da dominação determina, com a facilitação técnica da existência, a fixação do instinto através de uma repressão mais forte. A fantasia atrofia-se. A desgraça não está em que os indivíduos tenham se atrasado relativamente à sociedade ou à sua produção material. Quando o desenvolvimento da máquina já se converteu em desenvolvimento da maquinaria da dominação – de tal sorte que as tendências técnica e social, entrelaçadas desde sempre, convergem no apoderamento total dos homens – os atrasados não representam meramente a inverdade. Por outro lado, a adaptação ao poder do progresso envolve o progresso do poder, levando sempre de novo àquelas formações recessivas que mostram que não é o malogro do progresso, mas exatamente o progresso bem-sucedido que é culpado de seu próprio oposto. A maldição do progresso irrefreável é a irrefreável regressão.

Esta não se limita à experiência do mundo sensível, que está ligada à proximidade das coisas mesmas, mas afeta ao mesmo tempo o intelecto autocrático, que se separa da experiência sensível para submetê-la. A unificação da função intelectual, graças à qual se efetua a dominação dos sentidos, a resignação do pensamento em vista da produção da unanimidade, significa o empobrecimento do pensamento bem como da experiência: a separação dos dois domínios prejudica a ambos. A limitação do pensamento à organização e à administração, praticada pelos governantes desde o astucioso Ulisses até os ingênuos diretores-gerais, inclui também a limitação que acomete os grandes tão logo não se trate mais apenas da manipulação dos pequenos. O espírito torna-se de fato o aparelho da dominação e do autodomínio, como sempre havia suposto erroneamente a filosofia burguesa. Os ouvidos moucos, que é o que sobrou aos dóceis proletários desde os tempos míticos, não superam em nada a imobilidade do senhor. É da imaturidade dos dominados que se nutre a hipermaturidade da sociedade. Quanto mais complicada e mais refinada a aparelhagem social, econômica e científica, para cujo manejo o corpo já há muito foi ajustado pelo sistema de produção, tanto mais empobrecidas as vivências de que ele é capaz. Graças aos modos de trabalho racionalizados, a eliminação das qualidades e sua conversão em funções transferem-se da ciência para o mundo da experiência dos povos e tende a assemelhá-lo de novo ao mundo dos anfíbios. A regressão das massas, de que hoje se fala, nada mais é senão a incapacidade de poder ouvir o imediato com os próprios ouvidos, de poder tocar o intocado com as próprias mãos: a nova forma de ofuscamento que vem substituir as formas míticas superadas. Pela mediação da sociedade total, que engloba todas as relações e emoções, os homens se reconvertem exatamente naquilo contra o que se voltara a lei evolutiva da sociedade, o princípio do eu: meros seres genéricos, iguais uns aos outros pelo isolamento na coletividade governada pela força. Os remadores que não podem se falar estão atrelados a um compasso, assim como o trabalhador moderno na fábrica, no cinema e no coletivo. São as condições concretas do trabalho na sociedade que forçam o conformismo e não as influências conscientes, as quais por acréscimo embruteceriam e afastariam da verdade os homens oprimidos. A impotência dos trabalhadores não é mero pretexto dos dominantes, mas a consequência lógica da sociedade industrial, na qual o fado antigo acabou por se transformar no esforço de a ele escapar.

Essa necessidade lógica, porém, não é definitiva. Ela permanece presa à dominação, como seu reflexo e seu instrumento ao mesmo tempo. Por isso, sua verdade é tão questionável quanto sua evidência inevitável. É verdade que o pensamento sempre bastou para designar concretamente seu próprio caráter questionável. Ele é o servo que o senhor não pode deter a seu bel-prazer. Ao se reificar na lei e na organização, quando os homens se tornaram sedentários e, depois, na economia mercantil, a dominação teve de limitar-se. O instrumento ganha autonomia: a instância mediadora do espírito, independentemente da vontade dos dirigentes, suaviza o caráter imediato da injustiça econômica. Os instrumentos da dominação destinados a alcançar a todos – a linguagem, as armas e por fim as máquinas – devem se deixar alcançar por todos. É assim que o aspecto da racionalidade se impõe na dominação como um aspecto que é também distinto dela. A objetividade do meio, que o torna universalmente disponível, sua "objetividade" para todos, já implica a crítica da dominação da qual o pensamento surgiu, como um de seus meios. No trajeto da mitologia à logística, o pensamento perdeu o elemento da reflexão sobre si mesmo, e hoje a maquinaria mutila os homens mesmo quando os alimenta. Sob a forma das máquinas, porém, a *ratio* alienada move-se em direção a uma sociedade que reconcilia o pensamento solidificado, enquanto aparelhagem material e aparelhagem intelectual, com o ser vivo liberado e o relaciona com a própria sociedade como seu sujeito real. A origem particular do pensamento e sua perspectiva universal foram sempre inseparáveis. Hoje, com a metamorfose que transformou o mundo em indústria, a perspectiva do universal, a realização social do pensamento, abriu-se tão amplamente que, por causa dela, o pensamento é negado pelos próprios dominadores como mera ideologia. A expressão que trai a má consciência das cliques, nas quais acaba por encarnar a necessidade econômica, é o fato de que suas revelações – das intuições do chefe à visão dinâmica do mundo – não reconhecem mais, em decidida oposição à apologética burguesa anterior, os próprios crimes como consequências necessárias de sistemas de leis. As mentiras mitológicas da missão e do destino que elas mobilizam em seu lugar nem sequer chegam a dizer uma total inverdade: não eram mais as leis objetivas do mercado que imperavam nas ações dos empresários e impeliam à catástrofe. Antes pelo contrário, a decisão consciente dos diretores gerais, como resultante tão fatal quanto os mais cegos mecanismos de preços, leva a efeito a velha lei do valor e assim cumpre o destino do capitalismo. Os próprios dominadores não acreditam em nenhuma necessidade objetiva, mesmo que às vezes deem esse nome a suas maquinações. Eles se arvoram em engenheiros da história universal. Só os dominados aceitam como necessidade intangível o processo que, a cada decreto elevando o nível de vida, aumenta o grau de sua impotência. Agora que uma parte mínima do tempo de trabalho à disposição dos donos da sociedade é suficiente para assegurar a subsistência daqueles que ainda se fazem necessários para o manejo das máquinas, o resto supérfluo, a massa imensa da população, é adestrado como uma guarda suplementar do sistema, a serviço de seus planos grandiosos para o presente e o futuro. Eles são sustentados como um exército dos desempregados. Rebaixados ao nível de simples objetos do sistema administrativo, que preforma todos os setores da vida moderna, inclusive a linguagem e a percepção, sua degradação reflete para eles a necessidade objetiva contra a qual se creem impotentes. Na medida em que cresce a capacidade de eliminar duradouramente toda miséria, cresce também desmesuradamente a miséria enquanto antítese da potência e da impotência. Nenhum indivíduo é capaz de penetrar a floresta de cliques e instituições que, dos mais altos níveis de comando da economia até as últimas gangues profissionais, zelam pela permanência ilimitada do *status quo*. Perante um líder sindical, para não falar do diretor da fábrica, o proletário que por acaso se faça notar não passará de um número a mais, enquanto que o líder deve por sua vez tremer diante da possibilidade de sua própria liquidação.

O absurdo desta situação, em que o poder do sistema sobre os homens cresce na mesma medida em que os subtrai ao poder da natureza, denuncia como obsoleta a razão da sociedade racional. Sua necessidade não é menos aparente do que a liberdade dos empresários, que acaba por revelar sua natureza compulsiva nas lutas e acordos a que não conseguem escapar. Essa aparência, na qual se perde a humanidade inteiramente esclarecida, não pode ser dissipada pelo pensamento que tem de escolher, enquanto órgão da dominação, entre o comando e a obediência. Incapaz de escapar ao envolvimento que o mantém preso à pré-história, ele consegue no entanto reconhecer na lógica da alternativa, da consequência e da antinomia, com a qual se emancipou radicalmente da natureza, a própria natureza, irreconciliada e alienada de si mesma. O pensamento, cujos mecanismos de compulsão refletem e prolongam a natureza, também se reflete a si mesmo, em virtude justamente de sua consequência inelutável, como a própria natureza esquecida de si mesma, como mecanismo de compulsão. É verdade que a representação é só um instrumento. Pensando, os homens distanciam-se da natureza a fim de torná-la presente* de modo a ser dominada. Semelhante à coisa, à ferramenta material – que pegamos e conservamos em diferentes situações como a mesma, destacando assim o mundo como o caótico, multifário, disparatado do conhecido, uno, idêntico – o conceito é a ferramenta ideal que se encaixa nas coisas pelo lado por onde se pode pegá-las. Pois o pensamento se tor-

---

* *Vor sich hinstellen* significa colocar a sua frente. Os autores jogam com o significado de *Vorstellung*, representação, que é uma expressão formada de *Stellung*, posição, colocação, e *vor*, à frente. (N.T.)

na ilusório sempre que tenta renegar sua função separadora, de distanciamento e objetivação. Toda união mística permanece um logro, o vestígio impotentemente introvertido da revolução malbaratada. Mas enquanto o esclarecimento prova que estava com a razão contra toda hipostasiação da utopia e proclama impassível a dominação sob a forma da desunião, a ruptura entre o sujeito e o objeto que ele proíbe recobrir, torna-se, ela própria, o índice da inverdade dessa ruptura e o índice da verdade. A condenação da superstição significa sempre, ao mesmo tempo, o progresso da dominação e o seu desnudamento. O esclarecimento é mais que esclarecimento: natureza que se torna perceptível em sua alienação. No autoconhecimento do espírito como natureza em desunião consigo mesma, a natureza se chama a si própria como antigamente, mas não mais imediatamente com seu nome presumido, que significa omnipotência, isto é, como "mana", mas como algo de cego, mutilado. A dominação da natureza, sem o que o espírito não existe, consiste em sucumbir à natureza. Graças à resignação com que se confessa como dominação e se retrata na natureza, o espírito perde a pretensão senhorial que justamente o escraviza à natureza. Se é verdade que a humanidade na fuga da necessidade, no progresso e na civilização, não consegue se deter sem abandonar o próprio conhecimento, pelo menos ela não mais toma por garantias da liberdade vindoura os baluartes que levanta contra a necessidade, a saber, as instituições, as práticas da dominação que sempre constituíram o revide sobre a sociedade da submissão da natureza. Todo progresso da civilização tem renovado, ao mesmo tempo, a dominação e a perspectiva de seu abrandamento. Contudo, enquanto a história real se teceu a partir de um sofrimento real, que de modo algum diminui proporcionalmente ao crescimento dos meios para sua eliminação, a concretização desta perspectiva depende do conceito. Pois ele é não somente, enquanto ciência, um instrumento que serve para distanciar os homens da natureza, mas é também, enquanto tomada de consciência do próprio pensamento que, sob a forma da ciência, permanece preso à evolução cega da economia, um instrumento que permite medir a distância perpetuadora da injustiça. Graças a essa consciência da natureza no sujeito, que encerra a verdade ignorada de toda cultura, o esclarecimento se opõe à dominação em geral, e o apelo a pôr fim ao esclarecimento também ressoou nos tempos de Vanini, menos por medo da ciência exata do que por ódio ao pensamento indisciplinado, que escapa à órbita da natureza confessando-se como o próprio tremor da natureza diante de si mesma. Os sacerdotes sempre vingaram o mana no esclarecedor que conciliava o mana assustando-se com o susto que trazia o seu nome, e na *hybris* os áugures do esclarecimento se punham de acordo com os sacerdotes. Muito antes de Turgot e d'Alembert, a forma burguesa do esclarecimento já se perdera em seu aspecto positivista. Ele jamais foi imune à tentação de confundir a liberdade com a busca da autoconservação. A suspensão do conceito – não importa se isso ocorreu em nome do progresso ou da cultura, que há muito já haviam se coligado contra a verdade – abriu caminho à mentira. Esta encontrava lugar num mundo que se contentava em verificar sentenças protocolares e conservava o pensamento – degradado em obra dos grandes pensadores – como uma espécie de slogan antiquado, do qual não se pode mais distinguir a verdade neutralizada como patrimônio cultural.

Reconhecer, porém, a presença da dominação dentro do próprio pensamento como natureza não reconciliada seria um meio de afrouxar essa necessidade que o próprio socialismo veio a confirmar precipitadamente como algo de eterno, fazendo assim uma concessão ao *common sense* reacionário. Ao fazer da necessidade, para todo o sempre, a base e ao depravar o espírito de maneira tipicamente idealista como o ápice, ele se agarrou com excessiva rigidez à herança da filosofia burguesa. Assim, a relação da necessidade com o reino da liberdade permaneceria meramente quantitativa, mecânica, e a natureza – colocada como algo inteiramente alheio e estranho, como ocorre na primeira mitologia – tornar-se-ia totalitária e absorveria a liberdade juntamente com o socialismo. Com o abandono do pensamento – que, em sua figura coisificada como matemática, máquina, organização, se vinga dos homens dele esquecidos –, o esclarecimento abdicou de sua própria realização. Ao disciplinar tudo o que é único e individual, ele permitiu que o todo não compreendido se voltasse, enquanto dominação das coisas, contra o ser e a consciência dos homens. Mas uma verdadeira práxis revolucionária depende da intransigência da teoria em face da inconsciência com que a sociedade deixa que o pensamento se enrijeça. Não são as condições materiais da satisfação nem a técnica deixada à solta enquanto tal, que a colocam em questão. Isso é o que afirmam os sociólogos, que estão de novo a meditar sobre um antídoto, ainda que de natureza coletivista, a fim de dominar o antídoto.[36] A culpa é da ofuscação em que está mergulhada a sociedade. O mítico respeito científico dos povos pelo dado, que eles no entanto estão continuamente a criar, acaba por se tornar ele próprio um fato positivo, a fortaleza diante da qual a imaginação revolucionária se envergonha de si mesma como utopismo e degenera numa confiança dócil na tendência objetiva da história. Enquanto órgão de semelhante adaptação, enquanto mera construção de meios, o esclarecimento é tão destrutivo como o acusam seus inimigos românticos. Ele só se reencontrará consigo mesmo quando renunciar ao último acordo com esses inimigos e tiver a ousadia de superar o falso absoluto que é o princípio da dominação cega. O espírito dessa teoria intransigente seria capaz de inverter a direção do espírito do progresso impiedoso, ainda que este estivesse em vias de atingir sua meta. Seu arauto, Bacon, sonhou com as inúmeras coisas "que os reis com todos os seus tesouros não podem comprar, sobre as quais seu comando não impera, das quais seus espias e informantes nenhuma notícia trazem". Como ele desejava, elas couberam aos burgueses, os herdeiros esclarecidos do rei. Multiplicando o poder pela mediação do mercado, a economia burguesa também multiplicou seus objetos e suas forças a tal ponto que para sua administração não só não precisa mais dos reis como também dos burgueses: agora ela só precisa de todos. Eles aprendem com o poder das coisas a, afinal, dispensar o poder. O esclarecimento se consuma e se supera quando os fins práticos mais próximos se revelam como o objetivo mais distante finalmente atingido, e os países, "dos quais seus espias e informantes nenhuma notícia trazem", a saber, a natureza ignorada pela ciência dominadora, são recordados como os países da origem. Hoje, quando a utopia baconiana de "imperar na prática sobre a natureza" se realizou numa escala telúrica, tornou-se manifesta a essência da coação que ele atribuía à natureza não dominada. Era a própria dominação. É à sua dissolução que pode agora proceder o saber em que Bacon vê a "superioridade dos homens". Mas, em face dessa possibilidade, o esclarecimento se converte, a serviço do presente, na total mistificação das massas.

Excurso I
Ulisses ou Mito e Esclarecimento

Assim como o episódio das Sereias mostra o entrelaçamento do mito e do trabalho racional, assim também a *Odisseia* em seu todo dá testemunho da dialética do esclarecimento. Sobretudo em seus elementos mais antigos, a epopeia mostra-se ligada ao mito: as aventuras têm origem na tradição popular. Mas, ao se apoderar dos mitos, ao "organizá-los", o espírito homérico entra em contradição com eles. A assimilação habitual da epopeia ao mito – que a moderna filologia clássica, aliás, desfez – mostra-se à crítica filosófica como uma perfeita ilusão. São dois conceitos distintos, que marcam duas fases de um processo histórico nos pontos de sutura da própria narrativa homérica. O discurso homérico produz a universidade da linguagem, se já não a pressupõe. Ele dissolve a ordem hierárquica da sociedade pela forma exotérica de sua exposição, mesmo e justamente onde ele a glorifica. Cantar a ira de Aquiles e as aventuras de Ulisses já é uma estilização nostálgica daquilo que não se deixa mais cantar, e o herói das aventuras revela-se precisamente como um protótipo do indivíduo burguês, cujo conceito tem origem naquela autoafirmação unitária que encontra seu modelo mais antigo no herói errante. Na epopeia, que é o oposto histórico-filosófico do romance, acabam por surgir traços que a assemelham ao romance, e o cosmo venerável do mundo homérico pleno de sentido revela-se como obra da razão ordenadora, que destrói o mito graças precisamente à ordem racional na qual ela o reflete.

O discernimento do elemento esclarecedor burguês em Homero foi enfatizado pelos intérpretes de Antiguidade ligados ao romantismo tardio alemão e que seguiam os primeiros escritos de Nietzsche. Nietzsche conhecia como poucos, desde Hegel, a dialética do esclarecimento. Foi ele que formulou sua relação contraditória com a dominação. É preciso "levar o esclarecimento ao povo, para que os padres se tornem todos padres cheios de má consciência – é preciso fazer a mesma coisa com o Estado. Eis a tarefa do esclarecimento: tornar, para os príncipes e estadistas, todo seu procedimento uma mentira deliberada...".[1] Por outro lado, o esclarecimento sempre foi um meio dos "grandes virtuoses na arte de governar (Confúcio na China, o Imperium Romanum, Napoleão, o papado na época em que se voltara para o poder e não apenas para o mundo) ... A maneira pela qual as massas se enganam acerca desse ponto, por exemplo em toda democracia, é extremamente valiosa: o apequenamento e a governabilidade dos homens são buscados como 'progresso'!"[2] Quando essa duplicidade do esclarecimento se destaca como um motivo histórico fundamental, seu conceito como pensamento progressivo é estendido até o início da história tradicional. Todavia, a relação de Nietzsche com o esclarecimento, e portanto com Homero, permanecia ela própria contraditória. Assim ele enxergava no esclarecimento tanto o movimento universal do espírito soberano, do qual se sentia o realizador último, quanto a potência hostil à vida, "nihilista". Em seus seguidores pré-fascistas, porém, apenas o segundo aspecto se conservou e se perverteu em ideologia. Esta ideologia torna-se a cega exaltação da vida cega, à qual se entrega a mesma prática pela qual tudo o que é vivo é oprimido. Isso está claramente expresso na posição dos intelectuais fascistas em face de Homero. Eles farejam na descrição homérica das relações feudais um elemento democrático, classificam o poema como uma obra de marinheiros e negociantes e rejeitam a epopeia jônica como um discurso demasiado racional e uma comunicação demasiado corrente. O mau-olhado daqueles que se sentem identificados com toda dominação que pareça direta e que proscrevem toda mediação, o "liberalismo" em qualquer nível, captou algo de correto. De fato, as linhas da razão, da liberalidade, da civilidade burguesa se estendem incomparavelmente mais longe do que supõem os historiadores que datam o conceito do burguês a partir tão somente do fim do feudalismo medieval. Ao identificar o burguês justamente onde o humanismo burguês mais antigo presumia uma aurora sagrada destinada a legitimá-lo, a reação neorromântica identifica a história universal e o esclarecimento. A ideologia na moda, que faz da liquidação do esclarecimento a primeira de suas causas, presta-lhe uma reverência involuntária e se vê forçada a reconhecer a presença do pensamento esclarecido até mesmo no mais remoto passado. É justamente o vestígio mais antigo desse pensamento que representa para a má consciência dos espíritos arcaicos de hoje a ameaça de desfechar mais uma vez todo o processo que intentaram sufocar e que, no entanto, ao mesmo tempo levam a cabo de maneira inconsciente.

Mas o discernimento do caráter antimitológico e esclarecido de Homero, de sua oposição à mitologia ctônica, permanece longe da verdade na medida em que é limitado. A serviço da ideologia repressiva, Rudolf Borchardt, por exemplo o mais importante e por isso o mais impotente entre os pensadores esotéricos da indústria pesada alemã, interrompe cedo demais a análise. Ele não vê que os poderes originários enaltecidos já representam uma fase do esclarecimento. Ao denunciar sem maiores qualificações a epopeia como romance, ele deixa escapar que a epopeia e o mito têm de fato em comum: dominação e exploração. O elemento ignóbil que ele condena na epopeia: a mediação e a circulação – é apenas o desdobramento desse duvidoso elemento de nobreza que ele diviniza no mito: a violência nua e crua. A pretensa autenticidade, o princípio arcaico do sangue e do sacrifício, já está marcado por algo da má consciência e da astúcia da dominação, que são características da renovação nacional que se serve hoje dos tempos primitivos como recurso propagandístico. O mito original já contém o aspecto da mentira que triunfa no caráter embusteiro do fascismo e que esse imputa ao esclarecimento. Mas nenhuma obra presta um testemunho mais eloquente do entrelaçamento do esclarecimento e do mito do que a obra homérica, o texto fundamental da civilização europeia. Em Homero, epopeia e mito, forma e conteúdo, não se separam simplesmente, mas se confrontam e se elucidam mutuamente. O dualismo estético atesta a tendência histórico-filosófica. "O Homero apolíneo é apenas o continuador daquele processo artístico humano universal ao qual devemos a individuação."[3]

Os mitos se depositaram nas diversas estratificações do texto homérico; mas o seu relato, a unidade extraída às lendas difusas, é ao mesmo tempo a descrição do trajeto de fuga que o sujeito empreende diante das potências míticas. Isto já vale num sentido mais profundo para a *Ilíada*. A cólera do filho mítico de uma deusa contra o rei guerreiro e organizador racional, a inatividade indisciplinada desse herói, finalmente o fato de que o destino nacional-helênico e não mais tribal alcança o morto vitorioso através da lealdade mítica ao companheiro morto, tudo isso confirma o entrelaçamento da história e da pré-história. Isso vale tanto mais drasticamente para a *Odisseia* quanto mais esta se aproxima da forma do romance de aventuras. A oposição do ego sobrevivente às múltiplas peripécias do destino exprime a oposição do esclarecimento ao mito. A viagem errante de Troia a Ítaca é o caminho percorrido através dos mitos por um eu fisicamente muito fraco em face das forças da natureza e que só vem a se formar na consciência de si. O mundo pré-histórico está secularizado no espaço que ele atravessa; os antigos demônios povoam a margem distante e as ilhas do Mediterrâneo civilizado, forçados a retroceder à forma do rochedo e da caverna, de onde outrora emergiram no pavor dos tempos primitivos. Mas as aventuras contemplam cada lugar com seu nome, e é a partir delas que se pode ter uma visão de conjunto e racional do espaço. O náufrago trêmulo antecipa o trabalho da bússola. Sua impotência, para a qual nenhum lugar do mar permanece desconhecido, visa ao mesmo tempo a destituição das potências. Mas a simples inverdade dos mitos – a saber, que o mar e a terra na verdade não são povoados de demônios, efeitos do embuste mágico e da difusão da religião popular tradicional – torna-se aos olhos do emancipado um "erro" ou "desvio" comparado à univocidade do fim que visa em seu esforço de autoconservação: o retorno à pátria e aos bens sólidos. As aventuras de que Ulisses sai vitorioso são todas elas perigosas seduções que desviam o eu da trajetória de sua lógica. Ele cede sempre a cada nova sedução, experimenta-a como um aprendiz incorrigível e até mesmo, às vezes, impelido por uma tola curiosidade, assim como um ator experimenta insaciavelmente os seus papéis. "Mas onde há perigo, cresce também o que salva":[4] o saber em que consiste sua identidade e que lhe possibilita sobreviver tira sua substância da experiência de tudo aquilo que é múltiplo, que desvia, que dissolve, e o sobrevivente sábio é ao mesmo tempo aquele que se expõe mais audaciosamente à ameaça da morte, na qual se torna duro e forte para a vida. Eis aí o segredo do processo entre a epopeia e o mito: o eu não constitui o oposto rígido da aventura, mas só vem a se formar em sua rigidez através dessa oposição, unidade que é tão somente na multiplicidade de tudo aquilo que é negado por essa unidade.[5] Como os heróis de todos romances posteriores, Ulisses por assim dizer se perde a fim de se ganhar. Para alienar-se da natureza ele se abandona à natureza, com a qual se mede em toda aventura, e, ironicamente, essa natureza inexorável que ele comanda triunfa quando ele volta – inexorável – para casa, como juiz e vingador do legado dos poderes de que escapou. Na fase homérica, a identidade do eu é a tal ponto função do não idêntico, dos mitos dissociados, inarticulados, que ela tem que se buscar neles. Ainda é tão fraca a forma de organização interna da individualidade, o tempo, que a unidade das aventuras permanece exterior e sua sequência não passa da mudança espacial dos cenários, dos sítios das divindades locais, para onde o arrasta a tempestade. Todas as vezes que o eu voltou a experimentar historicamente semelhante enfraquecimento, ou que o modo de expor pressupôs semelhante fraqueza no leitor, a narrativa da vida resvalou novamente para a sucessão de aventuras. Na imagem da viagem, o tempo histórico se desprende laboriosa e revogavelmente do espaço, o esquema irrevogável de todo tempo mítico.

O recurso do eu para sair vencedor das aventuras: perder-se para se conservar, é a astúcia. O navegador Ulisses logra as divindades da natureza, como depois o viajante civilizado logrará os selvagens oferecendo-lhes contas de vidro coloridas em troca de marfim. É verdade que só às vezes ele aparece fazendo trocas, a saber, quando se dão e se recebem os presentes da hospitalidade. O presente de hospitalidade homérico está a meio caminho entre a troca e o sacrifício. Como um ato sacrifical, ele deve pagar pelo sangue incorrido, seja do estrangeiro, seja do residente vencido pelos piratas, e selar a paz. Mas, ao mesmo tempo, o presente anuncia o princípio do equivalente: o hospedeiro recebe real ou simbolicamente o equivalente de sua prestação, o hóspede um viático que, basicamente, deve capacitá-lo a chegar em casa. Mesmo que o hospedeiro não receba nenhuma compensação imediata, ele pode ter a certeza de que ele próprio ou seus parentes serão recebidos da mesma maneira: como sacrifício às divindades elementares, o presente é ao mesmo tempo um seguro rudimentar contra elas. A extensa mas perigosa navegação na Grécia antiga é o pressuposto pragmático disto. O próprio Possêidon, o inimigo elementar de Ulisses, pensa em termos de equivalência, queixando-se de que aquele receba em todas as etapas de sua errática viagem mais presentes do que teria sido sua parte nos despojos de Troia, caso Possêidon não lhe houvesse impedido transportá-la. Em Homero, porém, é possível derivar semelhante racionalização dos atos sacrificiais propriamente ditos. Pode-se contar com a benevolência das divindades conforme a magnitude das hecatombes. Se a troca é a secularização do sacrifício, o próprio sacrifício já aparece como o esquema mágico da troca racional, uma cerimônia organizada pelos homens com o fim de dominar os deuses, que são derrubados exatamente pelo sistema de veneração de que são objetos.[6]

A parte que o logro desempenha no sacrifício é o protótipo das astúcias de Ulisses, e é assim que muitos de seus estratagemas são armados à maneira de um sacrifício oferecido às divindades da natureza.[7] As divindades da natureza são logradas pelo herói do mesmo modo que pelos deuses solares. Assim os amigos olímpicos de Ulisses valem-se da estada de Possêidon entre os etíopes – selvagens que ainda o veneram e lhe oferecem enormes sacrifícios – para escoltar a salvo seu protegido. O logro já está envolvido no próprio sacrifício que Possêidon aceita prazerosamente: a limitação do amorfo deus do mar a uma localidade determinada, a área sagrada, limita ao mesmo tempo sua potência, e, para saciar-se nos bois etíopes, ele deve em troca renunciar a dar vazão à sua cólera em Ulisses. Todas as ações sacrificiais humanas, executadas segundo um plano, logram o deus ao qual são dirigidas: elas o subordinam ao primado dos fins humanos, dissolvem seu poderio, e o logro de que ele é objeto se prolonga sem ruptura no logro que os sacerdotes incrédulos praticam sobre a comunidade crédula. A astúcia tem origem no culto. O próprio Ulisses atua ao mesmo tempo como vítima e sacerdote. Ao calcular seu próprio sacrifício, ele efetua a negação da potência a que se destina esse sacrifício. Ele recupera assim a vida que deixara entregue. Mas o logro, a astúcia e a racionalidade não se opõem simplesmente ao arcaísmo do sacrifício. O que Ulisses faz é tão somente elevar à consciência de si a parte de logro inerente ao sacrifício, que é talvez a razão mais profunda para o caráter ilusório do mito. A experiência de que a comunicação simbólica com a divindade através do sacrifício nada tem de real só pode ser uma experiência antiquíssima. A substituição que ocorre no sacrifício, exaltada pelos defensores de um irracionalismo em moda, não deve ser separada da divinização do sacrificado, ou seja, do embuste que é a racionalização sacerdotal do assassínio pela apoteose do escolhido. Algo desse embuste – que erige justamente a pessoa inerme em portador da substância divina – sempre se pôde perceber no ego, que deve sua própria existência ao sacrifício do momento presente ao futuro. Sua substancialidade é aparência, assim como a imortalidade da vítima abatida. Não é à toa que Ulisses foi tido por muitos como uma divindade.

Enquanto os indivíduos forem sacrificados, enquanto o sacrifício implicar a oposição entre a coletividade e o indivíduo, a impostura será uma componente objetiva do sacrifício. Se a fé na substituição pela vítima sacrificada significa a reminiscência de algo que não é um aspecto originário do eu, mas proveniente da história da dominação, ele se converte para o eu plenamente desenvolvido numa inverdade: o eu é exatamente o indivíduo humano ao qual não se credita mais a força mágica da substituição. A constituição do eu corta exatamente aquela conexão flutuante com a natureza que o sacrifício do eu pretende estabelecer. Todo sacrifício é uma restauração desmentida pela realidade histórica na qual ela é empreendida. A fé venerável no sacrifício, porém, já é provavelmente um esquema inculcado, segundo o qual os indivíduos subjugados infligem mais uma vez a si próprios a injustiça que lhes foi infligida, a fim de poder suportá-la. O sacrifício não salva, por uma restituição substitutiva, a comunicação imediata apenas interrompida que os mitólogos de hoje lhe atribuem, mas, ao contrário, a instituição do sacrifício é ela própria a marca de uma catástrofe histórica, um ato de violência que atinge os homens e a natureza igualmente. A astúcia nada mais é que o desdobramento subjetivo dessa inverdade objetiva do sacrifício que ela vem substituir. Talvez essa inverdade não tenha sido sempre apenas uma inverdade. Pode ser que, em determinadas épocas[8] dos tempos primitivos, os sacrifícios tenham possuído uma espécie de racionalidade crua, que no entanto já então mal se podia separar da sede de privilégios. A teoria do sacrifício predominante hoje relaciona-o à representação do corpo coletivo, da tribo, à qual deve refluir como força o sangue derramado do membro da tribo. Embora o totemismo já fosse em sua época uma ideologia, ele marca no entanto um estado real em que a razão dominante precisava dos sacrifícios. É um estado de carência arcaica, onde é difícil distinguir os sacrifícios humanos do canibalismo. Em certos momentos, com seu aumento numérico, a coletividade só consegue sobreviver provando a carne humana. É possível que, em muitos grupos étnicos ou sociais, o prazer estivesse ligado ao canibalismo de uma maneira da qual só o horror da carne humana dá hoje testemunho. Costumes de épocas posteriores como o do *ver sacrum*, onde em tempos de fome uma geração inteira de adolescentes era forçada a emigrar em meio a cerimônias rituais, conservam de uma maneira bastante clara os traços dessa racionalidade bárbara e transfigurada. O caráter ilusório dessa racionalidade deve ter se revelado muito antes da formação das religiões populares: assim, quando a caça sistemática começou a prover a tribo de um número suficiente de animais para tornar supérflua a antropofagia, os caçadores e colocadores de armadilhas sensatos devem ter ficado desconcertados com a ordem dos feiticeiros de que os membros da tribo se deixassem devorar.[9] A interpretação mágica e coletiva do sacrifício, que nega totalmente sua racionalidade, é a sua racionalização; mas a hipótese esclarecida e linear de que o que hoje seria ideologia poderia ter sido outrora verdade é ingênua demais:[10] as ideologias mais recentes são apenas reprises das mais antigas, que se estendem tanto mais aquém das ideologias anteriormente conhecidas quanto mais o desenvolvimento da sociedade de classes desmente as ideologias anteriormente sancionadas. A irracionalidade tão invocada do sacrifício exprime simplesmente o fato de que a prática dos sacrifícios sobreviveu à sua própria necessidade racional, que já constituía uma inverdade, isto é, já era particular. É dessa separação entre a racionalidade e a irracionalidade do sacrifício que a astúcia se utiliza. Toda desmitologização tem a forma da experiência inevitável da inanidade e superfluidade dos sacrifícios.

Se, por causa de sua irracionalidade, o princípio do sacrifício se revela efêmero, ele perdura ao mesmo tempo em virtude de sua racionalidade. Essa se transformou, não desapareceu. O eu consegue escapar à dissolução na natureza cega, cuja pretensão o sacrifício não cessa de proclamar. Mas ao fazer isso ele permanece justamente preso ao contexto natural como um ser vivo que quer se afirmar contra um outro ser vivo. A substituição do sacrifício pela racionalidade autoconservadora não é menos troca do que o fora o sacrifício. Contudo, o eu que persiste idêntico e que surge com a superação do sacrifício volta imediatamente a ser um ritual sacrificial duro, petrificado, que o homem se celebra para si mesmo opondo sua consciência ao contexto da natureza. Eis aí a verdade da célebre narrativa da mitologia nórdica, segundo a qual Odin se pendurou numa árvore em sacrifício por si mesmo, e da tese de Klages que todo sacrifício é o sacrifício do deus ao deus, tal como ainda se apresenta nesse disfarce monoteísta do mito que é a cristologia.[11] Só que o extrato da mitologia no qual o eu aparece como sacrifício a si mesmo não exprime tanto a concepção originária da religião popular quanto a acolhida do mito na civilização. Na história das classes, a hostilidade do eu ao sacrifício incluía um sacrifício do eu, porque seu preço era a negação da natureza no homem, em vista da dominação sobre a natureza extra-humana e sobre os outros homens. Exatamente essa negação, núcleo de toda racionalidade civilizatória, é a célula da proliferação da irracionalidade mítica. Com a negação da natureza no homem, não apenas o *telos* da dominação externa da natureza, mas também o *telos* da própria vida se torna confuso e opaco. No instante em que o homem elide a consciência de si mesmo como natureza, todos os fins para os quais ele se mantém vivo – o progresso social, o aumento de suas forças materiais e espirituais, até mesmo a própria consciência – tornam-se nulos, e a entronização do meio como fim, que assume no capitalismo tardio o caráter de um manifesto desvario, já é perceptível na proto-história da subjetividade. O domínio do homem sobre si mesmo, em que se funda o seu ser, é sempre a destruição virtual do sujeito a serviço do qual ele ocorre; pois a substância dominada, oprimida e dissolvida pela autoconservação, nada mais é senão o ser vivo, cujas funções configuram, elas tão somente, as atividades da autoconservação, por conseguinte exatamente aquilo que na verdade devia ser conservado. A antirrazão do capitalismo totalitário, cuja técnica de satisfazer necessidades, em sua forma objetualizada, determinada pela dominação, torna impossível a satisfação de necessidades e impele ao extermínio dos homens – essa antirrazão está desenvolvida de maneira prototípica no herói que se furta ao sacrifício sacrificando-se. A história da civilização é a história da introversão do sacrifício. Ou por outra, a história da renúncia. Quem pratica a renúncia dá mais de sua vida do que lhe é restituído, mais do que a vida que ele defende. Isso fica evidente no contexto da falsa sociedade. Nela cada um é demais e se vê logrado. Mas é por uma necessidade social que quem quer que se furte à troca universal, desigual e injusta, que não renuncie, mas agarre imediatamente o todo inteiro, por isso mesmo há de perder tudo, até mesmo o resto miserável que a autoconservação lhe concede. Todos esses sacrifícios supérfluos são necessários: contra o sacrifício. Uma vítima de um desses sacrifícios é o próprio Ulisses, o eu que está sempre a se refrear[12] e assim deixa escapar a vida que salvou e que só recorda como uma viagem de erros. No entanto, ele é ao mesmo tempo uma vítima que se sacrifica pela abolição do sacrifício. Sua renúncia senhoril é, enquanto luta com o mito, representativa de uma sociedade que não precisa mais da renúncia e da dominação: que se tornou senhora de si, não para fazer violência a si mesma e aos outros, mas para a reconciliação.

    A transformação do sacrifício em subjetividade tem lugar sob o signo daquela astúcia que sempre teve uma parte no sacrifício. Na inverdade da astúcia, a fraude presente no sacrifício torna-se um elemento do caráter, uma mutilação do herói astuto arrojado pelo mar* e cuja fisionomia está marcada pelos golpes que desferiu contra si mesmo a fim de se autoconservar. Aí se exprime a relação entre o espírito e a força física. O portador do espírito, o que comanda (e é assim que o astucioso Ulisses é quase sempre apresentado) é, apesar dos relatos de suas façanhas, sempre fisicamente mais fraco que as potências dos tempos primitivos com as quais deve lutar pela vida. Os episódios celebrando a pura força física do aventureiro, o pugilato patrocinado pelos pretendentes com o mendigo Iros e o retesamento do arco, são de natureza esportiva. A autoconservação e a força físi-

---

* Os autores jogam com o duplo sentido da palavra alemã *verschlagen*, que significa: 1) astuto, ardiloso, manhoso; 2) arremessado, arrojado (à praia, à costa) pelo mar ou pelo acaso, bem como com seu parentesco com *Schlag*, golpe, e *schlagen*, bater, golpear. (N.T.)

ca separaram-se: as habilidades atléticas de Ulisses são as do *gentleman*, que, livre dos cuidados práticos, pode treinar de uma maneira ao mesmo tempo senhoril e controlada. A força dissociada da autoconservação reverte em proveito da autoconservação: no *agon** com o mendigo fraco, voraz, indisciplinado, ou com os que vivem no ócio, Ulisses inflige simbolicamente aos atrasados aquilo que a denominação territorial organizada há muito já fizera com eles na realidade, e assim prova sua nobreza. Quando, porém, encontra potências do mundo primitivo, que não se domesticaram nem se afrouxaram, suas dificuldades são maiores. Ele não pode jamais travar luta física com os poderes míticos que continuam a existir à margem da civilização. Ele tem de reconhecer como um fato os cerimoniais sacrificiais com os quais acaba sempre por se envolver, pois não tem força para infringi-los. Em vez disso, faz deles o pressuposto formal de sua própria decisão racional, que se realizará sempre, por assim dizer, no interior do veredicto proto-histórico subjacente à situação sacrificial. O fato de que o sacrifício antigo se tornara entrementes ele próprio irracional apresenta-se à inteligência do mais fraco como a estupidez do ritual. Ele permanece aceito, sua letra é estritamente observada. Mas a sentença que perdeu o sentido refuta-se a si mesma pelo fato de que seu próprio estatuto dá margem a que se esquive a ela. É exatamente o espírito dominador da natureza que reivindica sempre a superioridade da natureza na competição. Todo esclarecimento burguês está de acordo na exigência de sobriedade, realismo, avaliação correta de relações de força. O desejo não deve ser o pai do pensamento. Mas isso deriva do fato de que, na sociedade de classes, todo poderio está ligado à consciência incômoda da própria impotência diante da natureza física e de seus herdeiros sociais, a maioria. Só a adaptação conscientemente controlada à natureza coloca-a sob o poder dos fisicamente mais fracos. A *ratio*, que recalca a mimese, não é simplesmente seu contrário. Ela própria é mimese: a mimese do que está morto. O espírito subjetivo que exclui a alma da natureza só domina essa natureza privada da alma imitando sua rigidez e excluindo-se a si mesmo como animista. A imitação se põe a serviço da dominação na medida em que até o homem se transforma em um antropomorfismo para o homem. O esquema da astúcia ulissiana é a dominação da natureza mediante essa assimilação. A avaliação das relações de força, que de antemão coloca a sobrevivência na dependência por assim dizer da confissão da própria derrota e virtualmente da morte, já contém *in nuce* o princípio da desilusão burguesa, o esquema exterior para a interiorização do sacrifício, a renúncia. O astucioso só sobrevive ao preço de seu próprio sonho, a quem ele faz as contas desencantando-se a si mesmo bem como aos poderes exteriores. Ele jamais pode ter o todo; tem sempre de saber esperar, ter paciência, renunciar; não pode provar do lótus

---

* Palavra grega que significa "luta". (N.T.)

nem tampouco da carne dos bois de Hipérion; e quando guia sua nau por entre os rochedos, tem de incluir em seu cálculo a perda dos companheiros que Cila arranca ao navio. Ele tem de se virar, eis aí sua maneira de sobreviver, e toda a glória que ele próprio e os outros aí lhe concedem confirma apenas que a dignidade de herói só é conquistada humilhando a ânsia de uma felicidade total, universal, indivisa.

A fórmula para a astúcia de Ulisses consiste em fazer com que o espírito instrumental, amoldando-se resignadamente à natureza, dê a esta o que a ela pertence e assim justamente a logre. Os monstros míticos em cujo poder ele cai representam sempre, por assim dizer, contratos pretrificados, reivindicações pré-históricas. É assim que a religião popular antiga, numa fase avançada da era patriarcal, se apresenta em suas relíquias dispersas: sob o céu olímpico, elas se tornaram figuras do destino abstrato, da necessidade distante dos sentidos. A impossibilidade, por exemplo, de escolher uma rota diversa da que passa por entre Cila e Caribde pode ser compreendida de maneira racionalista como a transformação mítica da superioridade das correntes marítimas sobre as pequenas embarcações da Antiguidade. Mas, nessa transferência objetualizadora operada pelo mito, a relação natural entre força e impotência já assumiu o caráter de uma relação jurídica. Cila e Caribde têm o direito de reclamar aquilo que lhes cai entre os dentes, assim como Circe tem o direito de metamorfosear quem quer que não seja imune a sua mágica, ou Polifemo o direito de devorar seus hóspedes. Cada uma das figuras míticas está obrigada a fazer sempre a mesma coisa. Todas consistem na repetição: o malogro desta seria seu fim. Todas têm os traços daquilo que, nos mitos punitivos do inferno – os mitos de Tântalo, de Sísifo, das Danaides –, se fundamenta no veredicto do Olimpo. São figuras da compulsão: as atrocidades que cometem representam a maldição que pesa sobre elas. A inevitabilidade mítica é definida pela equivalência entre essa maldição, o crime que a expia e a culpa que dele resulta e reproduz a maldição. A justiça traz até hoje a marca desse esquema. No mito, cada ponto do ciclo faz reparação ao precedente e ajuda assim a instalar como lei as relações de culpa. É a isso que se opõe Ulisses. O eu representa a universalidade racional contra a inevitabilidade do destino. Mas, como ele encontra o universal e o inevitável entrelaçados, sua racionalidade assume necessariamente uma forma restritiva, a da exceção. Ele está obrigado a se subtrair às relações jurídicas que o encerram e o ameaçam e que, de certa maneira, estão inscritas em cada figura mítica. Ele satisfaz o estatuto jurídico de tal sorte que este perde seu poder sobre ele, na medida mesmo em que lhe concede esse poder. É possível ouvir as Sereias e a elas não sucumbir: não se pode desafiá-las. Desafio e cegueira são uma só coisa, e quem as desafia está por isso mesmo entregue ao mito ao qual se expõe. A astúcia, porém, é o desafio que se tornou racional. Ulisses não tenta tomar um caminho diverso do que passa pela ilha das Sereias. Tampouco tenta, por exemplo, alardear a superioridade de seu saber e escutar livremente as sedutoras, na presunção de que sua liberdade constitua proteção suficiente. Ele se apequena, o navio toma sua rota predeterminada e fatal, e ele se dá conta de que continua como ouvinte entregue à natureza, por mais que se distancie conscientemente dela. Ele cumpre o contrato de sua servidão* e se debate amarrado ao mastro para se precipitar nos braços das corruptoras. Mas ele descobriu no contrato uma lacuna pela qual escapa às suas normas, cumprindo-as. O contrato antiquíssimo não prevê se o navegante que passa ao largo deve escutar a canção amarrado ou desamarrado. O costume de amarrar os prisioneiros pertence a uma fase em que eles não são mais sumariamente executados. Ulisses reconhece a superioridade arcaica da canção deixando-se, tecnicamente esclarecido, amarrar. Ele se inclina à canção do prazer e frustra-a como frustra a morte. O ouvinte amarrado quer ir ter com as Sereias como qualquer outro. Só que ele arranjou um modo de, entregando-se, não ficar entregue a elas. Apesar da violência de seu desejo, que reflete a violência das próprias semideusas, ele não pode reunir-se a elas, porque os companheiros a remar, com os ouvidos tapados de cera, estão surdos não apenas para as semideusas, mas também para o grito desesperado de seu comandante. As Sereias recebem sua parte, mas, na proto-história da burguesia, isto já se neutralizou na nostalgia de quem passa ao largo. A epopeia cala-se acerca do que acontece às cantoras depois que o navio desapareceu. Mas, na tragédia, deveria ter sido sua última hora, como foi a da Esfinge quando Édipo resolveu o enigma, cumprindo sua ordem e assim precipitando sua queda. Pois o direito das figuras míticas, que é o direito do mais forte, vive tão somente da impossibilidade de cumprir seu estatuto. Se este é satisfeito, então tudo acabou para os mitos até sua mais remota posteridade. Desde o feliz e malogrado encontro de Ulisses com as Sereias, todas as canções ficaram afetadas, e a música ocidental inteira labora no contrassenso que representa o canto na civilização, mas que, ao mesmo tempo, constitui de novo a força motora de toda arte musical.

Com a dissolução do contrato através de sua observância literal, altera-se a posição histórica da linguagem: ela começa a transformar-se em designação. O destino mítico, *fatum*, e a palavra falada eram uma só coisa. A esfera das representações a que pertencem as sentenças do destino executadas invariavelmente pelas figuras míticas ainda não conhece a distinção entre palavra e objeto. A palavra deve ter um poderio imediato sobre a coisa, expressão e intenção confluem. A astúcia, contudo, consiste em explorar a distinção, agarrando-se à palavra, para modificar a coisa. Surge assim a consciência da intenção: premido

---

* Os autores jogam com a origem comum das palavras *Hörender*, ouvinte, o que escuta, e *Hörigkeit*, servidão. (N.T.)

pela necessidade, Ulisses se apercebe do dualismo, ao descobrir que a palavra idêntica pode significar coisas diferentes. Como o nome *Oudeís*⁎ pode ser atribuído tanto ao herói quanto a ninguém, Ulisses consegue romper o encanto do nome. As palavras imutáveis permanecem fórmulas para o contexto inexorável da natureza. Na magia, sua rigidez já devia fazer face à rigidez do destino que ao mesmo tempo se refletia nela. Isso já implicava a oposição entre a palavra e aquilo ao qual ela se assimilava. Na fase homérica, essa oposição torna-se determinante. Ulisses descobre nas palavras o que na sociedade burguesa plenamente desenvolvida se chama formalismo: o preço de sua validade permanente é o fato de que elas se distanciam do conteúdo que as preenche em cada caso e que, a distância, se referem a todo conteúdo possível, tanto a ninguém quanto ao próprio Ulisses. É do formalismo dos nomes e estatutos míticos, que querem reger com a mesma indiferença da natureza os homens e a história, que surge o nominalismo, o protótipo do pensamento burguês. A astúcia da autoconservação vive do processo que rege a relação entre a palavra e a coisa. Os dois atos contraditórios de Ulisses no encontro com Polifemo – sua obediência ao nome e seu repúdio dele – são, porém, mais uma vez a mesma coisa. Ele faz profissão de si mesmo negando-se como Ninguém, ele salva a própria vida fazendo-se desaparecer. Essa adaptação pela linguagem ao que está morto contém o esquema da matemática moderna.

A astúcia como meio de uma troca onde tudo se passa corretamente, onde o contrato é respeitado e, no entanto, o parceiro é logrado, remete a um modelo econômico que aparece, senão nos tempos míticos, pelo menos na aurora da Antiguidade: é a antiquíssima "troca ocasional" entre economias domésticas fechadas. "Os excedentes são trocados ocasionalmente, mas a principal fonte do abastecimento é a autoprodução."[13] O comportamento do aventureiro Ulisses lembra o comportamento do trocador ocasional. Mesmo sob a figura patética do mendigo, o homem feudal exibe os traços do comerciante oriental[14] que retorna com riquezas inauditas, porque, pela primeira vez e opondo-se à tradição, saiu do âmbito da economia doméstica e "embarcou". Do ponto de vista econômico, o elemento aventureiro de seus empreendimentos nada mais é que o aspecto irracional de sua *ratio* em face da forma econômica tradicionalista ainda predominante. Essa irracionalidade da *ratio* sedimentou-se na astúcia enquanto assimilação da razão burguesa àquela irrazão que vem a seu encontro como um poder ainda maior. O solitário astucioso já é o *homo oeconomicus*, ao qual se assemelham todos os seres racionais: por isso, a *Odisseia* já é uma robinsonada. Os dois náufragos protótipicos fazem de sua fraqueza – a fraqueza do indivíduo que se separa da coletividade – sua força social. Entregues ao acaso das ondas, de-

---

⁎ Palavra grega que significa "ninguém" e que é o nome que Ulisses se dá ao falar com o ciclope Polifemo. (N.T.)

samparadamente isolados, seu isolamento dita-lhes a perseguição implacável do interesse atomístico. Eles personificam o princípio da economia capitalista, antes mesmo que esta recorra aos serviços de um trabalhador: mas os bens que salvam do naufrágio para empregar em um novo empreendimento transfiguram a verdade segundo a qual o empresário jamais enfrentou a competição unicamente com o labor de suas mãos. Sua impotência em face da natureza já funciona como justificação ideológica de sua supremacia social. O desamparo de Ulisses diante da fúria do mar já soa como a legitimação do viajante que se enriquece à custa do nativo. Foi isso que a teoria econômica burguesa fixou posteriormente no conceito do risco: a possibilidade da ruína é a justificação moral do lucro. Do ponto de vista das sociedades de troca desenvolvidas e dos indivíduos que a compõem, as aventuras de Ulisses nada mais são que a descrição dos riscos que constituem o caminho para o sucesso. Ulisses vive segundo o princípio primordial que constituiu outrora a sociedade burguesa. A escolha era entre lograr ou arruinar-se. O logro era a marca da *ratio*, traindo sua particularidade. Por isso a socialização universal, esboçada na história de Ulisses, o navegante do mundo, e na de Robinson, o fabricante solitário, já implica desde a origem a solidão absoluta, que se torna manifesta ao fim da era burguesa. Socialização radical significa alienação radical. Ulisses e Robinson têm ambos a ver com a totalidade: aquele a percorre, este a produz. Ambos só a realizam em total separação de todos os demais homens. Estes só vêm ao encontro dos dois em uma feição alienada, como inimigos ou como pontos de apoio, sempre como instrumentos, como coisas.

Uma das primeiras aventuras do *nostos** propriamente dito remonta, é verdade, muito mais alto, e até mesmo muito aquém da era bárbara das caretas dos demônios e das divindades mágicas. Trata-se da narrativa dos lotófagos, dos comedores de lótus. Quem prova de sua comida sucumbe como os que escutam as Sereias ou como os que foram tocados pela varinha de Circe. Todavia, nenhum mal é feito a suas vítimas: "Os lotófagos nenhum mal fizeram aos homens de nosso grupo."[15] A única ameaça é o esquecimento e a destruição da vontade. A maldição condena-os unicamente ao estado primitivo sem trabalho e sem luta na "fértil campina":[16] "ora, quem saboreava a planta do lótus, mais doce que o mel, não pensava mais em trazer notícias nem em voltar, mas só queria ficar aí, na companhia dos lotófagos, colhendo o lótus, e esquecido da pátria."[17] Essa cena idílica – que lembra a felicidade dos narcóticos, de que se servem as camadas oprimidas nas sociedades endurecidas, a fim de suportar o insuportável –, essa cena, a razão autoconservadora não pode admiti-la entre os seus. Esse idílio é na verdade a mera aparência da felicidade, um estado apático e vegetativo, pobre como a vida dos animais e no melhor dos casos a ausência da consciência da

---

* Retorno, volta à casa, viagem (cf. "nostalgia"). (N.T.)

infelicidade. Mas a felicidade encerra a verdade. Ela é essencialmente um resultado e se desenvolve na superação do sofrimento. É essa a justificação do herói sofredor, que não sofre permanecer entre os lotófagos. Ele defende contra estes a própria causa deles, a realização da utopia, através do trabalho histórico, pois o simples fato de se demorar na imagem da beatitude é suficiente para roubar-lhe o vigor. Mas ao perceber essa justificação, a racionalidade, isto é, Ulisses, entra forçosamente no contexto da injustiça. Enquanto imediata, sua própria ação resulta em favor da dominação. Essa felicidade "nos limites do mundo"[18] é tão inadmissível para a razão autoconservadora quanto a felicidade mais perigosa de fases posteriores. Os preguiçosos são despertados e transportados para as galeras: "mas eu os trouxe de novo à força, debulhados em lágrimas, para as naus; arrastei-os para os navios espaçosos e amarrei-os debaixo dos bancos."[19] O lótus é um alimento oriental. Ainda hoje, cortado em finas fatias, desempenha seu papel na cozinha chinesa e indiana. A tentação que lhe é atribuída, não é talvez, outra coisa senão a da regressão à fase da coleta dos frutos da terra[20] e do mar, anterior à agricultura, à pecuária e mesmo à caça, em suma, a toda a produção. Não é certamente por acaso que a epopeia liga a imagem do país de Cocanha à alimentação de flores, mesmo que se trate de flores nas quais nada de semelhante se possa hoje notar. O hábito de comer flores – que ainda se pratica à sobremesa no Oriente Próximo e que as crianças europeias conhecem das massas assadas com leite de rosas e das violetas cristalizadas – é a promessa de um estado em que a reprodução da vida se tornou independente da autoconservação consciente e o prazer de se fartar se tornou independente da utilidade de uma alimentação planejada. A lembrança da felicidade mais remota e mais antiga, que desperta o sentido do olfato, ainda está intimamente ligada à proximidade extrema da incorporação. Ela remete à proto-história. Não importa quantos tormentos os homens aí padeceram, eles não conseguem imaginar uma felicidade que não se nutra da imagem dessa proto-história: "assim prosseguimos viagem, com o coração amargurado."[21]

A próxima figura à qual o astucioso Ulisses é arremessado – em Homero ser arremessado e ser astucioso são equivalentes[22] –, o ciclope Polifemo, traz em seu olho do tamanho de uma roda o vestígio do mesmo mundo pré-histórico: esse olho único lembra o nariz e a boca, mais primitivos que a simetria dos olhos e dos ouvidos,[23] que, na unidade de duas percepções coincidentes, vem possibilitar a identificação, a profundidade e a objetualidade em geral. Mas ele representa, no entanto, em face dos lotófagos, uma era posterior, a era propriamente bárbara, que é a dos caçadores e pastores. Ele chama os ciclopes de "celerados sem lei",[24] porque eles (e nisso há algo que se assemelha a uma secreta confissão de culpa da própria civilização), "confiando no poderio dos deuses imortais, nada cultivam com as mãos, plantando ou lavrando; mas, sem ninguém para plantar ou cultivar, crescem as plantas, tanto o trigo quanto a cevada e as nobres cepas, carregadas de grandes cachos, que a chuva de Crônion vem nutrir".[25] A abundância não precisa da lei e a acusação civilizatória da anarquia soa quase como uma denúncia da abundância: "aí não há nem leis nem assembleias do povo, mas habitam em volta dos penhascos das montanhas em grutas côncavas; e cada um dita arbitrariamente a lei às mulheres e às crianças; e ninguém tem consideração pelos outros."[26] Já é uma sociedade patriarcal, baseada na opressão dos fisicamente mais fracos, mas ainda não organizada segundo o critério da propriedade fixa e de sua hierarquia; e é a ausência de vínculos entre os habitantes das cavernas que explica a ausência de uma lei objetiva e assim justifica a censura homérica da desconsideração recíproca, característica do estado selvagem. Ao mesmo tempo, a fidelidade pragmática do narrador desmente numa passagem posterior seu juízo civilizado: toda a tribo atende ao grito de pavor do ciclope cegado para ajudá-lo, e apenas o estratagema que Ulisses arma com seu nome impede os tolos de darem assistência a seu semelhante.[27] A estupidez e a ausência de leis aparecem como o mesmo atributo: quando Homero chama o ciclope de "monstro que pensa sem lei",[28] isso não significa meramente que ele não respeite em seu pensamento as leis da civilidade. Isso significa também que o seu próprio pensamento é sem lei, assistemático, rapsódico, quando por exemplo não consegue resolver o singelo problema de raciocínio, que consiste em saber de que maneira seus hóspedes não indesejáveis conseguem escapar da caverna (a saber, agarrando-se ao ventre dos carneiros, ao invés de cavalgá-los) e também quando não se dá conta do sofístico duplo sentido do nome falso de Ulisses. Polifemo, que confia no poderio dos imortais, é no entanto um antropófago e é por isso que, apesar dessa confiança, recusa reverência aos deuses: "tu és louco, estranho, ou vens de longe" – em épocas posteriores, a distinção entre o louco e o estranho era menos escrupulosa e o desconhecimento do costume, assim como todo modo de ser estranho, eram imediatamente tachados de loucura –, "tu que me exortas a temer os deuses e sua vingança! Pois de nada valem para os ciclopes o trovejador Zeus Crônion, nem os deuses bem-aventurados, pois somos muito superiores!"[29] "Superiores", escarnece o narrador Ulisses. Mas o que ele de fato queria dizer era: mais velhos. O poderio do sistema solar é reconhecido, porém mais ou menos assim como um senhor feudal reconhece o poderio da riqueza burguesa, embora secretamente se sinta como o mais nobre, sem perceber que a injustiça que lhe foi feita é da mesma ordem que a injustiça que ele próprio representa. Possêidon, o deus marinho próximo, pai de Polifemo e inimigo de Ulisses, é mais velho que Zeus, o deus celeste universal e distante, e é por assim dizer sobre o dorso do sujeito que é decidido o conflito entre a religião popular elementarista e a religião logocêntrica da lei. Mas o Polifemo sem lei não é o simples vilão em que o transformam os tabus da civilização, quando o apresentam no mundo fabuloso da infância esclarecida como o monstro Golias. No domínio restrito, em que sua autoconservação levou-o a adotar uma certa ordem e costume, não lhe falta um aspecto conciliante. Quando achega os filhotes ao ubre de suas ovelhas e cabras, esse ato prático implica o desvelo pela própria criatura. E o famoso discurso que o gigante faz, depois de ficar cego, ao carneiro-mestre (que chama de seu amigo e de quem indaga por que agora abandona por último a caverna e se por acaso lhe faz pena o infortúnio de seu senhor) atinge uma intensidade de emoção que só é atingida de novo na passagem que representa o ponto culminante da *Odisseia*, quando Ulisses, retornando a casa, é reconhecido pelo velho cão Argos, em que pese a abominável crueza com que termina o discurso. O comportamento do gigante ainda não se objetivou na forma do caráter. Ele responde às súplicas de Ulisses não simplesmente com a expressão do ódio selvagem, mas apenas com a recusa da lei que ainda não o alcançou realmente: ele não quer poupar Ulisses e os seus companheiros: "se meu coração não mandar",[30] e não é certo se ele realmente, como afirma Ulisses em sua narrativa, fala com malícia. De maneira jactanciosa e arrebatada, o embriagado promete presentes de hospitalidade[31] a Ulisses e só a ideia de Ulisses como Ninguém leva-o ao pérfido pensamento de cobrar o presente de hospitalidade devorando por último o chefe – talvez porque esse se denominou Ninguém e por isso não conta como existente para a fraca inteligência do ciclope.[32] A brutalidade física desse ente monstruosamente forte é a sua confiança inconstante. Por isso o cumprimento do estatuto mítico, que é sempre injustiça para o condenado, torna-se injustiça também para o poder natural que estabelece o direito. Polifemo e os outros monstros ludibriados por Ulisses já são os modelos para os diabos estúpidos da era cristã até Shylock e Mefistófeles. A estupidez do gigante, substância de sua bárbara brutalidade enquanto tudo corre bem para ele, passa a representar algo de melhor tão logo é esmagada por quem deveria saber melhor. Ulisses insinua-se na confiança de Polifemo e assim ao direito de presa à carne humana que ele representa, segundo o esquema da astúcia que destrói o estatuto cumprindo-o: "Toma, ciclope, e bebe; o vinho vai bem com a carne humana; vê que delícia é a bebida guardada, no navio que nos trouxe",[33] recomenda o representante da cultura.

A assimilação da *ratio* ao seu contrário, um estado de consciência a partir do qual ainda não se cristalizou uma identidade estável e representado pelo gigante trapalhão, completa-se, porém, na astúcia do nome. Ela pertence a um folclore muito difundido. Em grego trata-se de um jogo de palavras; na única palavra que se conserva separam-se o nome – Odysseus (Ulisses) – e a intenção – Ninguém. Para ouvidos modernos, Odysseus e Oudeis ainda têm um som semelhante, e é fácil imaginar que, em um dos dialetos em que se transmitiu a história do retorno a Ítaca, o nome do rei desta ilha era de fato um homófono do nome de Ninguém. O cálculo que Ulisses faz de que Polifemo, indagado por sua tribo quanto ao nome do culpado, responderia dizendo: "Ninguém" e assim ajudaria a ocultar o acontecido e a subtrair o culpado à perseguição, dá a impressão de ser uma transparente racionalização. Na verdade, o sujeito Ulisses renega a própria identidade que o transforma em sujeito e preserva a vida por uma imitação mimética do amorfo. Ele se denomina Ninguém porque Polifemo não é um eu e a confusão do nome e da coisa impede ao bárbaro logrado escapar à armadilha: seu grito, na medida em que é um grito por vingança, permanece magicamente ligado ao nome daquele de quem quer se vingar, e esse nome condena o grito à impotência. Pois ao introduzir no nome a intenção, Ulisses o subtraiu ao domínio da magia. Mas sua autoafirmação é, como na epopeia inteira, como em toda civilização, uma autodenegação. Desse modo o eu cai precisamente no círculo compulsivo da necessidade natural ao qual tentava escapar pela assimilação. Quem, para se salvar, se denomina Ninguém e manipula os processos de assimilação ao estado natural como um meio de dominar a natureza sucumbe à *hybris*. O astucioso Ulisses não pode agir de outro modo: ao fugir, ainda ao alcance das pedras arremessadas pelo gigante, não se contenta em zombar dele, mas revela seu verdadeiro nome e sua origem, como se o mundo primitivo, ao qual sempre acaba por escapar, ainda tivesse sobre ele um tal poder que, por ter se chamado de Ninguém, devesse temer voltar a ser Ninguém, se não restaurasse sua própria identidade graças à palavra mágica, que a identidade racional acabara de substituir. Os amigos tentam em vão preservá-lo da tolice de proclamar sua sagacidade, e é por um fio que escapa às rochas arremessadas por Polifemo. Ao mesmo tempo, foi a designação de seu nome que provavelmente atraiu para ele o ódio de Possêidon – que não se pode dizer que tenha sido apresentado como omnisciente. A astúcia, que para o inteligente consiste em assumir a aparência da estupidez, converte-se em estupidez tão pronto ele renuncie a essa aparência. Eis aí a dialética da eloquência. Da Antiguidade ao fascismo, tem-se censurado a Homero o palavrório de seus heróis e do próprio narrador. Mas o Jônio revelou-se proféticamente superior tanto aos antigos quanto aos jovens espartanos ao mostrar a fatalidade que o discurso do astucioso – o mediador – faz recair sobre ele. O discurso que suplanta a força física é incapaz de se deter. Seu fluxo acompanha como uma paródia a corrente da consciência, o próprio pensamento, cuja autonomia imperturbável assume um aspecto de loucura – o aspecto maníaco – quando entra na realidade pelo discurso, como se o pensamento e a realidade fossem homônimos, ao passo que o pensamento só tem poder sobre a realidade pela distância. Essa distância, porém, é ao mesmo tempo sofrimento. Por isso, o inteligente – contrariamente ao provérbio – está sempre tentado a falar demais. Ele está objetivamente condicionado pelo medo de que a frágil vantagem da palavra sobre a força poderá lhe ser de novo tomada pela força se não se agarrar o tempo todo a ela. Pois a palavra se sabe mais fraca do que a natureza que ela enganou. Quem fala demais deixa transparecer a força e a injustiça como seu próprio princípio e assim excita sempre aquele que deve ser temido a cometer exatamente a ação temida. A mítica compulsão da palavra nos tempos pré-históricos perpetua-se na desgraça que a palavra esclarecida atrai para si própria. Oudeis, que se dá compulsivamente a conhecer como Ulisses, já apresenta os traços característicos do judeu que, mesmo na angústia da morte, se gaba da superioridade que dela resulta; e a vingança contra o mediador não aparece só ao fim da sociedade burguesa, mas já está em seu começo como a utopia negativa à qual toda forma de violência sempre tende.

Diferentemente das lendas que narram a fuga do mito como a fuga da barbárie do canibalismo, a história mágica de Circe remete à fase mágica propriamente dita. A magia desintegra o eu que volta a cair em seu poder e assim se vê rebaixado a uma espécie biológica mais antiga. Mas a força dessa dissolução é, mais uma vez, a do esquecimento. Ela se apodera ao mesmo tempo da ordem fixa do tempo e da vontade fixa do sujeito que se orienta por essa ordem. Circe induz sedutoramente os homens a se abandonarem à pulsão instintiva: a forma animal dos seduzidos foi sempre relacionada com isso e Circe transformou-se no protótipo da hetaira, imagem essa motivada provavelmente pelos versos de Hermes que lhe atribuíam como um fato óbvio a iniciativa erótica: "Assustada, ela instará contigo a que partilhes de teu leito. Não resistas diante do leito da deusa."[34] A marca distintiva de Circe é a ambiguidade, ao aparecer na ação, sucessivamente, como corruptora e benfeitora: ela é a filha de Hélio e a neta de Oceano[35]. Nela estão inseparavelmente mesclados os elementos do fogo e da água, e é essa indivisibilidade, no sentido de uma oposição ao primado de um aspecto determinado da natureza – seja o matriarcal, seja o patriarcal –, que constitui a essência da promiscuidade, o hetáirico, que ainda brilha no olhar da prostituta, o úmido reflexo do astro.[36] A hetaira distribui a felicidade e destrói a autonomia de quem fez feliz, eis aí sua ambiguidade. Mas o indivíduo, ela não o destrói necessariamente: ela fixa uma forma de vida mais antiga[37]. Como os lotófagos, Circe não fere mortalmente seus hóspedes, e até mesmo aqueles que ela transformou em animais selvagens são pacíficos: "Em volta viam-se também lobos monteses e leões de grandes jubas que ela própria enfeitiçara com suas drogas nocivas. Todavia, não investiam contra os homens, mas festejavam-nos, erguendo-se sobre as patas e abanando as caudas. Do mesmo modo que os cães cercam o dono, quando este volta de um banquete, porque sempre lhes traz bons petiscos, assim lobos e leões de fortes garras cercavam os homens abanando as caudas."[38] As pessoas encantadas comportam-se como os animais selvagens que ouvem Orfeu tocar. A mítica injunção a que sucumbem dá rédeas ao mesmo tempo à liberdade neles reprimida. O que é revogado em sua recaída no mito é ele próprio mito. A repressão do instinto, a qual os transformou num eu e os distinguiu do animal, era a introversão da repressão no ciclo desesperadamente fechado da natureza, a que alude, segundo uma concepção mais antiga, o nome Circe. Em compensação, o violento sortilégio que lhes recorda a proto-história idealizada produz não só a animalidade, mas também – como no idílio dos lotófagos – a ilusão da reconciliação. Contudo, como já foram homens, a epopeia civilizatória não sabe apresentar o que lhes ocorreu a não ser como uma queda nefasta, e no relato homérico mal se percebe sequer o vestígio do prazer. Ele é expurgado com ênfase tanto maior quanto mais civilizadas são as vítimas sacrificadas.[39] Os companheiros de Ulisses não se transformam como os hóspedes anteriores nas criaturas sagradas das regiões selvagens, mas em animais domésticos impuros, porcos. Na história de Circe insinua-se talvez a reminiscência do culto ctônico de Deméter, para quem o porco era sagrado.[40] Mas talvez também seja a ideia de uma semelhança entre a anatomia do porco e a do homem e de sua nudez que explique esse motivo: como se entre os jônios houvesse o mesmo tabu que há entre os judeus acerca da mistura com os semelhantes. Finalmente, pode-se pensar na proibição do canibalismo, pois, como em Juvenal, o sabor da carne humana é sempre descrito como semelhante ao da carne de porco. Em todo caso, todas as civilizações posteriores preferiram qualificar de porcos aqueles cujo instinto buscava um prazer diverso daquele que a sociedade sanciona para seus fins. Magia e contramagia estão ligadas, na metamorfose dos companheiros de Ulisses, a ervas e ao vinho; à embriaguez e ao despertar, ao olfato como o sentido cada vez mais reprimido e recalcado e que mais próximo está tanto do sexo quanto da lembrança dos tempos primitivos[41]. Mas, na imagem do porco, o prazer do olfato já está desfigurado no fungar[42] compulsivo de quem arrasta o nariz pelo chão e renunciou ao andar ereto. É como se a hetaira encantadora repetisse no ritual a que submete os homens o ritual ao qual ela própria é o tempo todo submetida pela sociedade patriarcal. Igual a ela, as mulheres se inclinam, sob a pressão da civilização, a adotar o juízo civilizatório sobre a mulher e a difamar o sexo. No debate do esclarecimento e do mito, cujos vestígios a epopeia ainda conserva, a poderosa sedutora já se mostra fraca, obsoleta, vulnerável, e precisa dos animais submissos por escolha[43]. Como representante da natureza, a mulher tornou-se na sociedade burguesa a imagem enigmática da sedução irresistível[44] e da impotência. Ela espelha assim para a dominação a vã mentira que substitui a reconciliação pela subjugação da natureza.

O casamento é a via média que a sociedade segue para se acomodar a isso: a mulher continua a ser impotente na medida em que o poder só lhe é concedido pela mediação do homem. Isso já está, até certo ponto, delineado na *Odisseia* com a derrota da deusa hetaira, enquanto o casamento plenamente configurado com Penélope, literariamente mais recente, representa um estágio posterior da objetividade da instituição patriarcal. Com a conduta de Ulisses em Eeia[*], a ambiguidade da relação do homem com a mulher – desejo e comando – já assume a forma de uma troca garantida por contratos. A renúncia é o pressuposto disso. Ulisses resiste à magia de Circe e assim consegue aquilo que a magia só ilusoriamente promete aos que não resistem a ela. Ulisses dorme com ela. Antes porém faz com que profira o grande juramento dos bem-aventurados, o juramento olímpico. O juramento deve proteger o homem da mutilação, da vingança para a proibição da promiscuidade e para a dominação masculina, que, no entanto, enquanto renúncia permanente ao instinto, ainda realizam simbolicamente a automutilação do homem. Aquele que resistiu a ela, o senhor, o eu, e a quem Circe por causa de sua imutabilidade censura por trazer "no peito um coração insensível e obstinado"[45] é aquele a quem Circe se dispõe fazer as vontades: "Pois bem! Guarda a espada e vamos logo para o nosso leito a fim de que, unidos no leito e no amor, aprendamos a confiar um no outro."[46] Para o prazer que concede ela estabelece como preço o desdém do prazer: a última hetaira se afirma como o primeiro caráter feminino. Na transição da lenda para a história, ela faz uma contribuição decisiva para a frieza burguesa. Seu comportamento pratica a proibição do amor, que posteriormente se impôs tanto mais poderosamente quanto mais o amor teve, enquanto ideologia, de se prestar à tarefa de dissimular o ódio dos competidores. No mundo da troca, quem está errado é quem dá mais; o amante, porém, é sempre o que ama mais. Ao mesmo tempo que seu sacrifício é glorificado, zela-se ciumentamente para que o amante não seja poupado do sacrifício. É exatamente no amor que o amante fica sem razão e é punido. A incapacidade de dominar a si mesmo e aos outros, de que dá provas seu amor, é motivo suficiente para lhe recusar satisfação. Com a sociedade, reproduz-se de maneira amplificada a solidão. Esse mecanismo prevalece até mesmo nas mais ternas manifestações do sentimento, a tal ponto que o próprio amor, a fim de abrir um caminho qualquer até o outro, é forçado a tamanha frieza que se destrói com a própria realização. A força de Circe, que submete e reduz os homens à servidão, converte-se na servidão do homem que, pela renúncia, recusou a submissão. A influência sobre a natureza, que o poeta atribui à deusa Circe, reduz-se ao vaticínio sacerdotal e à prudente previsão de futuras dificuldades náuticas. Tudo isso sobrevive na caricatura da prudência feminina. As profecias da feiticeira destituída de seus poderes sobre as Sereias, Cila e Caribde só aproveitam, afinal, à autoconservação masculina.

Quanto custou o preço pago pela instauração de relações ordenadas para a reprodução sexual é o que deixam apenas entrever os versos obscuros que descrevem o comportamento dos amigos que Circe reconverte em homens por ordem

---

[*] A Ilha de Circe. (N.T.)

de seu senhor contratual. Dizem primeiro: "Logo se transformaram de novo em homens, mais jovens do que haviam sido e também de aparência muito mais bela e aspecto muito mais nobre."[47] Mas os homens assim confirmados e fortalecidos em sua masculinidade não são felizes: "Todos estavam tomados de uma melancolia agridoce e o palácio ressoava com suas queixas."[48] Talvez tenha soado assim o mais antigo hino nupcial, cantado para acompanhar o banquete celebrando o casamento primitivo que dura apenas um ano. O verdadeiro casamento com Penélope tem mais em comum com esse do que se poderia presumir. A prostituta e a esposa são elementos complementares da autoalienação da mulher no mundo patriarcal: a esposa deixa transparecer prazer com a ordem fixa da vida e da propriedade, enquanto a prostituta toma o que os direitos de posse da esposa deixam livre e, como sua secreta aliada, de novo o submete às relações de posse, vendendo o prazer. Circe como Calipso, as cortesãs, são apresentadas como diligentes tecelãs, exatamente como as potências míticas do destino[49] e as donas de casa, ao passo que Penélope, desconfiada como uma prostituta, examina o retornado, perguntando-se se não é realmente apenas um mendigo velho ou quem sabe um deus em busca de aventuras. Todavia, a famosa cena do reconhecimento com Ulisses tem um caráter verdadeiramente patrício: "Por muito tempo ela sentou-se calada, pois o espanto tomava todo o seu coração. Ora achava-o parecido, atentando em seu rosto, ora de novo o desconhecia envolto em vis andrajos."[50] Nenhuma emoção espontânea vem à tona, pois não quer cometer nenhum erro, que de mais a mais, sob a pressão da ordem que pesa sobre ela, dificilmente se poderia permitir. O jovem Telêmaco, que ainda não se adaptou direito à sua futura posição, irrita-se com isso, mas já se sente homem o bastante para repreender a mãe. A censura de teimosia e dureza que dirige a ela é exatamente a mesma que Circe fizera antes a Ulisses. Se a hetaira se apropria da ordem de valores patriarcal, a esposa monogâmica não se contenta ela própria com isso e não descansa enquanto não houver se igualado ao caráter masculino. É assim que se entendem os casados. O teste a que submete o retornado tem por conteúdo a posição irremovível do leito nupcial, que o esposo em sua juventude havia construído em torno de uma oliveira, símbolo da unidade do sexo e da propriedade. Com uma astúcia tocante ela fala como se essa cama pudesse ser tirada do lugar, e "zangado" o esposo responde-lhe com a narrativa circunstanciada da obra de seu duradouro artesanato: como protótipo do burguês vivo e habilidoso que é, ele tem um *hobby*. Este consiste na repetição do trabalho artesanal, do qual – no quadro de relações de propriedade – está necessariamente excluído há muito tempo. Ele se compraz nele porque a liberdade de fazer o que para ele é supérfluo confirma seu poder de dispor sobre aqueles que têm que realizar tais trabalhos para viver. É nisso que o reconhece a engenhosa Penélope, que o lisonjeia com o louvor de sua excepcional inteligência. Mas à lisonja, que já contém uma dose de escárnio, juntam-se – numa súbita cesura que interrompe o discurso – as palavras que buscam a razão de todo o sofrimento dos esposos na inveja dos deuses pela felicidade que só é garantida pelo casamento, os "pensamentos confirmados da permanência[51]": "Os imortais nos cumularam de desgraças, achando demais que desfrutássemos juntos e em paz de nossa juventude e que suavemente nos aproximássemos da velhice."[52] O casamento não significa apenas a ordenação da vida segundo relações de reciprocidade, mas também a solidariedade diante da morte. Nele a reconciliação cresce em torno da submissão, assim como, em toda a história até agora, o humano só floresceu sobre a barbárie que a humanidade justamente oculta. Se o contrato entre os esposos não faz senão redimir penosamente uma hostilidade antiquíssima, os que envelhecem pacificamente se esvaem na imagem de Filêmon e Baucis, assim como a fumaça do altar sacrificial se transforma na fumaça salutar da lareira. O casamento pertence certamente à rocha primeira do mito na base da civilização. Mas sua mítica dureza e solidez emerge do mito assim como o pequeno reino insular do mar infinito.

A última etapa da viagem de erros propriamente dita não é um refúgio dessa espécie. É o Hades. As figuras que o aventureiro enxerga na primeira *nekyia** são antes de mais nada as imagens matriarcais[53] banidas pela religião da luz: depois da própria mãe, diante de quem Ulisses se força a assumir a atitude patriarcal de uma conveniente dureza[54], vêm as heroínas antiquíssimas. Contudo, a imagem da mãe é impotente, cega e muda[55], a imagem de uma alucinação como a própria narrativa épica nos momentos em que abandona a linguagem à imagem. É preciso o sangue sacrificado como penhor de uma lembrança viva para dar fala à imagem, para que esta, ainda que em vão e efemeramente, se arranque à mudez mítica. É só quando se torna senhora de si no reconhecimento da inanidade das imagens que a subjetividade chega a participar da esperança que as imagens prometem em vão. A terra prometida de Ulisses não é o reino arcaico das imagens. Todas as imagens, enquanto sombras no mundo dos mortos, acabam por lhe revelar sua verdadeira essência, a aparência. Ele se livra delas depois de tê-las reconhecido como mortas e de tê-las afastado, com o gesto imperioso da autoconservação, do sacrifício que só oferece a quem lhe concede um saber útil para sua vida, na qual o poder do mito só continua a se afirmar como imaginação transposta para o espírito. O reino dos mortos, onde se reúnem os mitos destituídos de seu poder, é o ponto mais distante da terra natal, e é só na mais extrema distância que ele se comunica com ela. Se seguirmos Kirchhoff na hipótese de que a visita de Ulisses ao inferno pertence à camada mais antiga, propriamente lendária da epopeia[56], é aí também que encontramos o traço que – assim como na tradição das descidas de Orfeu e Hércules ao inferno – mais nitidamente se destaca do mito, pois o motivo do arrombamento das portas do inferno, da supressão da

---

* Sacrifício aos mortos. (N.T.)

morte, constitui o núcleo de todo pensamento antimitológico. Este elemento antimitológico está contido no vaticínio de Tirésias sobre a possível reconciliação de Possêidon. Ulisses há de errar, com um remo sobre o ombro, até alcançar os homens "que não conhecem o mar e jamais provaram comida temperada com sal"[57]. Quando encontrar um viandante e este lhe disser que está carregando uma pá sobre os ombros, terá atingido o lugar certo para oferecer a Possêidon o sacrifício reconciliador. O ponto central do vaticínio é o equívoco do remo pela pá, que deve ter parecido enormemente cômico ao Jônio. Mas essa comicidade, de que depende a reconciliação, não pode estar destinada aos homens, mas à ira de Possêidon.[58] O equívoco deve fazer rir o colérico deus elementar, para que em sua gargalhada a raiva se dissipe. Encontramos uma situação análoga em um dos contos dos irmãos Grimm com o conselho que a vizinha dá à mãe sobre como se livrar da figura monstruosa que substituíram a seu filho recém-nascido: "Disse a ela que levasse o monstro para a cozinha, colocasse-o sobre o fogão, acendesse o fogo e pusesse água a ferver em duas cascas de ovo: isso faria o monstro rir e, quando risse, ele estaria acabado."[59] Se o riso é até hoje o sinal da violência, o prorrompimento de uma natureza cega e insensível, ele não deixa de conter o elemento contrário: com o riso, a natureza cega toma consciência de si mesma enquanto tal e se priva assim da violência destruidora. Esse duplo sentido do riso está próximo do duplo sentido do nome, e talvez os nomes nada mais sejam do que risadas petrificadas, assim como ainda hoje os apelidos, os únicos nos quais perdura ainda algo do ato originário da denominação. O riso está ligado à culpa da subjetividade, mas, na suspensão do direito que ele anuncia, também aponta para além da servidão. Ele promete o caminho para a pátria. É a saudade de casa que desfecha as aventuras por meio das quais a subjetividade (cuja proto-história é narrada pela *Odisseia*) escapa ao mundo primitivo. O fato de que o conceito de pátria se opõe ao mito (que a mentira fascista quer transformar na pátria) constitui o paradoxo mais profundo da epopeia. É aí que se encontra sedimentada a lembrança da passagem histórica da vida nomádica à vida sedentária, que é o pressuposto da existência de qualquer pátria. Se é na ordem fixa da propriedade dada com a vida sedentária, que se origina a alienação dos homens, de onde nasce a nostalgia e a saudade do estado originário perdido, é também na vida sedentária, em compensação, e na propriedade fixa apenas que se forma o conceito da pátria, objeto de toda nostalgia e saudade. A definição de Novalis segundo a qual toda filosofia é nostalgia só é correta se a nostalgia não se resolve no fantasma de um antiquíssimo estado perdido, mas representa a pátria, a própria natureza, como algo de extraído ao mito. A pátria é o estado de quem escapou. Por isso a censura feita às lendas homéricas de "se afastarem da terra" é a garantia de sua verdade. "Elas voltam-se para a humanidade."[60] A transposição dos mitos para o romance, tal como ocorre na narrativa das aventuras, é menos uma falsificação dos mitos do que um meio de arrastar o mito para dentro do tempo, descobrindo o abismo que o separa da pátria e da reconciliação. Terrível é a vingança que a civilização praticou contra o mundo pré-histórico, e nisso ela se assemelha à pré-história, como se pode ver em seu mais atroz documento em Homero: o relato da mutilação do pastor de cabras Melântio. O que a eleva acima do mundo pré-histórico não é o conteúdo dos crimes relatados. É a tomada de consciência que faz com que a violência se interrompa no momento da narrativa. A própria fala, a linguagem em sua oposição ao canto mítico, a possibilidade de fixar na memória a desgraça ocorrida, é a lei da fuga em Homero. Não é à toa que o herói que escapa é sempre reintroduzido como narrador. É a fria distância da narrativa que, ao apresentar as atrocidades como algo destinado ao entretenimento, permite ao mesmo tempo destacar a atrocidade que, na canção, se confunde solenemente como destino. Mas a interrupção da fala é a cesura, a transformação dos fatos relatados em acontecimentos de um passado remoto, que faz cintilar a aparência da liberdade que, desde então, a civilização não extinguiu mais por inteiro. No canto dezenove da *Odisseia*, descreve-se a punição infligida pelo filho de Ulisses nas servas infiéis que haviam recaído na condição de hetairas. Com frieza e serenidade, com uma impassibilidade inumana e só igualada pelos grandes narradores do século dezenove, Homero descreve a sorte das enforcadas e compara-a sem comentários à morte dos pássaros no laço, calando-se num silêncio que é o verdadeiro resto de toda fala. A passagem termina com o verso que descreve como as mulheres enforcadas em fileira "debateram-se um pouco com os pés, mas não por muito tempo"[61]. A precisão com que o autor descreve o fato e que já tem alguma coisa da frieza da anatomia e da vivissecção[62] faz do relato uma ata romanceada dos espasmos das mulheres submetidas que, sob o signo do direito e da lei, são arrastadas para o reino de onde escapou o juiz Ulisses. Como um cidadão meditando sobre a execução, Homero consola-se a si mesmo e aos ouvintes, que são na verdade leitores, com a constatação tranquilizadora de que não durou muito: um instante e tudo se acabou[63]. Mas, após o "não por muito tempo", o fluxo interno da narrativa estanca. Não por muito tempo? pergunta o gesto do narrador e desmente sua serenidade. Interrompendo o relato, ele nos impede de esquecer as mulheres executadas e revela o inominável e eterno tormento daquele único segundo durante o qual as servas lutam com a morte. O único eco desse "não por muito tempo" que subsiste é aquele "*quo usque tandem*"* que os retores da época posteriores inadvertidamente profanaram ao se atribuírem a si mesmos a paciência. Mas, no relato do crime, resta uma esperança, que se prende ao fato de ter ocorrido há muito tempo. Homero ergue sua voz consoladora sobre essa mistura inextricável da pré-história, da barbárie e da cultura recorrendo ao "era uma vez". É só como romance que a epopeia se transforma em conto de fadas.

---

* Até quando enfim. (N.T.).

Excurso II
Juliette ou Esclarecimento e Moral

Nas palavras de Kant, o esclarecimento "é a saída do homem de sua menoridade, da qual é o próprio culpado. A menoridade é a incapacidade de se servir de seu entendimento sem a direção de outrem"[1]. "Entendimento sem a direção de outrem" é o entendimento dirigido pela razão. Isso significa simplesmente que, graças a sua própria coerência, ele reúne em um sistema os diversos conhecimentos isolados. "A razão... tem por único objeto o entendimento e sua aplicação funcional."[2] Ela estabelece, "como objetivo das operações do entendimento, uma certa unidade coletiva"[3], e essa unidade é o sistema. Seus preceitos são instruções para a construção hierárquica dos conceitos. Em Kant, tanto quanto em Leibniz e Descartes, a racionalidade consiste em "levar a cabo a conexão sistemática, tanto ao subir aos gêneros superiores quanto ao descer às espécies inferiores"[4]. O aspecto "sistemático" do conhecimento consiste na "conexão dos conhecimentos a partir de um princípio"[5]. O pensamento, no sentido do esclarecimento, é a produção de uma ordem científica unitária e a derivação do conhecimento factual a partir de princípios, não importa se estes são interpretados como axiomas arbitrariamente escolhidos, ideias inatas ou abstrações supremas. As leis lógicas estabelecem as relações mais gerais no interior da ordem, elas as definem. A unidade reside na concordância. O princípio da contradição é o sistema *in nuce*. O conhecimento consiste na subsunção a princípios. Ele coincide com o juízo que se inscreve no sistema. Um pensamento que não se oriente para o sistema é sem direção ou autoritário. A razão fornece apenas a ideia da unidade sistemática, os elementos formais de uma sólida conexão conceitual. Todo objetivo a que se refiram os homens como um discernimento da razão é, no sentido rigoroso do esclarecimento, desvario, mentira, "racionalização", mesmo que os filósofos dediquem seus melhores esforços para evitar essa consequência e desviar a atenção para o sentimento filantrópico. A razão é "um poder ...

de derivar o particular do universal"[6]. A homogeneidade do universal e do particular é garantida, segundo Kant, pelo "esquematismo do entendimento puro". Assim se chama o funcionamento inconsciente do mecanismo intelectual que já estrutura a percepção em correspondência com o entendimento. Este imprime na coisa como qualidade objetiva a inteligibilidade que o juízo subjetivo nela encontra, antes mesmo que ela penetre no ego. Sem esse esquematismo, em suma, sem a intelectualidade da percepção, nenhuma impressão se ajustaria ao conceito, nenhuma categoria ao exemplar, e muito menos o pensamento teria qualquer unidade, para não falar da unidade do sistema, para a qual porém tudo está dirigido. Produzir essa unidade é a tarefa consciente da ciência. Se "todas as leis empíricas... são apenas determinações particulares das leis puras do entendimento"[7], a investigação deve cuidar sempre para que os princípios permaneçam corretamente ligados aos juízos factuais. "Essa concordância da natureza com nosso poder de conhecer é pressuposta *a priori* ... pelo juízo."[8] Ela é o "fio condutor"[9] para a experiência organizada.

O sistema deve ser conservado em harmonia com a natureza. Do mesmo modo que os fatos são previstos a partir do sistema, assim também os fatos devem por sua vez confirmá-lo. Os fatos, porém, pertencem à práxis. Eles caracterizam sempre o contato do sujeito individual com a natureza como objeto social: a experiência é sempre um agir e um sofrer reais. É verdade que, na física, a percepção pela qual a teoria se deixa testar se reduz em geral à centelha elétrica que relampeja na aparelhagem experimental. Sua ausência é, via de regra, sem consequência prática, ela destrói apenas uma teoria ou, no máximo, a carreira do assistente responsável pelo experimento. As condições do laboratório, porém, são a exceção. O pensamento que não consegue harmonizar o sistema e a intuição desrespeita algo mais do que simples impressões visuais isoladas: ele entra em conflito com a prática real. Não apenas a ocorrência esperada deixa de ter lugar, mas também o inesperado acontece: a ponte cai, a sementeira definha, o remédio faz adoecer. A centelha que assinala da maneira mais pregnante a falha no pensamento sistemático, o desrespeito da lógica; não é nenhuma percepção fugidia, mas a morte súbita. O sistema visado pelo esclarecimento é a forma de conhecimento que lida melhor com os fatos e mais eficazmente apoia o sujeito na dominação da natureza. Seus princípios são o da autoconservação. A menoridade revela-se como a incapacidade de se conservar a si mesmo. O burguês nas figuras sucessivas do senhor de escravos, do empresário livre e do administrador é o sujeito lógico do esclarecimento.

As dificuldades no conceito da razão, provenientes do fato de que seus sujeitos, os portadores de uma e a mesma razão, se encontram em oposição uns aos outros, estão escondidas no esclarecimento ocidental por trás da aparente clareza de seus juízos. Na *Crítica da razão pura*, ao contrário, elas se exprimem na relação obscura do ego transcendental com o ego empírico e nas demais contradições não resolvidas. Os conceitos kantianos são ambíguos. A razão contém enquanto ego transcendental supraindividual a Ideia de uma convivência baseada na liberdade, na qual os homens se organizem como um sujeito universal e superem o conflito entre a razão pura e a empírica na solidariedade consciente do todo. A Ideia desse convívio representa a verdadeira universalidade, a Utopia. Mas ao mesmo tempo, a razão constitui a instância do pensamento calculador que prepara o mundo para os fins da autoconservação e não conhece nenhuma outra função senão a de preparar o objeto a partir de um mero material sensorial como material para a subjugação. A verdadeira natureza do esquematismo, que consiste em harmonizar exteriormente o universal e o particular, o conceito e a instância singular, acaba por se revelar na ciência atual como o interesse da sociedade industrial. O ser é intuído sob o aspecto da manipulação e da administração. Tudo, inclusive o indivíduo humano, para não falar do animal, converte-se num processo reiterável e substituível, mero exemplo para os modelos conceituais do sistema. O conflito entre a ciência que serve para administrar e reificar, entre o espírito público e a experiência do indivíduo, é evitado pelas circunstâncias. Os sentidos já estão condicionados pelo aparelho conceitual antes que a percepção ocorra, o cidadão vê *a priori* o mundo como a matéria com a qual ele o produz para si próprio. Kant antecipou intuitivamente o que só Hollywood realizou conscientemente: as imagens já são pré-censuradas por ocasião de sua própria produção segundo os padrões do entendimento que decidirá depois como devem ser vistas. A percepção pela qual o juízo público se encontra confirmado já estava preparada por ele antes mesmo de surgir. Se é verdade que a secreta utopia contida no conceito da razão atravessava as diferenças ocasionais dos sujeitos apontando para seu interesse idêntico recalcado, por outro lado a razão, na medida em que funciona condicionada pelos fins como uma mera ciência sistemática, nivela com essas diferenças justamente o interesse idêntico. As únicas determinações válidas que ela admite são as classificações da atividade social. Ninguém é diferente daquilo em que se converteu: um membro útil, bem-sucedido ou fracassado, de grupos profissionais e nacionais. Ele é um representante qualquer de seu tipo geográfico, sociológico. A lógica é democrática, nela os grandes não têm nenhuma vantagem sobre os pequenos. Aqueles pertencem à categoria das pessoas eminentes, ao passo que estes se contam entre os objetos eventuais da assistência social. A ciência em geral não se comporta com relação à natureza e aos homens diferentemente da ciência atuarial, em particular, com relação à vida e à morte. Quem morre é indiferente, o que importa é a proporção das ocorrências relativamente às obrigações da companhia. É a lei do grande número, não o caso individual, que se repete sempre na fórmula. A concordância do universal e do particular também não está mais oculta em um intelecto que percebe cada particular tão somente como caso do universal e o universal tão somente como o lado do particular pelo qual ele se deixa pegar e manejar. A ciência ela própria não tem consciência de si, ela é um instrumento, enquanto o esclarecimento é a filosofia que identifica a verdade ao sistema científico. A tentativa de fundamentar essa identidade, que Kant empreendeu ainda numa intenção filosófica, levou a conceitos que, no plano científico, são destituídos de sentido, porquanto não são simples instruções em vista da manipulação segundo as regras do jogo. A ideia de uma autocompreensão da ciência contradiz a ideia da própria ciência. A obra de Kant transcende a experiência como simples operação, razão por que ela é hoje – em virtude de seus próprios princípios – renegada pelo esclarecimento como dogmática. Com a confirmação do sistema científico como figura da verdade – confirmação essa que é um resultado da obra de Kant – o pensamento sela sua própria nulidade, pois a ciência é um exercício técnico, tão afastado de uma reflexão sobre seus próprios fins como o são as outras formas de trabalho sob a pressão do sistema.

As doutrinas morais do esclarecimento dão testemunho da tentativa desesperada de colocar no lugar da religião enfraquecida um motivo intelectual para perseverar na sociedade quando o interesse falha. Como autênticos burgueses, os filósofos pactuam na prática com as potências que sua teoria condena. As teorias são duras e coerentes, as doutrinas morais propagandísticas e sentimentais, mesmo quando parecem rigoristas, ou então são golpes de força consecutivos à consciência da impossibilidade de derivar a moral, como o recurso kantiano às forças éticas como um fato. Sua tentativa de derivar de uma lei da razão o dever do respeito mútuo – ainda que empreendida de maneira mais prudente que toda a filosofia ocidental – não encontra nenhum apoio na crítica. É a tentativa usual do pensamento burguês de dar à consideração, sem a qual a civilização não pode existir, uma fundamentação diversa do interesse material e da força, sublime e paradoxal como nenhuma outra tentativa anterior, e efêmera como todas elas. O burguês que deixasse escapar um lucro pelo motivo kantiano do respeito à mera forma da lei não seria esclarecido, mas supersticioso – um tolo. A raiz do otimismo kantiano, segundo o qual o agir moral é racional mesmo quando a infâmia tem boas perspectivas, é o horror que inspira a regressão à barbárie. Caso desaparecesse – escreve Kant, seguindo aqui a lição de Haller[10] – uma dessas grandes forças éticas, o amor recíproco e o respeito, "então o nada (da imoralidade) se abriria como um abismo para tragar como uma gota d'água o reino inteiro dos seres (morais)". Mas, segundo Kant, as forças éticas, perante a razão científica, são de fato impulsos e comportamentos não menos neutros do que as forças aéticas, nas quais se convertem tão logo deixem de se orientar para aquela possibilidade oculta, buscando a reconciliação com o poder. O esclarecimento expulsa da teoria a diferença. Ele considera as paixões *"ac si quaestio de lineis, planis aut de corporibus esset*".[11] A ordem totalitária levou isso muito a sério. Liberado do controle de sua própria classe, que ligava o negociante do século dezenove ao respeito e amor recíproco kantianos, o fascismo, que através de uma disciplina férrea poupa o povo dos sentimentos morais, não precisa mais observar disciplina alguma. Em oposição ao imperativo categórico e em harmonia tanto mais profunda com a razão pura, ele trata os homens como coisas, centros de comportamentos. Os dirigentes estavam dispostos a proteger o mundo burguês contra o oceano da violência aberta que realmente assolou a Europa, apenas enquanto a concentração econômica ainda não havia progredido suficientemente. Antes, só os pobres e os selvagens estavam expostos à fúria dos elementos desencadeados pelo capitalismo. Mas a ordem totalitária instala o pensamento calculador em todos os seus direitos e atém-se à ciência enquanto tal. Seu cânon é sua própria eficiência sanguinária. A filosofia, da crítica de Kant à *Genealogia* de Nietzsche, proclamara-o; só um desenvolveu-o em todos os pormenores. A obra do marquês de Sade mostra o "entendimento sem a direção de outrem", isto é, o sujeito burguês liberto de toda tutela.

A autoconservação é o princípio constitutivo da ciência, a alma da tábua das categorias, mesmo quando deve ser deduzida idealisticamente como em Kant. Até mesmo o ego, a unidade sintética da apercepção, a instância que Kant define como o ponto supremo a que é preciso ligar a lógica inteira[12], é na verdade, ao mesmo tempo, o produto e a condição da existência material. Os indivíduos, que têm de cuidar de si mesmos, desenvolvem o ego como a instância da visão antecipadora e da visão de conjunto reflexionantes. Ao longo das gerações, o ego se expande e se contrai com as perspectivas da autonomia econômica e da propriedade produtiva. Finalmente, ele passa dos burgueses desapropriados para os donos de trustes totalitários, cuja ciência acabou por se reduzir ao conjunto de métodos de reprodução da sociedade de massas submetida. Sade erigiu um primeiro monumento a seu sentido de planejamento. Graças à sua inflexível organização, a conjuração dos poderosos contra o povo está tão próxima do espírito esclarecido desde Maquiavel e Hobbes quanto a república burguesa. Este espírito só é hostil à autoridade, quando ela não tem o poder de impor a obediência, e à força quando esta não é um fato. Enquanto nos abstrairmos de quem emprega a razão, ela terá tanta afinidade com a força quanto com a mediação; conforme a situação do indivíduo e dos grupos, ela faz com que a paz ou a guerra, a tolerância ou a repressão, apareçam como o melhor. Como ela desmascara nos objetivos materialmente determinados o poderio da natureza sobre o espírito, como ameaça à integridade de sua autolegislação, a razão se encontra, formal como é, à disposição de todo interesse natural. O pensamento torna-se um puro e simples órgão e se vê rebaixado à natureza. Para os governantes, porém, os homens tornam-se uma espécie de material, como o é a natureza inteira para a sociedade. Após o breve interlúdio do liberalismo, quando os burgueses mantiveram uns aos outros em xeque, a dominação revela-se como um terror arcaico sob a forma racionalizada do fascismo. "Então", diz o príncipe de Francavilla durante um sarau na corte do rei Ferdinando de Nápoles, "é pelo mais extremo terror que é preciso substituir as quimeras religiosas. Liberte-se o povo do temor a um inferno futuro, e ele se entregará em seguida, destruído o medo, a tudo. Em vez disso, substitua-se esse pavor quimérico por leis penais de uma severidade prodigiosa e que atinjam a ele apenas. Pois só ele perturba o Estado: é em sua classe apenas que nascem os descontentes. Que importa ao rico a ideia de um freio que não cai jamais sobre sua cabeça, se ele compra com essa vã aparência o direito de atormentar todos os que vivem sob seu jugo? Não encontraremos ninguém nessa classe que não permita que se imponha a ele a mais densa sombra da tirania, desde que sua realidade recaia sobre os outros."[13] A razão é o órgão do cálculo, do plano, ela é neutra com respeito a objetivos, seu elemento é a coordenação. Aquilo que Kant fundamentou transcendentalmente, a afinidade entre o conhecimento e o plano, que imprime o caráter de uma inescapável funcionalidade à vida burguesa integralmente racionalizada, inclusive em suas pausas para respiração, Sade realizou empiricamente um século antes do advento do esporte. As equipes esportivas modernas, cuja cooperação está regulada de tal sorte que nenhum membro tenha dúvidas sobre seu papel e para cada um haja um suplente a postos, encontram seu modelo exato nos *teams* sexuais de Juliette, onde nenhum instante fica ocioso, nenhuma abertura do corpo é desdenhada, nenhuma função permanece inativa. No esporte, assim como em todos os ramos da cultura de massas, reina uma atividade intensa e funcional, de tal modo que só o espectador perfeitamente iniciado pode compreender a diferença das combinações, o sentido das peripécias, determinado pelas regras arbitrariamente estabelecidas. A estrutura arquitetônica própria do sistema kantiano, como as pirâmides de ginastas das orgias de Sade e os princípios das primeiras lojas maçônicas burguesas (a imagem cínica que a espelha é o rigoroso regulamento da sociedade de libertinos das *120 journées*) anuncia uma forma de organização integral da vida desprovida de todo fim tendo um conteúdo determinado. Mais do que o prazer, o que parece importar em semelhantes formalidades é o afã com que são conduzidas, a organização, do mesmo modo que em outras épocas desmitologizadas, a Roma dos Césares e do Renascimento, ou o barroco, o esquema da atividade pesava mais do que seu conteúdo. Nos tempos modernos, o esclarecimento desligou as Ideias de harmonia e perfeição de sua hipostasiação no além religioso e, sob a forma do sistema, deu-as como critérios às aspirações humanas. Depois que a utopia que instilara a esperança na Revolução francesa penetrou – potente e impotente – ao mesmo tempo na música e na filosofia alemãs, a ordem burguesa estabelecida funcionalizou completamente a razão. Ela se tornou a finalidade sem fim que, por isso mesmo, se deixa atrelar a todos os fins. Ela é o plano considerado em si mesmo. O Estado totalitário manipula as nações. Neste sentido, Sade escreve: "É preciso, replicou o príncipe, que o governo regule ele próprio a população, que ele tenha em suas mãos todos os meios de extingui-la, se ele a teme; de aumentá-la, se ele o crê necessário; e que ele não tenha jamais outra balança para sua justiça senão a de seus interesses ou de suas paixões, unicamente combinados com as paixões e os interesses daqueles que, como acabamos de dizer, receberam dele toda a porção de autoridade necessária para centuplicar a sua própria."[14] O príncipe indica o caminho trilhado desde sempre pelo imperialismo como a figura mais terrível da *ratio*. "... ateizai e desmoralizai incessantemente o povo que quereis subjugar; enquanto ele não adorar um deus diverso do vosso, não tiver costumes diferentes dos vossos, sereis sempre seu soberano... em compensação deixai a ele a mais extensa faculdade criminal; puni-o somente quando seus dardos se dirigirem contra vós."[15]

Como a razão não estabelece objetivos materiais, todos os aspectos estão igualmente distantes dela. Eles são puramente naturais. O princípio segundo o qual a razão está simplesmente oposta a tudo o que é irracional fundamenta a verdadeira oposição entre a mitologia e o esclarecimento. A mitologia só conhece o espírito na medida em que este está imerso na natureza, como potência natural. Assim como as forças exteriores, os impulsos internos são para ela potências vivas de origem divina ou demoníaca. O esclarecimento, ao contrário, repõe toda coerência, sentido, vida, dentro da subjetividade que só vem a se constituir propriamente nesse processo de reposição. A razão é para ele o agente químico que absorve a própria substância das coisas e a volatiza na pura autonomia da própria razão. Para escapar ao medo supersticioso da natureza, ela pôs a nu todas as figuras e entidades objetivas, sem exceção, como disfarces de um material caótico, amaldiçoando sua influência sobre a humanidade como escravidão, até que o sujeito se convertesse – em conformidade com sua Ideia – na única autoridade irrestrita e vazia. Toda força da natureza reduziu-se a uma simples e indiferenciada resistência ao poder abstrato do sujeito. A mitologia particular de que o esclarecimento ocidental (até mesmo sob a forma do calvinismo) teve de se desembaraçar era a doutrina católica da *ordo* e a religião popular pagã que continuava a viajar à sua sombra. Liberar os homens de sua influência, tal era o objetivo da filosofia burguesa. A liberação, porém, foi mais longe do que esperavam seus autores humanos. A economia de mercado que se viu desencadeada era ao mesmo tempo a forma atual da razão e a potência na qual a razão se destroçou. Os reacionários românticos nada mais fizeram do que exprimir a experiência dos próprios burgueses, a saber, que em seu mundo a liberdade tendia à anarquia organizada. A crítica da contrarrevolução católica provou que tinha razão contra o esclarecimento, assim como este tinha razão contra o catolicismo. O esclarecimento comprometera-se com o liberalismo. Se todos os afectos se valem, a autoconservação – que domina de qualquer modo a figura do sistema – parece constituir a fonte mais provável das máximas de ação. É ela que viria a ser liberada no mercado livre. Os escritores sombrios dos primórdios da burguesia, como Maquiavel, Hobbes, Mandeville, que foram os porta-vozes do egoísmo do eu, reconheceram por isso mesmo a sociedade como o princípio destruidor e denunciaram a harmonia, antes que ela fosse erigida em doutrina oficial pelos autores luminosos, os clássicos. Aqueles louvaram a totalidade da ordem burguesa porque viam nela o horror que, ao fim e ao cabo, tragava a ambos, o universal e o particular, a sociedade e o eu. Com o desenvolvimento do sistema econômico, no qual o domínio do aparelho econômico por grupos privados divide os homens, a autoconservação confirmada pela razão, que é o instinto objetualizado do indivíduo burguês, revelou-se como um poder destrutivo da natureza, inseparável da autodestruição. Estes dois poderes passaram a se confundir turvamente. A razão pura tornou-se irrazão, o procedimento sem erro e sem conteúdo. Mas a utopia que anunciava a reconciliação da natureza e do eu surgiu com a vanguarda revolucionária de seu esconderijo na filosofia alemã, e se apresentou, de um modo ao mesmo tempo racional e irracional, como a Ideia de uma associação de homens livres, atraindo para si toda a fúria da *ratio*. Na sociedade tal como ela é, a autoconservação permanece livre da utopia denunciada como mito, apesar das pobres tentativas moralistas de propagar a humanidade como o mais racional dos meios. Para os dirigentes, a forma astuciosa da autoconservação é a luta pelo poder fascista e, para os indivíduos, é a adaptação a qualquer preço à injustiça. A razão esclarecida é tão incapaz de encontrar uma medida para graduar um instinto em si mesmo e relativamente aos demais, como para ordenar o universo em esferas. Muito acertadamente, ela desmascarou a concepção de uma hierarquia na natureza como um reflexo da sociedade medieval, e as tentativas posteriores de comprovar uma hierarquia de valores nova e objetiva trazem na testa o estigma da mentira. O irracionalismo que se denuncia nessas reconstruções vazias está muito longe de resistir à *ratio* industrial. Se a grande filosofia, representada por Leibniz e Hegel, descobrira também uma pretensão de verdade nas manifestações subjetivas e objetivas que ainda não são pensamentos (ou seja, em sentimentos, instituições, obras de arte), o irracionalismo, de seu lado, isola o sentimento, assim como a religião e a arte, de tudo o que merece o nome de conhecimento, e nisso como em outras coisas revela seu parentesco com o positivismo moderno, a escória do esclarecimento. Ele limita, é verdade, a fria razão em proveito da vida imediata, convertendo, porém, a vida num princípio hostil ao pensamento. Sob a aparência dessa hostilidade, o sentimento e, no final das contas, toda expressão humana e, inclusive, a cultura em geral são subtraídos à responsabilidade perante o pensamento, mas por isso mesmo se transformam no elemento neutralizado da *ratio* universal do sistema econômico que há muito se tornou irracional. Desde o início, ela não pôde se fiar unicamente em sua força de atração e teve que complementá-la com o culto dos sentimentos. Mas quando ela conclama aos sentimentos, ela se volta contra seu próprio meio, o pensamento, que também foi sempre suspeito para ela, a razão autoalienada. A efusão que os ternos amantes exibem no filme já tem o efeito de um golpe assestado contra a teoria impassível, mas ela se prolonga na argumentação sentimental contra o pensamento que ataca a injustiça. Quando os sentimentos são erigidos assim em ideologia, o desprezo a que estão submetidos na realidade não fica superado. O fato de que, comparados à altura sideral a que a ideologia os transporta, apareçam sempre como demasiado vulgares ajuda também a proscrevê-los. O veredicto sobre os sentimentos já estava implícito na formalização da razão. A autoconservação continua a ter, enquanto instinto natural e como os demais impulsos, uma má consciência. Só a atividade industriosa e as instituições que devem servir a ela – isto é, a mediação que conquistou autonomia, o aparelho, a organização, o sistemático – gozam, tanto no conhecimento quanto na prática, da reputação de serem racionais. As emoções estão inseridas nisso.

O esclarecimento dos tempos modernos esteve desde o começo sob o signo da radicalidade: é isso que o distingue de toda etapa anterior da desmitologização. Quando uma nova forma de vida social surgia na história universal juntamente com uma nova religião e uma nova mentalidade, derrubavam-se os velhos deuses, juntamente com as velhas classes, tribos e povos. Mas é sobretudo quando um povo, os judeus por exemplo, era arrastado por seu próprio destino para uma nova forma de vida social, que os antigos e amados costumes, as ações sagradas e os objetos de veneração, se viam como que por encanto transformados em crimes nefandos e espectros medonhos. Os medos e as idiossincrasias atuais, os traços do caráter escarnecidos e detestados, podem ser interpretados como marcas de progressos violentos ao longo do desenvolvimento humano. Do nojo dos excrementos e da carne humana até o desprezo do fanatismo, da preguiça, da pobreza material e espiritual, vemos desenrolar-se uma linha de comportamentos que, de adequados e necessários, se converteram em condutas execráveis. Essa linha é ao mesmo tempo a da destruição e a da civilização. Cada passo foi um progresso, uma etapa do esclarecimento. Mas, enquanto todas as mudanças anteriores (do pré-animismo à magia, da cultura matriarcal à patriarcal, do politeísmo dos escravocratas à hierarquia católica) colocavam novas mitologias, ainda que esclarecidas, no lugar das antigas (o deus dos exércitos no lugar da Grande Mãe, a adoração do cordeiro no lugar do totem), toda forma de devotamento que se considerava objetiva, fundamentada na coisa, dissipava-se à luz da razão esclarecida. Todos os vínculos dados previamente sucumbiam assim ao veredicto que impunha o tabu, sem excluir aqueles que eram necessários para a existência da própria ordem burguesa. O instrumento com o qual a burguesia chegou ao poder – o desencadeamento das forças, a liberdade universal, a autodeterminação, em suma, o esclarecimento – voltava-se contra a burguesia tão logo era forçado, enquanto sistema da dominação, a recorrer à opressão. Obedecendo a seu próprio princípio, o esclarecimento não se detém nem mesmo diante do mínimo de fé sem o qual o mundo burguês não pode subsistir. Ele não presta à dominação os serviços confiáveis que as antigas ideologias sempre lhe prestaram. Sua tendência antiautoritária – que apenas subterraneamente, é verdade, se comunica com a utopia implícita no conceito de razão – acaba por torná-la tão hostil à burguesia estabelecida quanto à aristocracia, da qual aliás logo se tornou também uma aliada. O princípio antiautoritário acaba tendo que se converter em seu próprio contrário, numa instância hostil à própria razão: ele elimina tudo aquilo que é intrinsecamente obrigatório, e essa eliminação permite à dominação decretar e manipular soberanamente as obrigações que lhe são adequadas em cada caso. Depois de proclamar a virtude burguesa e a filantropia, para as quais já não tinha boas razões, a filosofia também proclamou como virtudes a autoridade e a hierarquia, quando estas há muito já haviam se convertido em mentiras graças ao esclarecimento. Mas o esclarecimento não possuía argumentos nem mesmo contra semelhante perversão de si mesmo, pois a pura verdade não goza de nenhum privilégio em face da distorção, a racionalização em face da *ratio*, se não tem nenhum privilégio prático a exibir em seu favor. Com a formalização da razão, a própria teoria, na medida em que pretende ser mais que um símbolo para procedimentos neutros, converte-se num conceito ininteligível, e o pensamento só é aceito como dotado de sentido após o abandono do sentido. Atrelado ao modo de produção dominante, o esclarecimento, que se empenha em solapar a ordem tornada repressiva, dissolve-se a si mesmo. Isso ficou manifesto já nos primeiros ataques que o esclarecimento corrente empreendeu contra Kant, o "triturador universal". Do mesmo modo que a filosofia moral de Kant limitou sua crítica esclarecedora para salvar a possibilidade da razão, assim também, inversamente, o pensamento esclarecido mas irrefletido empenhou-se sempre, por uma questão de autoconservação, em superar-se a si mesmo no ceticismo, a fim de abrir espaço suficiente para a ordem existente.

A obra de Sade, como a de Nietzsche, forma ao contrário a crítica intransigente da razão prática, comparada à qual a obra do "triturador universal" aparece como uma revogação de seu próprio pensamento. Ela eleva o princípio cientificista a um grau aniquilador. Kant, todavia, já expurgara a lei moral em mim de toda fé heteronômica, e isso há tanto tempo que o respeito por suas asseverações se tornaram um mero fato natural psicológico, como é um fato natural físico o céu estrelado sobre mim. "Um *factum* da razão", como ele próprio o chama[16], "*un instinct général de société*", como o denomina Leibniz.[17] Mas os fatos de nada valem quando não estão dados. Sade não nega sua ocorrência. Justine, a boa dentre as duas irmãs, é uma mártir da lei moral. Juliette, porém, tira as consequências que a burguesia queria evitar: ela amaldiçoa o catolicismo, no qual vê a mitologia mais recente e, com ele, a civilização em geral. As energias ligadas ao sacramento são redirecionadas para o sacrilégio. Essa inversão, porém, é transferida pura e simplesmente à comunidade. Em tudo isso, Juliette não procede de modo algum com o fanatismo dos católicos em face dos incas. Ela apenas se dedica esclarecidamente, diligentemente, à faina do sacrilégio, que os católicos também têm no sangue desde tempos arcaicos. Os comportamentos proto-históricos que a civilização declarara tabu e que haviam se transformado sob o estigma da bestialidade em comportamentos destrutivos, continuaram a levar uma vida subterrânea. Juliette não os pratica mais como comportamentos naturais, mas proibidos por um tabu. Ela compensa o juízo de valor contrário, sem fundamento na medida em que nenhum juízo de valor tem fundamento, pelo seu oposto. Assim, quando repete as reações primitivas, já não são mais as primitivas, mas as bestiais. Juliette, e nisso ela não é diferente do Merteuil de *Liaisons dangereuses*[18], não encarna, em termos psicológicos, nem a libido não sublimada nem a libido regredida, mas o gosto intelectual pela regressão, *amor intellectualis diaboli*, o prazer de derrotar a civilização com suas próprias armas. Ela ama o sistema e a coerência, e maneja excelentemente o órgão do pensamento racional. No que concerne ao autodomínio, suas instruções estão para as de Kant, às vezes, assim como a aplicação especial está para o princípio. "A virtude", diz Kant[19], "na medida em que está fundada na liberdade interior, também contém para os homens um mandamento afirmativo, que é o de submeter todos os seus poderes e inclinações ao seu poder (da razão), por conseguinte o mandamento do domínio de si mesmo, que se acrescenta à proibição de deixar-se dominar por suas emoções e inclinações (o dever da apatia): porque, se a razão não toma em mãos as rédeas do governo, aquelas agem sobre os homens como se fossem seus amos." Juliette disserta sobre a autodisciplina do criminoso. "Primeiro, imagine seu plano com vários dias de antecedência, reflita sobre todas as consequências, examine com atenção o que poderá lhe ser útil... o que seria suscetível de traí-la, e pese essas coisas com o mesmo sangue-frio como se tivesse a certeza de ser descoberta."[20] A fisionomia do assassino deve revelar a maior calma. "... faça reinar nela a calma e a indiferença e trate de adquirir o maior sangue-frio possível nessa situação... se você não tivesse a certeza de não ter nenhum remorso, e jamais a terá senão pelo hábito do crime, se, eu dizia, você não tivesse a inteira certeza disso, em vão você trabalharia para se tornar senhora do jogo de sua fisionomia."[21] A liberdade de remorsos é tão essencial para a razão formalista quanto a do amor ou do ódio. O arrependimento apresenta como existente o passado que a burguesia, ao contrário da ideologia popular, sempre considerou como um nada; ele é a recaída, e sua única justificativa perante a práxis burguesa seria preveni-la. Ou como diz Spinoza seguindo os estoicos: "*poenitentia virtus non est, sive ex ratione non oritur, sed is, quem pacti poenitet, bis miser seu impotens est.*"[22] Ele acrescenta imediatamente, porém, bem no espírito do príncipe de Francavilla, o seguinte: "*terret vulgus, nisi metuat*"[23] e opina por isso como bom maquiavelista que a humildade e o arrependimento assim como o medo e a esperança, apesar de toda sua irracionalidade, seriam bastante úteis. "A apatia (considerada como fortaleza) é um pressuposto indispensável da virtude", diz Kant[24] distinguindo essa "apatia moral" (um pouco à maneira de Sade) da insensibilidade no sentido da indiferença a estímulos sensíveis. O entusiasmo é mau. A calma e a determinação constituem a força da virtude. "Tal é o estado de saúde na vida moral; ao contrário, a emoção, mesmo quando é excitada pela representação do bem, é uma brilhante e instantânea aparição que deixa atrás de si a lassidão."[25] A amiga de Juliette, Clairwil constata o mesmo do vício. "Minha alma é dura, e estou longe de achar a sensibilidade preferível à feliz apatia de que desfruto. Ó Juliette, ... tu te enganas talvez sobre essa sensibilidade perigosa de que se orgulham tantos imbecis."[26] A apatia surge nos momentos decisivos da história burguesa, e mesmo da Antiguidade, quando os *pauci beati**, em face da força superior da tendência histórica, se dão conta da própria impotência. Ela assinala o recuo da espontaneidade individual-humana para a esfera privada, que só então logra se constituir, assim como a autêntica forma de vida burguesa. O estoicismo – e é nisto que consiste a filosofia burguesa – torna mais fácil para os privilegiados, em face dos sofrimentos dos outros, enfrentar as ameaças a si próprios. Ele preserva o universal, elevando a vida privada ao nível de um princípio para se proteger dele. A esfera privada do burguês é o patrimônio cultural decaído da classe superior.

O credo de Juliette é a ciência. Ela abomina toda veneração cuja racionalidade não se possa demonstrar: a fé em Deus e em seu filho morto, a obediência aos dez mandamentos, a superioridade do bem sobre o mal, da salvação sobre o pecado. Ela se vê atraída pelas reações proscritas pelas lendas da civilização. Ela opera com a semântica e com a sintaxe lógica como o mais moderno positivismo, mas diferentemente desse empregado da mais nova administração, ela não dirige sua crítica linguística de preferência contra o pensamento e a filosofia, mas, filha que é do esclarecimento militante, contra a religião. "Um *Deus morto*!" diz ela de Cristo[27], "nada é mais cômico do que essa incoerência do dicionário católico: Deus, quer dizer eterno; morto, quer dizer não eterno. Cristãos imbecis, o que quereis fazer com vosso *Deus morto*?" A transformação do que é condenado sem prova científica em algo digno de ser ambicionado, bem como

---

* Poucos bem-aventurados. (N.T.)

do que é reconhecido sem base em provas em objeto da abominação, a transvaloração dos valores, "a coragem para o proibido"[28] sem o traiçoeiro "vamos!" de Nietzsche, sem o seu idealismo biológico, eis aí sua paixão específica. "Será preciso de pretextos para cometer um crime?" exclama a princesa Borghese, sua boa amiga, bem em seu espírito[29]. Nietzsche proclama a quintessência de sua doutrina[30]. "Os fracos e os malformados devem perecer: primeira proposição de *nossa* filantropia. E convém ainda ajudá-los a isso. O que é mais prejudicial que qualquer vício – a compaixão ativa por todos os malformados e fracos – o cristianismo..."[31] A religião cristã, "singularmente interessada em domar os tiranos e reduzi-los a princípios de fraternidade ... desempenha aqui o papel do fraco; ela o representa, ela deve falar como ele ... e devemos estar persuadidos de que esse laço [de fraternidade] foi, na verdade, proposto pelo fraco, foi sancionado por ele quando a autoridade sacerdotal encontrou-se por acaso em suas mãos"[32]. É isso que Noirceuil, o mentor de Juliette, contribui à genealogia da moral. Maldosamente Nietzsche celebra os poderosos e sua crueldade exercida "para fora, onde começa a terra alheia", quer dizer, perante tudo o que não pertence a eles próprios. "Eles gozam aí da liberdade de toda coerção social, eles buscam nas regiões selvagens uma compensação para a tensão provocada por um longo encerramento e clausura na paz da comunidade, eles retornam à inocência moral do animal de rapina, como monstros a se rejubilar, talvez saindo de uma série horrorosa de assassinatos, incêndios, estupros, torturas, com a insolência e a serenidade de quem cometeu apenas uma travessura de estudantes, convencidos de que os poetas terão agora e por muito tempo algo a cantar e a celebrar... Essa 'audácia' de raças nobres, louca, absurda, súbita, tal como se exprime, o próprio caráter imprevisível e improvável de seus empreendimentos... sua indiferença e desprezo por segurança, corpo, vida, conforto, sua terrível jovialidade e a profundidade do prazer em destruir, do prazer que se tira de todas as volúpias da vitória e da crueldade"[33], essa audácia, que Nietzsche proclama, também arrebatou Juliette. "Viver perigosamente" é também sua mensagem: "...*oser tout dorénavant sans peur.*"[34] Há os fracos e os fortes, há classes, raças e nações que dominam e há as que se deixaram vencer. "Onde está", exclama o senhor de Verneuil[35], "o mortal que seria idiota o bastante para assegurar contra toda evidência que os homens nascem iguais de direito e de fato! Coube a um misantropo como Rousseau formular semelhante paradoxo, pois, extremamente fraco como era, queria rebaixar à sua altura aqueles à altura dos quais não conseguia se elevar. Mas que imprudência, pergunto eu, podia autorizar esse pigmeu de quatro pés e duas polegadas a se comparar à estatura que a natureza dotou da força e do aspecto de um Hércules? Não é como se a mosca tentasse se assemelhar aos elefantes? Força, beleza, estatura, eloquência: nos primórdios da sociedade, essas virtudes eram determinantes quando a autoridade passou para as mãos dos dominantes." – "Exigir da força", continua Nietzsche[36], "que ela *não* se manifeste como força, que ela *não* seja uma vontade de vencer, abater e dominar, que ela não seja uma sede de inimigos, resistência e triunfos, é um contrassenso tão grande quanto exigir da fraqueza que ela se manifeste como a força." – "Como é que o senhor quer", diz Verneuil,[37] "que aquele que recebeu da natureza a máxima disposição para o crime, seja pela superioridade de suas forças e a fineza de seus órgãos, seja pela educação condizente com seu estado ou suas riquezas; como é que o senhor quer, repito, que esse indivíduo seja julgado em conformidade com a mesma lei como aquele que tudo incita à virtude e à moderação? Seria mais justa a lei se ela punisse os dois homens da mesma maneira? Será natural que o homem a quem tudo convida a fazer o mal seja tratado como o homem que tudo impele a se comportar com prudência?" Depois que a ordem objetiva da natureza foi posta de lado a título de prejuízo e mito, só restou a natureza enquanto massa de matéria. Nietzsche não admite nenhuma lei "que não apenas conheçamos, mas também reconheçamos sobre nós"[38]. Se o entendimento, formado segundo a norma da autoconservação, percebe uma lei da vida, esta lei é a lei do mais forte. Mesmo que o formalismo da razão a impeça de proporcionar à humanidade um modelo necessário, ela tem sobre a ideologia mentirosa a vantagem da factualidade. Os culpados, eis aí a doutrina de Nietzsche, são os fracos, eles iludem com sua astúcia a lei natural. "O grande perigo para os homens são os indivíduos doentios, não os maus, não os 'predadores'. São os desgraçados, os vencidos, os destruídos de antemão – são eles, são os fracos que mais solapam a vida entre os homens, que envenenam e colocam em questão da maneira mais perigosa nossa confiança na vida e nos homens."[39] Eles difundiram o cristianismo no mundo, que Nietzsche não abomina e odeia menos do que Sade. "... na verdade, não são as represálias do fraco contra o forte que estão na natureza; elas aí estão no moral, mas não no físico, já que, para empregar essas represálias, é preciso que ele use forças que não recebeu, é preciso que adote um caráter que não lhe é dado, que ele constranja de alguma maneira a natureza. Mas o que, verdadeiramente, está nas leis dessa mãe sábia é a lesão do fraco pelo forte, já que, para chegar a esse procedimento, ele não faz senão usar os dons que recebeu. Ele não precisa se revestir, como o fraco, de um caráter diferente do seu: ele só coloca em ação os efeitos do caráter que recebeu da natureza. Por isso, tudo o que daí resulta é natural: sua opressão, suas violências, suas crueldades, suas tiranias, suas injustiças, ... são, pois, puras como a mão que as gravou; e quando ele usa de todos os seus direitos para oprimir o fraco, para despojá-lo, não faz senão a coisa mais natural do mundo... Não tenhamos, pois, escrúpulos quanto ao que podemos tomar do fraco, pois não somos nós que cometemos o crime, é a defesa ou a vingança do fraco que caracteriza o crime."[40] Quando o fraco se defende, ele comete pois uma injustiça, a saber, a injustiça "de sair do caráter que a natureza imprimiu nele: ela criou-o para ser escravo e pobre, ele não quer submeter-se a isso, eis aí sua falta."[41] Nesses discursos magistrais, Dorval, o cabeça de uma respeitável gangue parisiense, desenvolve perante Juliette o credo secreto de todas as classes dominantes, que Nietzsche censurou, acrescido da psicologia do ressentimento, aos seus contemporâneos. Como Juliette ele admira "a terrível beleza do crime"[42] ainda que, professor alemão que é, se distinga de Sade por desaprovar o criminoso porque seu egoísmo "se dirige e se restringe a metas tão baixas. Se as metas são grandiosas, a humanidade usa um outro padrão e não avalia como tal o 'crime', nem mesmo os meios mais terríveis"[43]. Desse preconceito favorável ao que é grande, que de fato caracteriza o mundo burguês, ainda está livre a esclarecida Juliette. Para ela, o escroque não é menos simpático que o ministro simplesmente porque suas vítimas são em menor número. Para o alemão, porém, a beleza provém do alcance do ato; ele não consegue se livrar, em meio a todo o crepúsculo dos ídolos, do costume idealista de querer enforcar o pequeno ladrão e transformar os assaltos imperialistas em missões histórico-universais. Ao erigir o culto da força em doutrina histórico-universal, o fascismo alemão reduziu-o ao mesmo tempo ao absurdo que o caracteriza. Enquanto protesto contra a civilização, a moral dos senhores defendeu indiretamente os oprimidos: o ódio pelos instintos atrofiados denuncia objetivamente a verdadeira natureza do mestre, disciplinador, que só se manifesta em suas vítimas. Mas enquanto grande potência e religião do Estado, a moral dos senhores entrega-se definitivamente aos civilizatórios *powers that be**, à maioria compacta, ao ressentimento e a tudo aquilo a que antes se opunha. É a realização das próprias ideias que refuta Nietzsche e ao mesmo tempo libera nele a verdade que, apesar de toda afirmação da vida, era hostil ao espírito da realidade.

Se o arrependimento já era considerado como contrário à razão, a compaixão é o pecado pura e simplesmente. Quem cede a ela "perverte a lei universal: donde resulta que a piedade, longe de ser uma virtude, se torna um verdadeiro vício tão pronto ela nos leva a interferir com uma desigualdade prescrita pelas leis da natureza"[44]. Sade e Nietzsche viram que, após a formalização da razão, a compaixão subsistia por assim dizer como a consciência sensível da identidade do universal e do particular, como a mediação naturalizada. Ela constitui o preconceito mais compulsivo, "*quamvis pietatis specimen prae se ferre videatur*", como diz Spinoza[45], "pois quem não é levado a ajudar os outros nem pela razão, nem pela compaixão é com razão chamado desumano".[46] A *commiseratio* é a humanidade em sua figura imediata, mas ao mesmo tempo "*mala et inutilis*"[47], a saber, o contrário do valor viril que, da *virtus* romana passando pelos Medici até a *efficiency* da família Ford, foi sempre a única virtude verdadeiramente burguesa.

---

* Potências existentes. (N.T.)

Efeminada e infantil, eis como Clairwil chama a compaixão, jactando-se de seu "estoicismo", do "repouso das paixões", que lhe permite tudo "fazer e tudo aguentar sem emoção"[48]. "... a piedade, longe de ser uma virtude, não é senão uma fraqueza nascida do temor e do infortúnio, fraqueza que é preciso absorver, sobretudo quando nos empenhamos em embotar uma excessiva sensibilidade incompatível com as máximas da filosofia."[49] É das mulheres que provêm "as explosões de ilimitada compaixão"[50]. Sade e Nietzsche sabiam que sua doutrina da pecaminosidade da compaixão era uma velha herança burguesa. Este aponta para todas as "épocas fortes", para as "civilizações superiores", aquele para Aristóteles[51] e os peripatéticos[52]. A compaixão não resiste à filosofia, e o próprio Kant não constituiu exceção. Para Kant, ela é "uma certa sentimentalidade" e não teria "em si a dignidade da virtude"[53]. Ele não vê, porém, que o princípio da "benevolência universal para com a raça humana"[54], pelo qual tenta substituir, em oposição ao racionalismo de Clairwil, a compaixão, incorre na mesma maldição da irracionalidade lançada sobre essa "paixão bondosa" que pode facilmente tentar o homem a se tornar "um ocioso sentimental". O esclarecimento não se deixa enganar; nele o fato universal não tem privilégio algum sobre o fato particular, nem o amor sem limites sobre o amor limitado. A compaixão é suspeita. Como Sade, Nitezsche também recorre à *ars poetica* para uma avaliação crítica. "Segundo Aristóteles os gregos sofriam frequentemente de um excesso de compaixão: daí a necessidade da descarga através da tragédia. Vemos assim como essa inclinação lhes parecia suspeita. Ela é perigosa para o Estado, tira a necessária dureza e rigor, faz com que os heróis se comportem como mulheres em prantos etc."[55] Zaratustra prega: "Vejo tanta bondade, tanta fraqueza. Tanta justiça e compaixão, tanta fraqueza."[56] De fato, a compaixão tem um aspecto que não se coaduna com a justiça, com a qual porém Nietzche a confunde. Ela confirma a regra da desumanidade através da exceção que ela pratica. Ao reservar aos azares do amor ao próximo a tarefa de superar a injustiça, a compaixão acata a lei da alienação universal, que ela queria abrandar, como algo inalterável. Certamente, o compassivo defende como indivíduo a pretensão do universal – a saber, de viver – contra o universal, contra a natureza e a sociedade que a recusam. Mas a unidade com o universal, entendida como interioridade, que o indivíduo pratica, revela-se como falaciosa em sua própria fraqueza. Não é a moleza, mas o aspecto limitador da compaixão, que a torna questionável, ela é sempre insuficiente. Do mesmo modo que a apatia estoica (que serve para adestrar a frieza burguesa, o contrário da compaixão) conservou melhor que a vulgaridade participativa, que se adaptou ao todo, a mísera lealdade ao universal de que se afastara, assim também aqueles que desmascararam a compaixão declararam-se negativamente pela revolução. As deformações narcísicas da compaixão, como os sentimentos sublimes do filantropo e a arrogância moral do assistente social, são a confirmação interiorizada da diferença entre ricos e pobres. Todavia, o fato de que a filosofia divulgou imprudentemente o prazer proporcionado pela dureza, colocou-o à disposição daqueles que menos lhe perdoam a confissão. Os fascistas que dominaram o mundo traduziram o horror pela compaixão no horror pela indulgência política e no recurso à lei marcial, no que se uniram a Schopenhauer, o metafísico da compaixão. Este considerava a esperança de instituir a humanidade como a loucura temerária daqueles cuja única esperança é a infelicidade. Os inimigos da compaixão não queriam identificar o homem com a infelicidade, cuja existência era, para eles, uma vergonha. Sua delicada impotência não tolerava que o homem fosse objeto de lamentações. Desesperada, ela se converteu no louvor da potência que, no entanto, renegavam na prática sempre que se oferecia a eles.

A bondade e a beneficência tornam-se pecado, a dominação e a opressão virtude. "Todas as coisas boas foram outrora coisas ruins; todo pecado original transformou-se numa virtude original."[57] Juliette leva-o a sério também agora, na nova época; pela primeira vez ela procede de maneira consciente à transvaloração. Uma vez destruídas todas as ideologias, ela adota como moral pessoal aquilo que a cristandade considerava execrável na ideologia, embora nem sempre na prática. Como boa filósofa, ela permanece, ao fazer isso, fria e refletida. Tudo se passa sem ilusões. Quando Clairwil lhe propõe cometer um sacrilégio, ela dá a seguinte resposta: "A partir do momento em que não cremos em Deus, minha cara, as profanações que desejas nada mais são do que criancices absolutamente inúteis... talvez eu seja mais segura que tu; meu ateísmo está no auge. Não imagines, portanto, que eu tenha necessidade, para me fortalecer, das criancices que me propões; estou pronta a executá-las, já que te agradam, mas como simples divertimentos" – a assassina americana Annie Henry teria dito: *just for fun** – "e jamais como uma coisa necessária, seja para fortificar minha maneira de pensar, seja para convencer os outros."[58] Transfigurada por um efêmero impulso de benevolência para com a cúmplice, ela deixa que seus princípios prevaleçam. Até mesmo a injustiça, o ódio e a destruição tornam-se uma atividade maquinal depois que, devido à formalização da razão, todos os objetivos perderam, como uma miragem, o caráter da necessidade e objetividade. A magia transfere-se para o mero fazer, para o meio, em suma, para a indústria. A formalização da razão é a mera expressão intelectual do modo de produção maquinal. O meio é fetichizado: ele absorve o prazer. Assim como o esclarecimento transformava teoricamente em ilusões os objetivos com que se adornava a antiga dominação, assim também ele os priva, com a possibilidade da abundância, de seu fundamento prático. A dominação sobrevive como fim em si mesmo, sob a forma do poder econômico. O gozo já parece algo de antiquado, irrealista, como

---

* Só pelo prazer, só para se divertir. (N.T.)

a metafísica que o proibia. Juliette fala sobre os motivos do crime[59]. Ela própria não é menos ávida de honrarias e dinheiro do que seu amigo Sbrigani, mas ela idolatra o proibido. Sbrigani, que é um homem dos meios e do dever, é mais avançado: "O que importa é nos enriquecer, e nós nos tornamos gravemente culpados se não atingimos essa meta; só quando estamos bem adiantados no caminho da riqueza podemos nos permitir colher os prazeres: até aí, é preciso esquecê-los." Apesar de toda superioridade racional, Juliette conserva ainda uma superstição. Ela reconhece a ingenuidade do sacrilégio, mas acaba por tirar prazer dele. Todo gozo, porém, deixa transparecer uma idolatria: ele é o abandono de si mesmo a uma outra coisa. A natureza não conhece propriamente o gozo: ela não o prolonga além do que é preciso para a satisfação da necessidade. Todo prazer é social, quer nas emoções não sublimadas quer nas sublimadas, e tem origem na alienação. Mesmo quando o gozo ignora a proibição que transgride, ele tem sempre por origem a civilização, a ordem fixa, a partir da qual aspira retornar à natureza, da qual aquela o protege. Os homens só sentem a magia do gozo quando o sonho, liberando-os da compulsão ao trabalho, da ligação do indivíduo a uma determinada função social e finalmente a um eu, leva-os de volta a um passado pré-histórico sem dominação e sem disciplina. É a nostalgia dos indivíduos presos na civilização, o "desespero objetivo" daqueles que tiveram de se tornar em elementos da ordem social, que alimenta o amor pelos deuses e demônios; era para estes, enquanto natureza transfigurada, que eles se voltavam na adoração. O pensamento tem origem no processo de liberação dessa natureza terrível, que acabou por ser inteiramente dominada. O gozo é por assim dizer sua vingança. Nele os homens se livram do pensamento, escapam à civilização. Nas sociedades mais antigas, os festivais possibilitavam este retorno à natureza como um retorno em comum. As orgias primitivas são a origem coletiva do gozo. "Esse intervalo de universal confusão que constitui a festa", diz Roger Caillois, "aparece assim como o espaço de tempo em que a ordem do mundo está suspensa. Eis por que todos os excessos são então permitidos. O que importa é agir contra as regras. Tudo deve ser feito ao contrário. Na época mítica, o curso do tempo estava invertido: nascia-se velho, morria-se criança... Assim, todas as prescrições que protegem a boa ordenação natural e social são então sistematicamente violadas."[60] As pessoas se abandonam às potências transfiguradas da origem; mas, do ponto de vista da suspensão da proibição, esse modo de agir tem o caráter do excesso e do desvario[61]. É só com o progresso da civilização e do esclarecimento que o eu fortalecido e a dominação consolidada transformam o festival em simples farsa. Os dominadores apresentam o gozo como algo racional, como tributo à natureza não inteiramente domada; ao mesmo tempo procuram torná-lo inócuo para seu uso e conservá-lo na cultura superior; e finalmente, na impossibilidade de eliminá-lo totalmente, tentam dosá-lo para os dominados. O gozo torna-se objeto da manipulação até desaparecer inteiramente nos divertimentos organizados. O processo se desenvolve do festival primitivo até as férias. "Quanto mais se acentua a complexidade do organismo social, menos ela tolera a interrupção do curso ordinário da vida. É preciso que tudo continue hoje como ontem e amanhã como hoje. A efervescência geral não é mais possível. O período de turbulência individualizou-se. As *férias* sucedem à festa."[62] No regime fascista, elas são complementadas pela falsa euforia coletiva produzida pelo rádio, pelos *slogans* e pela benzedrina. Sbrigani tem um certo pressentimento disso. Ele se permite algum divertimento "*sur la route de la fortune*", a título de férias. Juliette, ao contrário, simpatiza com o *Ancien Régime*. Ela diviniza o pecado. Sua libertinagem está sob a ascendência do catolicismo, assim como o êxtase da freira sob o signo do paganismo.

Nietzsche sabe que todo gozo tem um caráter mítico. Abandonando-se à natureza, o gozo abdica do que seria possível, assim como a compaixão renuncia à mudança do todo. Ambos contêm um elemento de resignação. Nietzsche detecta-o em todos os cantos, como o gozo de si mesmo na solidão, como o prazer masoquista nas depressões do autotorturador. "Contra todos os que se contentam em gozar!"[63] Juliette procura salvá-lo recusando o amor abnegado, o amor burguês que, enquanto resistência à inteligência da burguesia, é característico de seu último século. No amor, o gozo estava associado à divinização da pessoa que o concedia, ele era a paixão propriamente humana. Mas acaba por ser revogado como um juízo de valor condicionado pelo sexo. Na adoração exaltada do amante, assim como na admiração irrestrita que lhe devia a amada, o que se repetia sempre era a transfigura da efetiva servidão da mulher. Com base no reconhecimento dessa servidão, os sexos voltavam sempre a se reconciliar: a mulher parecia assumir livremente a derrota, o homem conceder-lhe a vitória. O cristianismo transfigurou no casamento, como união dos corações, a hierarquia dos sexos e o jugo imposto ao caráter feminino pela ordenação masculina da propriedade, aplacando assim a lembrança de um passado mais feliz desfrutado pelo sexo feminino na era pré-patriarcal. Na sociedade industrial, o amor é faturado. A ruína da propriedade média e o desaparecimento do sujeito econômico livre afetam a família: ela não é mais a célula da sociedade, outrora tão celebrada, já que não constitui mais a base da vida econômica do burguês. Os adolescentes não têm mais a família como seu horizonte, a autonomia do pai desaparece e com ela a resistência a sua autoridade. Antes, a servidão na casa paterna acendia na moça a paixão que parecia levar à liberdade, ainda que esta não se realizasse nem no casamento nem em nenhum outro lugar. Mas, ao mesmo tempo que se abre para a moça a possibilidade do *job**, fecham-se para ela as perspectivas do amor. Quanto mais universalmente o sistema industrial moderno exige de cada

---

* Emprego. (N.T.)

um que se deixe assalariar, mais se acentua a tendência a transformar os que não foram engolfados neste mar do *white trash**, em que se converteu o trabalho e o desemprego não-qualificados, no pequeno especialista, obrigado a cuidar de sua própria vida. Sob a forma do trabalho qualificado, a autonomia do empresário – que já pertence ao passado – torna-se característica de todos os que são admitidos no processo de produção e assim também da mulher "profissional". O respeito próprio das pessoas cresce proporcionalmente a sua fungibilidade. A oposição à família não é mais uma audácia, do mesmo modo que o namoro com *o boyfriend*** tampouco é o paraíso na terra. As pessoas assumem em face das outras aquela relação racional, calculadora, que há muito fora proclamada como uma antiga sabedoria no círculo esclarecido de Juliette. O espírito e o corpo são separados na realidade, como haviam exigido aqueles libertinos, que não passavam de burgueses indiscretos. "De novo, parece-me" – decreta Noirceuil como bom racionalista[64] – "que é uma coisa muito diferente amar e gozar... Pois os sentimentos de ternura correspondem às relações de humor e de conveniências, mas não se devem de modo algum à beleza de um colo ou ao bonito torneado dos quadris; e esses objetos que, segundo o gosto de cada um, podem excitar vivamente as afecções físicas, não têm, porém, parece-me, o mesmo direito às afecções morais. Para completar minha comparação, Bélize é feia, tem 40 anos, sua pessoa não tem a menor graça, não tem um só traço regular, um único atrativo; mas Bélize tem espírito, um caráter delicioso, um milhão de coisas que se encadeiam com meus sentimentos e meus gostos; não tenho nenhum desejo de me deitar com Bélize, mas nem por isso eu a amarei menos loucamente; desejarei fortemente ter Araminthe, mas eu a detestarei cordialmente tão logo a febre do desejo houver passado..." A conseqüência inevitável, implicitamente colocada com a divisão cartesiana do homem na substância pensante e na substância extensa, é proferida com toda clareza como a destruição do amor romântico. Este é considerado como disfarce, racionalização do instinto físico, "uma falsa e sempre perigosa metafísica"[65], como explica o conde de Belmor em seu grande discurso sobre o amor. Apesar de toda a libertinagem, os amigos de Juliette atribuem à sexualidade em oposição à ternura, ao amor terreno em oposição ao celestial, não apenas um poder um pouquinho excessivo, mas também um caráter excessivamente inócuo. A beleza do colo e o torneado dos quadris agem sobre a sexualidade não como fatos a-históricos, puramente naturais, mas como imagens que encerram toda a experiência social. Nesta experiência está viva a intenção de algo diverso da natureza, o amor não limitado ao sexo. Mas a ternura, até mesmo a mais incorpórea, é a sexualidade metamorfoseada. A mão acari-

---

* A ralé, o zé-povinho branco. (N.T.)
** Namorado. (N.T.)

ciando os cabelos e o beijo na fronte, que exprimem o desvario do amor espiritual, são formas apaziguadas de golpes e mordidas que acompanham, por exemplo, o ato sexual dos selvagens australianos. A separação é abstrata. A metafísica falsifica, ensina Belmor, os fatos, ela impede de ver o amado como ele é, ela nasce da magia, ela é um véu. "E eu não o arranco! É fraqueza... pusilanimidade. Vamos analisar, após o gozo, esta deusa que me cegava antes."[66] O próprio amor é um conceito não científico: "... as definições errôneas nos induzem sempre em erro", explica Dolmance no memorável 5º diálogo da *Philosophie dans le Boudoir*, "não sei o que é isto, o coração. Este é um nome que dou apenas à fraqueza do espírito"[67]. "Passemos um momento, como Lucrécio diz aos 'bastidores da vida'"[68], isto é, à análise "e veremos que nem a exaltação da amante nem o sentimento romântico resiste à análise... é o corpo apenas que amo e é o corpo apenas que lamento embora possa reencontrá-lo a qualquer instante." O que é verdadeiro nisso tudo é o discernimento da dissociação do amor, obra do progresso. Através dessa dissociação, que mecaniza o prazer e distorce o anseio em trapaça, o amor é atacado em seu núcleo. Quando Juliette faz do louvor da sexualidade genital e perversa uma crítica do não natural, do imaterial, do ilusório, a libertina já passou ela própria para o lado dessa normalidade que deprecia não somente o arrebatamento utópico do amor, mas também o gozo físico, não somente a felicidade mais celestial, mas também a mais terrena. O devasso sem ilusões que Juliette defende transforma-se, graças à pedagogia sexual, à psicanálise e à terapêutica hormonal, no homem prático e aberto que estende à vida sexual sua fé no esporte e na higiene. A crítica de Juliette é dividida como o próprio esclarecimento. Na medida em que a destruição sacrílega do tabu, que se aliou em certa época à revolução burguesa, não levou a um novo senso de realidade, ela continua a conviver com o amor sublime no sentido da fidelidade a uma utopia agora mais próxima e que põe o gozo físico ao alcance de todos.

"O entusiasmo ridículo, que nos consagrou a um indivíduo determinado e a ele só, a exaltação da mulher no amor, leva-nos de volta, para além do cristianismo, à sociedade matriarcal." "... é certo que nosso espírito de galanteria cavalheiresca, que ridiculamente presta homenagem a um objeto feito tão somente para nossas necessidades, é certo, repito, que esse espírito nasce do antigo respeito que nossos ancestrais tinham outrora pelas mulheres, em razão do ofício de profetisas que exerciam nas cidades e nos campos: por medo, passamos do respeito ao culto, e a galanteria nasceu no seio da superstição. Mas esse respeito não esteve jamais na natureza, seria perda de tempo buscá-lo aí. A inferioridade desse sexo relativamente ao nosso está suficientemente bem estabelecida para que jamais possa excitar em nós um motivo sólido para respeitá-lo, e o amor que nasce desse respeito cego, não passa de um preconceito como ele próprio."[69] É na violência, por mais que ela se esconda sob os véus da legalidade, que repousa afinal a hierarquia social. A dominação da natureza se reproduz no interior da humanidade. A civilização cristã – que permitiu que a ideia de proteger os fisicamente fracos revertesse em proveito da exploração do servo forte – jamais conseguiu conquistar inteiramente os corações dos povos convertidos. O princípio do amor foi excessivamente desmentido pelo entendimento agudo e pelas armas ainda mais aguçadas dos senhores cristãos, até que o luteranismo eliminou a antítese do Estado e da doutrina, fazendo da espada e do açoite a quintessência do evangelho. Ele identificou diretamente a liberdade espiritual à afirmação da opressão real. Mas a mulher traz o estigma da fraqueza e por causa dessa fraqueza está em minoria, mesmo quando numericamente é superior ao homem. Como no caso dos autóctones subjugados nas primeiras formações estatais, assim como no caso dos indígenas nas colônias, atrasados relativamente aos conquistadores em termos de organização e armas, bem como no caso dos judeus entre os arianos, o desamparo da mulher é a justificação legal de sua opressão. Sade formula as reflexões de Strindberg. "Não duvidemos de que haja uma diferença tão certa e tão importante entre um homem e uma mulher como entre o homem e o macaco da floresta. As razões que teríamos para recusar que as mulheres façam parte de nossa espécie são tão boas como as razões que temos para recusar que esses macacos sejam nossos irmãos. Examinemos atentamente uma mulher nua ao lado de um homem de sua idade e nu como ela e nos convenceremos facilmente da diferença sensível que existe (sexo à parte) na composição desses dois seres, veremos bem claramente que a mulher não passa de uma degradação do homem; as diferenças existem igualmente no interior, e a anatomia de ambas as espécies, feita ao mesmo tempo e com a mais escrupulosa atenção, descobre essas verdades[70]." A tentativa do cristianismo de compensar ideologicamente a opressão do sexo pelo respeito à mulher e, assim, enobrecer a reminiscência dos tempos arcaicos, ao invés de simplesmente recalcá-la, é respondida com o rancor pela mulher sublimada e pelo prazer teoricamente emancipado. O sentimento que se ajusta à prática da opressão é o desprezo, não a veneração, e, nos séculos cristãos, o amor ao próximo dissimulou sempre o ódio proibido e obsessivo pelo objeto que não cessava de evocar a inutilidade desse esforço: a mulher. Ela pagou o culto da madona com a caça às bruxas, que não foi senão uma vingança exercida sobre a imagem da profetisa da era pré-cristã, que punha secretamente em questão a ordem sagrada da dominação patriarcal. A mulher excita a fúria selvagem do homem semiconvertido, obrigado a honrá-la, assim como o fraco em geral suscita a inimizade mortal do homem forte superficialmente civilizado e obrigado a poupá-lo. "Jamais acreditei", diz o conde Ghigi, chefe da polícia romana, "que da junção de dois corpos pudesse resultar a de dois corações: vejo nessa junção física fortes motivos de desprezo... de nojo, mas nem um só de amor."[71] E o ministro Saint-Fonds exclama, quando uma jovem aterrorizada por ele rompe em lágrimas: "É assim que eu gosto das mulheres... ah, se eu pudesse, com uma só palavra, reduzi-las todas a esse estado!⁷²" O homem dominador recusa à mulher a honra de individualizá-la. A mulher tomada individualmente é, do ponto de vista social, um exemplar da espécie, um representante de seu sexo e é por isso que ela, na medida em que está inteiramente capturada pela lógica masculina, representa a natureza, o substrato de uma subsunção sem fim na Ideia, de uma submissão sem fim na realidade. A mulher enquanto ser pretensamente natural é produto da história que a desnatura. A vontade desesperada de destruir tudo aquilo que encarna a fascinação da natureza, do inferiorizado fisiológica, biológica, nacional e socialmente, mostra que a tentativa do cristianismo fracassou. "*... que ne puis-je, d'un mot, les réduire toutes en cet état!*"* Extirpar inteiramente a odiosa, irresistível tentação de recair na natureza, eis aí a crueldade que nasce na civilização malograda, a barbárie, o outro lado da cultura. "Todas!" Pois a destruição não admite exceções, a vontade de destruir é totalitária, e totalitária é só a vontade de destruir. "Estou a ponto", diz Juliette ao papa, "de desejar como Tibério que o gênero humano só tenha uma cabeça para ter o prazer de cortá-la com um só golpe."⁷³ Os sinais de impotência, os movimentos bruscos e descoordenados, a angústia do pobre-coitado, o tumulto, provocam a vontade de matar. A explicação do ódio contra a mulher, enquanto criatura mais fraca em termos de poder físico e espiritual e marcada na testa pelo estigma da dominação, é a mesma do ódio aos judeus. Nas mulheres e nos judeus é fácil ver que há milênios não exercem qualquer dominação. Eles vivem, embora fosse possível eliminá-los, e seu medo e fraqueza, sua maior afinidade com a natureza em razão da pressão incessante a que estão submetidos, é seu elemento vital. Isso irrita e leva a uma fúria cega o homem forte, que paga sua força com um intenso distanciamento da natureza e deve eternamente se proibir o medo. Ele se identifica com a natureza multiplicando por mil o grito que arranca a suas vítimas e que ele próprio não pode soltar. "Loucas criaturas", escreve o presidente Blammont em *Aline et Valcour* sobre as mulheres, "como gosto de vê-las a se debater em minhas mãos! Elas são como o cordeiro entre as garras do leão."⁷⁴ E na mesma carta: "É como na conquista de uma cidade; é preciso se apoderar das elevações... nós nos instalamos em todas as posições dominantes e, a partir delas, caímos sobre a praça sem temer mais a resistência."⁷⁵ Quem está inferiorizado atrai sobre si o ataque: o maior prazer é humilhar aqueles que já foram golpeados pelo infortúnio. Quanto menor o risco para quem estiver em posição de superioridade, mais tranquilo o prazer proporcionado: é só diante do desespero total da vítima que a dominação fica divertida e triunfa com o abandono de seu próprio princípio, a disciplina. O medo que não ameaça mais ex-

---

* "... se eu pudesse, com uma só palavra, reduzi-las todas a esse estado!" (N.T.)

plode na risada efusiva, expressão do endurecimento interior do indivíduo e que ele só libera verdadeiramente na coletividade. A gargalhada sonora sempre denunciou a civilização. "De todas as lavas lançadas pela boca humana, esta cratera, a mais corrosiva é a alegria", diz Victor Hugo no capítulo intitulado "As tempestades dos homens, piores que as tempestades do oceano."[76] "É sobre o infortúnio", ensina Juliette[77], "que é preciso, o mais possível, fazer cair o peso de suas maldades; as lágrimas que se arrancam à indigência têm um azedume que desperta poderosamente o fluido nervoso...."[78] Em vez de se aliar à ternura, o prazer se alia à crueldade, e o amor sexual torna-se aquilo que ele sempre foi, segundo Nietzsche[79]: "em seus meios, a guerra; em seu fundo, o ódio mortal dos sexos." "No macho e na fêmea", ensina a zoologia, "o 'amor' ou a atração sexual é originariamente e sobretudo 'sádico'; sem dúvida, é próprio do amor infligir a dor; ele é tão cruel como a fome."[80] Assim a civilização nos traz de volta à natureza terrível como se este fosse seu último resultado. O amor fatal, sobre o qual incide toda a luz da exposição de Sade, e a generosidade pudicamente impudica de Nietzsche, que gostaria de poupar a qualquer preço a vergonha a quem sofre, vale dizer: as fantasias da crueldade e da grandeza, tratam os homens, no jogo e na ficção, com tanta dureza quanto o fascismo alemão na realidade. Mas enquanto na realidade este colosso inconsciente que é o capitalismo sem sujeito leva a cabo cegamente a destruição, o desvario do sujeito rebelde espera dessa destruição sua realização e assim irradia para os homens tratados como coisas ao mesmo tempo sua frieza glacial e o amor pervertido que, no mundo das coisas, tomou o lugar do amor espontâneo. A doença torna-se sintoma de convalescença. Na transfiguração das vítimas, o desvario reconhece sua humilhação. Ele se iguala ao monstro da dominação, que ele não pode superar na realidade. Sob a forma do horror, a imaginação procura resistir ao horror. O provérbio romano, segundo o qual a severidade é o verdadeiro prazer, está em vigor, não é uma simples incitação ao trabalho. Ele exprime também a contradição insolúvel da ordem que transforma a felicidade em sua paródia onde ela a sanciona, e só a produz onde ela a proscreve. Imortalizando essa contradição, Sade e Nietzsche contribuíram para elevá-la ao conceito.

Para a *ratio*, o abandono à criatura adorada não passa de idolatria. O necessário desaparecimento da divinização é uma consequência da proibição da mitologia, tal como decretada no monoteísmo judeu e executada na história do pensamento sobre as diversas formas da veneração por sua forma secularizada, o esclarecimento. A desagregação da realidade econômica subjacente à superstição liberou as forças específicas da negação. O cristianismo, porém, propagou o amor: a pura adoração de Jesus. Pela santificação do casamento, ele procurou elevar o instinto sexual cego, assim como tentara aproximar da terra pela graça celestial a luz cristalina da lei. A reconciliação da civilização com a natureza, que o cristianismo queria obter prematuramente através da doutrina do deus crucificado, permaneceu tão estranha ao judaísmo quanto o rigorismo do esclarecimento. Moisés e Kant não pregaram o sentimento, sua lei fria não conhece nem o amor nem a fogueira. A luta de Nietzsche contra o monoteísmo atinge a doutrina cristã mais profundamente do que a judaica. É verdade que ele nega a lei, mas ele quer pertencer ao "eu superior"[81], não ao natural mas ao mais-que-natural. Ele quer substituir Deus pelo super-homem porque o monoteísmo, sobretudo em sua forma corrompida, o cristianismo, se tornou transparente como mitologia. Mas do mesmo modo que os velhos ideais ascéticos a serviço desse eu superior são enaltecidos por Nietzsche a título de autossuperação "em vista do desenvolvimento da força dominadora"[82], assim também o eu superior revela-se como uma tentativa desesperada de salvar Deus, que morreu, e como a renovação do empreendimento de Kant no sentido de transformar a lei divina em autonomia, a fim de salvar a civilização europeia que, no ceticismo inglês já havia entregue o espírito. O princípio kantiano de "fazer tudo com base na máxima de sua vontade enquanto tal, de tal modo que essa vontade possa ao mesmo tempo ter por objeto a si mesma como uma vontade legisladora universal"[83] é também o segredo do super-homem. Sua vontade não é menos despótica que o imperativo categórico. Ambos os princípios visam a independência em face de potências exteriores, a emancipação incondicional determinada como a essência do esclarecimento. Todavia, quando o temor da mentira (que o próprio Nietzsche nos momentos mais luminosos tachou de "quixotismo")[84] substitui a lei pela autolegislação e tudo se torna transparente como uma única grande superstição desnudada, o próprio esclarecimento e até mesmo a verdade em todas as suas formas tornam-se um ídolo, e nós percebemos "que também nós, os conhecedores de hoje, nós ateus e antimetafísicos, também tomamos *nosso* fogo do incêndio ateado por uma fé milenar, aquela fé dos cristãos que também foi a de Platão, para a qual Deus é a verdade e a verdade, divina"[85]. Portanto, mesmo a ciência sucumbe à crítica à metafísica. A negação de Deus contém em si a contradição insolúvel, ela nega o próprio saber. Sade não aprofundou a ideia do esclarecimento até esse ponto de inversão. A reflexão da ciência sobre si mesma, a consciência moral do esclarecimento, estava reservada à filosofia, isto é, aos alemães. Para Sade, o esclarecimento não é tanto um fenômeno espiritual quanto social. Ele aprofundou a dissolução dos laços (que Nietzsche presumia superar idealisticamente pelo eu superior) isto é, à crítica à solidariedade com a sociedade, as funções e a família[86], até o ponto de proclamar a anarquia. Sua obra desvenda o caráter mitológico dos princípios nos quais, segundo a religião, se funda a civilização: do decálogo, da autoridade paterna, da propriedade. É a inversão exata da teoria social que Le Play desenvolveu cem anos depois[87]. Cada um dos dez mandamentos vê comprovada sua nulidade perante a instância da razão formal. Seu caráter ideológico fica inteiramente comprovado. O arrazoado em defesa do assassínio, é o próprio papa que o pronuncia a pedido de Juliette.[88] Para ele, racionalizar os atos não cristãos é uma tarefa mais fácil que a tentativa feita outrora de racionalizar pela luz natural os princípios cristãos segundo os quais esses atos provêm do diabo. O "*philosophe mitré*"* precisa recorrer a menos sofismas para justificar o assassinato do que Maimônides e Santo Tomás para condená-lo. A razão romana, mais ainda que o Deus prussiano, se alinha ao lado dos batalhões mais poderosos. Mas a lei está destronada, e o amor que devia humanizá-la está desmascarado como regressão à idolatria. Não foi apenas o amor romântico entre os sexos que, enquanto metafísica, sucumbiu à ciência e à indústria, mas todo o amor em geral, pois nenhum prevalece diante da razão: nem o da mulher pelo homem nem o do amante pela amada, nem o dos pais nem o dos filhos. O duque de Blangis anuncia aos subordinados que os parentes dos senhores, filhas e esposas, serão tratados tão rigorosamente, ou melhor, ainda mais rigorosamente que os outros, "e isso justamente para mostrar-vos a que ponto são desprezíveis a nossos olhos os laços pelos quais imaginais que estamos presos"[89]. O amor da mulher é substituído assim como o do homem. As regras da libertinagem que Saint-Fonds comunica a Juliette devem valer para todas as mulheres[90]. Dolmance formula o desencantamento materialista do amor parental. "Esses laços decorrem do medo que têm os genitores de serem abandonados na velhice, e o cuidado interessado que dedicam à nossa infância deve proporcionar-lhes a mesma atenção em sua velhice."[91] O argumento de Sade é tão velho como a burguesia. Demócrito já denunciara o amor parental humano como tendo motivos econômicos[92]. Mas Sade desencanta também a exogamia, o fundamento da civilização. Segundo ele, não há nenhum argumento racional contra o incesto,[93] e o argumento higiênico que se opunha a ele acabou sendo retirado pela ciência mais avançada. Ela ratificou o frio juízo de Sade. "... não está absolutamente provado que as crianças nascidas do incesto têm mais tendência que as outras a serem cretinas, surdas-mudas, raquíticas etc..."[94] A família – cuja coesão é assegurada não pelo amor romântico entre os sexos, mas pelo amor materno, que constitui a base de toda ternura e dos sentimentos sociais[95] – entra em conflito com a própria sociedade. "Não pensem vocês que poderão fazer bons republicanos enquanto isolarem na família as crianças que devem pertencer à comunidade apenas... Se é extremamente nocivo permitir que as crianças absorvam em sua família interesses que divergem muitas vezes profundamente dos da pátria, é por isso mesmo extremamente vantajoso separá-las dela."[96] Os "laços do himeneu" devem ser destruídos por razões sociais, o conhecimento dos pais deve ser "*absolument interdit(e)*" aos filhos, eles são "*uniquement les enfants de la patrie*"[97],

---

* O "filósofo mitrado". (N.T.)

e a anarquia, o individualismo, que Sade proclamou na luta contra as leis,[98] desemboca no domínio absoluto do universal, a república. Do mesmo modo que o Deus derrubado ressurge em um ídolo mais duro, assim também o velho Estado-gendarme burguês ressurge na violência da coletividade fascista. Sade levou às últimas consequências o conceito do socialismo de Estado, em cujos primeiros passos Saint-Just e Robespierre haviam fracassado. Se a burguesia os enviou à guilhotina, a eles, seus políticos mais fiéis, ela também baniu seu mais franco escritor para o inferno da *Bibliothèque Nationale*. Pois a *chronique scandaleuse* de Justine e Juliette – que, produzida em série, prefigurou no estilo do século dezoito o folhetim do século dezenove e a literatura de massas do século vinte – é a epopeia homérica liberada do último invólucro mitológico: a história do pensamento como órgão da dominação. Assustado com a própria imagem refletida no espelho, o pensamento abre uma perspectiva para o que está situado além dele. Não é o ideal de uma sociedade harmoniosa, a dealbar no futuro até mesmo para Sade: "*gardez vos frontières et restez chez vous*"[99], e nem mesmo a utopia socialista desenvolvida na história de Zamé[100], mas é, sim, o fato de que Sade não deixou a cargo dos adversários a tarefa de levar o esclarecimento a se horrorizar consigo mesmo, que faz de sua obra uma alavanca para salvar o esclarecimento.

Ao contrário de seus apologetas, os escritores sombrios da burguesia não tentaram distorcer as consequências do esclarecimento recorrendo a doutrinas harmonizadoras. Não pretenderam que a razão formalista tivesse uma ligação mais íntima com a moral do que com a imoralidade. Enquanto os escritores luminosos protegiam pela negação a união indissolúvel da razão e do crime, da sociedade burguesa e da dominação, aqueles proferiam brutalmente a verdade chocante. "... É nas mãos sujas pelo assassinato das esposas e dos filhos, pela sodomia, pelos homicídios, pela prostituição e pelas infâmias que o céu coloca essas riquezas; e para me recompensar por essas abominações, ele as põe à minha disposição", diz Clairwil no resumo da vida de seu irmão[101]. Ela exagera. A justiça da má dominação não é consequente a ponto de recompensar apenas as atrocidades. Mas só o exagero é verdadeiro. A essência da pré-história é o aparecimento do horror supremo no detalhe. Por trás do cômputo estatístico das vítimas do *pogrom*, que inclui os fuzilados por misericórdia, oculta-se a essência que somente surge à luz na descrição exata da exceção, ou seja, da mais terrível tortura. Uma vida feliz num mundo de horror é refutada como algo de infame pela mera existência desse mundo. Este torna-se assim a essência, aquela algo de nulo. Certamente, o assassinato dos próprios filhos e esposas, a prostituição e a sodomia, são muito mais raros entre os governantes durante a era burguesa do que entre os governados, que adotaram os costumes dos senhores de épocas anteriores. Em compensação, quando estava em jogo o poder, estes ergueram montanhas de cadáveres mesmo nos séculos mais recentes. Comparada à mentalidade e aos atos dos senhores no fascismo, onde a dominação realizou sua essência, a descrição entusiástica da vida de Brisa-Testa (na qual, porém, é possível reconhecer aquela) cai ao nível de uma banalidade inofensiva. Os vícios privados são em Sade, como já eram em Mandeville, a historiografia antecipada das virtudes públicas da era totalitária. O fato de ter, não encoberto, mas bradado ao mundo inteiro a impossibilidade de apresentar um argumento de princípio contra o assassinato ateou o ódio com que os progressistas ainda hoje perseguem Sade e Nietzsche. Diferentemente do positivismo lógico, ambos tomaram a ciência ao pé da letra. O fato de que insistem na *ratio* de uma maneira ainda mais decidida que o positivismo tem o sentido secreto de liberar de seu invólucro a utopia contida, como no conceito kantiano de razão, em toda grande filosofia: a utopia de uma humanidade que, não sendo mais desfigurada, não precisa mais de desfigurar o que quer que seja. Proclamando a identidade da dominação e da razão, as doutrinas sem compaixão são mais misericordiosas que as doutrinas dos lacaios morais da burguesia. "Onde estão os piores perigos para ti?", indagou um dia Nietzsche.[102] "Na compaixão." Negando-a, ele salvou a confiança inabalável no homem, traída cada vez que se faz uma afirmação consoladora.

A Indústria Cultural: o Esclarecimento como Mistificação das Massas

Na opinião dos sociólogos, a perda do apoio que a religião objetiva fornecia, a dissolução dos últimos resíduos pré-capitalistas, a diferenciação técnica e social e a extrema especialização levaram a um caos cultural. Ora, essa opinião encontra a cada dia um novo desmentido. Pois a cultura contemporânea confere a tudo um ar de semelhança. O cinema, o rádio e as revistas constituem um sistema. Cada setor é coerente em si mesmo e todos o são em conjunto. Até mesmo as manifestações estéticas de tendências políticas opostas entoam o mesmo louvor do ritmo de aço. Os decorativos prédios administrativos e os centros de exposição industriais mal se distinguem nos países autoritários e nos demais países. Os edifícios monumentais e luminosos que se elevam por toda parte são os sinais exteriores do engenhoso planejamento das corporações internacionais, para o qual já se precipitava a livre-iniciativa dos empresários, cujos monumentos são os sombrios prédios residenciais e comerciais de nossas desoladoras cidades. Os prédios mais antigos em torno dos centros urbanos feitos de concreto já parecem *slums** e os novos *bungalows* na periferia da cidade já proclamam, como as frágeis construções das feiras internacionais, o louvor do progresso técnico e convidam a descartá-los como latas de conserva após um breve período de uso. Mas os projetos de urbanização que, em pequenos apartamentos higiênicos, destinam-se a perpetuar o indivíduo como se ele fosse independente, submetem-no ainda mais profundamente a seu adversário, o poder absoluto do capital. Do mesmo modo que os moradores são enviados para os centros, como produtores e consumidores, em busca de trabalho e diversão, assim também as

---

* Cortiços. (N.T.)

células habitacionais cristalizam-se em complexos densos e bem organizados. A unidade evidente do macrocosmo e do microcosmo demonstra para os homens o modelo de sua cultura: a falsa identidade do universal e do particular. Sob o poder do monopólio, toda cultura de massas é idêntica, e seu esqueleto, a ossatura conceitual fabricada por aquele, começa a se delinear. Os dirigentes não estão mais sequer muito interessados em encobri-lo, seu poder se fortalece quanto mais brutalmente ele se confessa de público. O cinema e o rádio não precisam mais se apresentar como arte. A verdade de que não passam de um negócio, eles a utilizam como uma ideologia destinada a legitimar o lixo que propositalmente produzem. Eles se definem a si mesmos como indústrias, e as cifras publicadas dos rendimentos de seus diretores gerais suprimem toda dúvida quanto à necessidade social de seus produtos.

Os interessados inclinam-se a dar uma explicação tecnológica da indústria cultural. O fato de que milhões de pessoas participam dessa indústria imporia métodos de reprodução que, por sua vez, tornam inevitável a disseminação de bens padronizados para a satisfação de necessidades iguais. O contraste técnico entre poucos centros de produção e uma recepção dispersa condicionaria a organização e o planejamento pela direção. Os padrões teriam resultado originariamente das necessidades dos consumidores: eis por que são aceitos sem resistência. De fato, o que o explica é o círculo da manipulação e da necessidade retroativa, no qual a unidade do sistema se torna cada vez mais coesa. O que não se diz é que o terreno no qual a técnica conquista seu poder sobre a sociedade é o poder que os economicamente mais fortes exercem sobre a sociedade. A racionalidade técnica hoje é a racionalidade da própria dominação. Ela é o caráter compulsivo da sociedade alienada de si mesma. Os automóveis, as bombas e o cinema mantêm coeso o todo e chega o momento em que seu elemento nivelador mostra sua força na própria injustiça à qual servia. Por enquanto, a técnica da indústria cultural levou apenas à padronização e à produção em série, sacrificando o que fazia a diferença entre a lógica da obra e a do sistema social. Isso, porém, não deve ser atribuído a uma lei evolutiva da técnica enquanto tal, mas à sua função na economia atual. A necessidade que talvez pudesse escapar ao controle central já é recalcada pelo controle da consciência individual. A passagem do telefone ao rádio separou claramente os papéis. Liberal, o telefone permitia que os participantes ainda desempenhassem o papel do sujeito. Democrático, o rádio transforma-os a todos igualmente em ouvintes, para entregá-los autoritariamente aos programas, iguais uns aos outros, das diferentes estações. Não se desenvolveu qualquer dispositivo de réplica e as emissões privadas são submetidas ao controle. Elas limitam-se ao domínio apócrifo dos "amadores", que ainda por cima são organizados de cima para baixo. No quadro da rádio oficial, porém, todo traço de espontaneidade no público é dirigido e absorvido, numa seleção profissional, por caçadores de talentos, competições diante do microfone e toda espécie de programas patrocinados. Os talentos já pertencem à indústria muito antes de serem apresentados por ela: de outro modo não se integrariam tão fervorosamente. A atitude do público que, pretensamente e de fato, favorece o sistema da indústria cultural é uma parte do sistema, não sua desculpa. Quando um ramo artístico segue a mesma receita usada por outro muito afastado dele quanto aos recursos e ao conteúdo; quando, finalmente, os conflitos dramáticos das novelas radiofônicas tornam-se o exemplo pedagógico para a solução de dificuldades técnicas, que à maneira do *jam**, são dominadas do mesmo modo que nos pontos culminantes da vida jazzística; ou quando a "adaptação" deturpadora de um movimento de Beethoven se efetua do mesmo modo que a adaptação de um romance de Tolstoi pelo cinema, o recurso aos desejos espontâneos do público torna-se uma desculpa esfarrapada. Uma explicação que se aproxima mais da realidade é a explicação a partir do peso específico do aparelho técnico e do pessoal, que devem todavia ser compreendidos, em seus menores detalhes, como partes do mecanismo econômico de seleção. Acresce a isso o acordo, ou pelo menos a determinação comum dos poderosos executivos, de nada produzir ou deixar passar que não corresponda a suas tabelas, à ideia que fazem dos consumidores e, sobretudo, que não se assemelha a eles próprios.

Se, em nossa época, a tendência social objetiva se encarna nas obscuras intenções subjetivas dos diretores gerais, estas são basicamente as dos setores mais poderosos da indústria: aço, petróleo, eletricidade, química. Comparados a esses, os monopólios culturais são fracos e dependentes. Eles têm de se apressar em dar razão aos verdadeiros donos do poder, para que sua esfera na sociedade de massas – esfera essa que produz um tipo específico de mercadoria que ainda tem muito a ver com o liberalismo bonachão e os intelectuais judeus – não seja submetida a uma série de expurgos. A dependência em que se encontra a mais poderosa sociedade radiofônica em face da indústria elétrica, ou a do cinema relativamente aos bancos, caracteriza a esfera inteira, cujos setores individuais por sua vez se interpenetram numa confusa trama econômica. Tudo está tão estreitamente justaposto que a concentração do espírito atinge um volume tal que lhe permite passar por cima da linha de demarcação entre as diferentes firmas e setores técnicos. A unidade implacável da indústria cultural atesta a unidade em formação da política. As distinções enfáticas que se fazem entre os filmes das categorias A e B, ou entre as histórias publicadas em revistas de diferentes preços, têm menos a ver com seu conteúdo do que com sua utilidade para a classificação, organização e computação estatística dos consumidores. Para todos algo está previsto; para que ninguém escape, as distinções são acentuadas e difundi-

---

* Improvisação jazzística. (N.T.)

das. O fornecimento ao público de uma hierarquia de qualidades serve apenas para uma quantificação ainda mais completa. Cada qual deve se comportar, como que espontaneamente, em conformidade com seu *level**, previamente caracterizado por certos sinais, e escolher a categoria dos produtos de massa fabricada para seu tipo. Reduzidos a um simples material estatístico, os consumidores são distribuídos nos mapas dos institutos de pesquisa (que não se distinguem mais dos de propaganda) em grupos de rendimentos assinalados por zonas vermelhas, verdes e azuis.

O esquematismo do procedimento mostra-se no fato de que os produtos mecanicamente diferenciados acabam por se revelar sempre como a mesma coisa. A diferença entre a série Chrysler e a série General Motors é no fundo uma distinção ilusória, como já sabe toda criança interessada em modelos de automóveis. As vantagens e desvantagens que os conhecedores discutem servem apenas para perpetuar a ilusão da concorrência e da possibilidade de escolha. O mesmo se passa com as produções da Warner Brothers e da Metro Goldwyn Mayer. Até mesmo as diferenças entre os modelos mais caros e mais baratos da mesma firma se reduzem cada vez mais: nos automóveis, elas se reduzem ao número de cilindros, capacidade, novidade dos *gadgets***, nos filmes ao número de estrelas, à exuberância da técnica, do trabalho e do equipamento, e ao emprego de fórmulas psicológicas mais recentes. O critério unitário de valor consiste na dosagem da *conspicuous production****, do investimento ostensivo. Os valores orçamentários da indústria cultural nada têm a ver com os valores objetivos, com o sentido dos produtos. Os próprios meios técnicos tendem cada vez mais a se uniformizar. A televisão visa uma síntese do rádio e do cinema, que é retardada enquanto os interessados não se põem de acordo, mas cujas possibilidades ilimitadas prometem aumentar o empobrecimento dos materiais estéticos a tal ponto que a identidade mal disfarçada dos produtos da indústria cultural pode vir a triunfar abertamente já amanhã – numa realização escarninha do sonho wagneriano da obra de arte total. A harmonização da palavra, da imagem e da música logra um êxito ainda mais perfeito que no *Tristão*, porque os elementos sensíveis – que registram sem protestos, todos eles, a superfície da realidade social – são em princípio produzidos pelo mesmo processo técnico e exprimem sua unidade como seu verdadeiro conteúdo. Esse processo de elaboração integra todos os elementos da produção, desde a concepção do romance (que já tinha um olho voltado para o cinema) até o último efeito sonoro. Ele é o triunfo do capital investido. Gravar sua onipotência no coração dos esbulhados que se tornaram

---

* Nível. (N.T.)
** Todo aparelho mecânico pequeno, acessório. (N.T.)
*** Produção ostensiva. (N.T.)

candidatos a *jobs* como a onipotência de seu senhor, eis aí o que constitui o sentido de todos os filmes, não importa o *plot** escolhido em cada caso pela direção de produção.

Em seu lazer, as pessoas devem se orientar por essa unidade que caracteriza a produção. A função que o esquematismo kantiano ainda atribuía ao sujeito, a saber, referir de antemão a multiplicidade sensível aos conceitos fundamentais, é tomada ao sujeito pela indústria. O esquematismo é o primeiro serviço prestado por ela ao cliente. Na alma devia atuar um mecanismo secreto destinado a preparar os dados imediatos de modo a se ajustarem ao sistema da razão pura. Mas o segredo está hoje decifrado. Muito embora o planejamento do mecanismo pelos organizadores dos dados, isto é, pela indústria cultural, seja imposto a esta pelo peso da sociedade que permanece irracional apesar de toda racionalização, essa tendência fatal é transformada em sua passagem pelas agências do capital do modo a aparecer como o sábio desígnio dessas agências. Para o consumidor, não há nada mais a classificar que não tenha sido antecipado no esquematismo da produção. A arte sem sonho destinada ao povo realiza aquele idealismo sonhador que ia longe demais para o idealismo crítico. Tudo vem da consciência, em Malebranche e Berkeley da consciência de Deus; na arte para as massas, da consciência terrena das equipes de produção. Não somente os tipos das canções de sucesso, os astros, as novelas ressurgem ciclicamente como invariantes fixos, mas o conteúdo específico do espetáculo é ele próprio derivado deles e só varia na aparência. Os detalhes tornam-se fungíveis. A breve sequência de intervalos, fácil de memorizar, como mostrou a canção de sucesso; o fracasso temporário do herói, que ele sabe suportar como *good sport*** que é; a boa palmada que a namorada recebe da mão forte do astro; sua rude reserva em face da herdeira mimada são, como todos os detalhes, clichês prontos para serem empregados arbitrariamente aqui e ali e completamente definidos pela finalidade que lhes cabe no esquema. Confirmá-lo, compondo-o, eis aí sua razão de ser. Desde o começo do filme já se sabe como ele termina, quem é recompensado, e, ao escutar a música ligeira, o ouvido treinado é perfeitamente capaz, desde os primeiros compassos, de adivinhar o desenvolvimento do tema e sente-se feliz quando ele tem lugar como previsto. O número médio de palavras da *short story* é algo em que não se pode mexer. Até mesmo as *gags*, efeitos e piadas são calculados, assim como o quadro em que se inserem. Sua produção é administrada por especialistas, e sua pequena diversidade permite reparti-las facilmente no escritório. A indústria

---
* Enredo. (N.T.)
** Bom perdedor. (N.T.)

cultural desenvolveu-se com o predomínio que o efeito, a performance tangível e o detalhe técnico alcançaram sobre a obra, que era outrora o veículo da Ideia e com essa foi liquidada. Emancipando-se, o detalhe tornara-se rebelde e, do romantismo ao expressionismo, afirmara-se como expressão indômita, como veículo do protesto contra a organização. O efeito harmônico isolado havia obliterado, na música, a consciência do todo formal; a cor particular na pintura, a composição pictórica; a penetração psicológica no romance, a arquitetura. A tudo isso deu fim a indústria cultural mediante a totalidade. Embora nada mais conheça além dos efeitos, ela vence sua insubordinação e os submete à fórmula que substitui a obra. Ela atinge igualmente o todo e a parte. O todo se antepõe inexoravelmente aos detalhes como algo sem relação com eles; assim como na carreira de um homem de sucesso, tudo deve servir de ilustração e prova, ao passo que ela própria nada mais é que a soma desses acontecimentos idiotas. A chamada Ideia abrangente é um classificador que serve para estabelecer ordem, mas não conexão. O todo e o detalhe exibem os mesmos traços, na medida em que entre eles não existe nem oposição nem ligação. Sua harmonia garantida de antemão é um escárnio da harmonia conquistada pela grande obra de arte burguesa. Na Alemanha, a paz sepulcral da ditadura já pairava sobre os mais alegres filmes da democracia.

    O mundo inteiro é forçado a passar pelo filtro da indústria cultural. A velha experiência do espectador de cinema, que percebe a rua como um prolongamento do filme que acabou de ver, porque este pretende ele próprio reproduzir rigorosamente o mundo da percepção quotidiana, tornou-se a norma da produção. Quanto maior a perfeição com que suas técnicas duplicam os objetos empíricos, mais fácil se torna hoje obter a ilusão de que o mundo exterior é o prolongamento sem ruptura do mundo que se descobre no filme. Desde a súbita introdução do filme sonoro, a reprodução mecânica pôs-se ao inteiro serviço desse projeto. A vida não deve mais, tendencialmente, deixar-se distinguir do filme sonoro. Ultrapassando de longe o teatro de ilusões, o filme não deixa mais à fantasia e ao pensamento dos espectadores nenhuma dimensão na qual estes possam, sem perder o fio, passear e divagar no quadro da obra fílmica permanecendo, no entanto, livres do controle de seus dados exatos, e é assim precisamente que o filme adestra o espectador entregue a ele para se identificar imediatamente com a realidade. Atualmente, a atrofia da imaginação e da espontaneidade do consumidor cultural não precisa ser reduzida a mecanismos psicológicos. Os próprios produtos – e entre eles em primeiro lugar o mais característico, o filme sonoro – paralisam essas capacidades em virtude de sua própria constituição objetiva. São feitos de tal forma que sua apreensão adequada exige, é verdade, presteza, dom de observação, conhecimentos específicos, mas também de tal sorte que proíbem a atividade intelectual do espectador, se ele não quiser perder os fatos que desfilam velozmente diante de seus olhos. O esforço, contudo, está tão profundamente inculcado que não precisa ser atualizado em cada caso para recalcar a imaginação. Quem está tão absorvido pelo universo do filme – pelos gestos, imagens e palavras –, que não precisa lhe acrescentar aquilo que fez dele um universo, não precisa necessariamente estar inteiramente dominado no momento da exibição pelos efeitos particulares dessa maquinaria. Os outros filmes e produtos culturais que deve obrigatoriamente conhecer tornaram-no tão familiarizado com os desempenhos exigidos da atenção, que estes têm lugar automaticamente. A violência da sociedade industrial instalou-se nos homens de uma vez por todas. Os produtos da indústria cultural podem ter a certeza de que até mesmo os distraídos vão consumi-los alertamente. Cada qual é um modelo da gigantesca maquinaria econômica que, desde o início, não dá folga a ninguém, tanto no trabalho quanto no descanso, que tanto se assemelha ao trabalho. É possível depreender de qualquer filme sonoro, de qualquer emissão de rádio, o impacto que não se poderia atribuir a nenhum deles isoladamente, mas só a todos em conjunto na sociedade. Inevitavelmente, cada manifestação da indústria cultural reproduz as pessoas tais como as modelou a indústria em seu todo. E todos os seus agentes, do *producer* às associações femininas, velam para que o processo da reprodução simples do espírito não leve à reprodução ampliada.

As queixas dos historiadores da arte e dos defensores da cultura acerca da extinção da força criadora do estilo no Ocidente são assustadoramente destituídas de fundamento. A tradução estereotipada de tudo, até mesmo do que ainda não foi pensado, no esquema da reprodutibilidade mecânica supera em rigor e valor todo verdadeiro estilo, cujo conceito serve aos amigos da cultura para transfigurar em algo de orgânico o passado pré-capitalista. Nenhum Palestrina podia ser mais purista na perseguição da dissonância inesperada e não resolvida do que o arranjador de jazz na perseguição de todo desenvolvimento que não se ajuste exatamente ao seu jargão. Se ele adapta Mozart ao jazz, ele não o modifica apenas nas passagens em que Mozart seria difícil ou sério demais, mas também nas passagens em que este se limitava a harmonizar de uma maneira diferente, ou até mesmo de uma maneira mais simples do que é costume hoje. Nenhum construtor medieval poderia ter passado em revista os temas dos vitrais e esculturas com maior desconfiança do que a hierarquia dos estúdios de cinema ao examinar um tema de Balzac ou Victor Hugo, antes de lhe dar o *imprimatur* do aceitável. Nenhum concílio poderia ter designado o lugar a ser ocupado pelas caretas diabólicas e pelos tormentos dos danados na *ordo* do amor supremo com maior cuidado do que a direção de produção ao calcular a tortura do herói ou a altura da saia da *leading lady* na ladainha do superespetáculo. O catálogo explícito e implícito, esotérico e exotérico, do proibido e do tolerado estende-se a tal ponto que ele não apenas circunscreve a margem de liberdade, mas também domina-a completamente. Os menores detalhes são modelados de acordo com ele. Exatamente como seu adversário, a arte de vanguarda, é com as proibições que a indústria cultural fixa positivamente sua própria linguagem com sua sintaxe e seu vocabulário. A compulsão permanente a produzir novos efeitos (que, no entanto, permanecem ligados ao velho esquema) serve apenas para aumentar, como uma regra suplementar, o poder da tradição ao qual pretende escapar cada efeito particular. Tudo o que vem a público está tão profundamente marcado que nada pode surgir sem exibir de antemão os traços do jargão e sem se credenciar à aprovação ao primeiro olhar. Os grandes astros, porém, os que produzem e reproduzem, são aqueles que falam o jargão com tanta facilidade, espontaneidade e alegria como se ele fosse a linguagem que ele, no entanto, há muito reduziu ao silêncio. Eis aí o ideal do natural neste ramo. Ele se impõe tanto mais imperiosamente quanto mais a técnica aperfeiçoada reduz a tensão entre a obra produzida e a vida quotidiana. O paradoxo da rotina travestida de natureza pode ser notado em todas as manifestações da indústria cultural, e em muitas ele é tangível. Um músico de jazz que tenha de tocar uma peça de música séria, por exemplo o mais simples minueto de Beethoven, é levado involuntariamente a sincopá-lo, e é com um sorriso soberano que ele, por fim, aceita seguir o compasso. É essa natureza, complicada pelas exigências sempre presentes e sempre exageradas do medium específico, que constitui o novo estilo, a saber, "um sistema da não cultura, à qual se pode conceder até mesmo uma certa 'unidade de estilo', se é que ainda tem sentido falar em uma barbárie estilizada".[1]

A obrigatoriedade universal dessa estilização pode superar a dos preceitos e proibições oficiais. Atualmente, é mais fácil perdoar a uma canção de sucesso que ela não se atenha aos 32 compassos ou à extensão do intervalo de nona, do que a introdução, por mais secreto que seja, de um detalhe melódico ou harmônico que não se conforme ao idioma. Todas as infrações cometidas por Orson Welles contra as usanças de seu ofício lhe são perdoadas, porque, enquanto incorreções calculadas, apenas confirmam ainda mais zelosamente a validade do sistema. A compulsão do idioma tecnicamente condicionado, que os astros e os diretores têm de produzir como algo de natural para que o povo possa transformá-lo em seu idioma, tem a ver com nuanças tão finas que elas quase alcançam a sutileza dos meios de uma obra de vanguarda, graças à qual esta, ao contrário daquelas, serve à verdade. A capacidade rara de satisfazer minuciosamente as exigências do idioma da naturalidade em todos os setores da indústria cultural torna-se o padrão de competência. O que e como o dizem deve ser controlável pela linguagem quotidiana, como no positivismo lógico. Os produtores são especialistas. O idioma exige a mais espantosa força produtiva, que ele absorve e desperdiça. Ele superou satanicamente a distinção própria do conservadorismo cultural entre o estilo autêntico e o estilo artificial. Artificial poder-se-ia dizer um estilo imposto de fora às potencialidades de uma figura. Na indústria cultural, porém, os menores elementos do tema têm origem na mesma aparelhagem que o jargão no qual é acolhido. As brigas em que os especialistas em arte se envolvem com o *sponsor** e o censor sobre uma mentira óbvia demais atestam menos uma tensão intrinsecamente estética do que uma divergência de interesses. O renome dos especialistas, onde às vezes ainda vem se refugiar um último resquício de autonomia temática, entra em conflito com a política comercial da igreja ou da corporação que produz a mercadoria cultural. Mas o tema já está, em virtude de sua própria essência, reificado como aceitável antes mesmo que as instâncias competentes comecem a disputar. Antes mesmo de ser adquirida por Zanuck, Santa Bernadette já aparecia aos olhos de seu poeta como um apelo publicitário para todos os consórcios interessados, e isso resultava das potencialidades da figura. Eis por que o estilo da indústria cultural, que não tem mais de se pôr à prova em nenhum material refratário, é ao mesmo tempo a negação do estilo. A reconciliação do universal e do particular, da regra e da pretensão específica do objeto, que é a única coisa que pode dar substância ao estilo, é vazia, porque não chega mais a haver uma tensão entre os polos: os extremos que se tocam passaram a uma turva identidade, o universal pode substituir o particular e vice-versa.

No entanto, essa caricatura do estilo descobre algo acerca do estilo autêntico do passado. O conceito do estilo autêntico torna-se transparente na indústria cultural como um equivalente estético da dominação. A ideia do estilo como uma conformidade a leis meramente estéticas é uma fantasia romântica retrospectiva. O que se exprime na unidade do estilo não apenas da Idade Média cristã, mas também do Renascimento, é a estrutura diversificada do poder social, não a experiência obscura dos dominados que encerrava o universal. Os grandes artistas jamais foram aqueles que encarnaram o estilo da maneira mais íntegra e mais perfeita, mas aqueles que acolheram o estilo em sua obra como uma atitude dura contra a expressão caótica do sofrimento, como verdade negativa. No estilo de suas obras, a expressão conquistava a força sem a qual a vida se dilui sem ser ouvida. As próprias obras que se chamam clássicas, como a música de Mozart, contêm tendências objetivas orientadas num sentido diverso do estilo que elas encarnavam. Até Schönberg e Picasso, os grandes artistas conservaram a desconfiança contra o estilo e, nas questões decisivas, se ativeram menos a esse do que à lógica do tema. Aquilo que os expressionistas e dadaístas chamaram polemicamente de inverdade do estilo enquanto tal triunfa atualmente no jargão cantado do *crooner*, na graça consumada da estrela do cinema e até mesmo na perfeição da fotografia da choça miserável de um camponês. Em toda obra de arte, o estilo

---

* Patrocinador. (N.T.)

é uma promessa. Ao ser acolhido nas formas dominantes da universalidade: a linguagem musical, pictórica, verbal, aquilo que é expresso pelo estilo deve se reconciliar com a Ideia da verdadeira universalidade. Essa promessa da obra de arte de instituir a verdade imprimindo a figura nas formas transmitidas pela sociedade é tão necessária quanto hipócrita. Ela coloca as formas reais do existente como algo de absoluto, pretextando antecipar a satisfação nos derivados estéticos delas. Nessa medida, a pretensão da arte é sempre ao mesmo tempo ideologia. No entanto, é tão somente neste confronto com a tradição, que se sedimenta no estilo, que a arte encontra expressão para o sofrimento. O elemento graças ao qual a obra de arte transcende a realidade, de fato, é inseparável do estilo. Contudo, ele não consiste na realização da harmonia – a unidade problemática da forma e do conteúdo, do interior e do exterior, do indivíduo e da sociedade –, mas nos traços em que aparece a discrepância, no necessário fracasso do esforço apaixonado em busca da identidade. Ao invés de se expor a esse fracasso, no qual o estilo da grande obra de arte sempre se negou, a obra medíocre sempre se ateve à semelhança com outras, isto é, ao sucedâneo da identidade. A indústria cultural acaba por colocar a imitação como algo de absoluto. Reduzida ao estilo, ela trai seu segredo, a obediência à hierarquia social. A barbárie estética consuma hoje a ameaça que sempre pairou sobre as criações do espírito desde que foram reunidas e neutralizadas a título de cultura. Falar em cultura foi sempre contrário à cultura. O denominador comum "cultura" já contém virtualmente o levantamento estatístico, a catalogação, a classificação que introduz a cultura no domínio da administração. Só a subsunção industrializada e consequente é inteiramente adequada a esse conceito de cultura. Ao subordinar da mesma maneira todos os setores da produção espiritual a este fim único – ocupar os sentidos dos homens da saída da fábrica, à noitinha, até a chegada ao relógio do ponto, na manhã seguinte, com o selo da tarefa de que devem se ocupar durante o dia – essa subsunção realiza ironicamente o conceito da cultura unitária que os filósofos da personalidade opunham à massificação.

Assim a indústria cultural, o mais inflexível de todos os estilos, revela-se justamente como a meta do liberalismo, ao qual se censura a falta de estilo. Não somente suas categorias e conteúdos são provenientes da esfera liberal, tanto do naturalismo domesticado quanto da opereta e da revista: as modernas companhias culturais são o lugar econômico onde ainda sobrevive, juntamente com os correspondentes tipos de empresários, uma parte da esfera de circulação já em processo de desagregação. Aí ainda é possível fazer fortuna, desde que não se seja demasiado inflexível e se mostre que é uma pessoa com quem se pode conversar. Quem resiste só pode sobreviver integrando-se. Uma vez registrado em sua diferença pela indústria cultural, ele passa a pertencer a ela assim como o participante da reforma agrária ao capitalismo. A rebeldia realista torna-se a marca registrada de quem tem uma nova ideia a trazer à atividade industrial. A esfera pública da sociedade atual não admite qualquer acusação perceptível em cujo tom os bons entendedores não vislumbrem a proeminência sob cujo signo o revoltado com eles se reconcilia. Quanto mais incomensurável é o abismo entre o coro e os protagonistas, mais certamente haverá lugar entre estes para todo aquele que mostrar sua superioridade por uma notoriedade bem planejada. Assim, também sobrevive na indústria cultural a tendência do liberalismo a deixar caminho livre a seus homens capazes. Abrir caminho para esses competentes ainda é a função do mercado, que sob outros aspectos já é extensamente regulado e cuja liberdade consistia mesmo na época de seu maior brilho – para os artistas bem como para outros idiotas – em morrer de fome. Não é à toa que o sistema da indústria cultural provém dos países industriais liberais, e é neles que triunfam todos os seus meios característicos, sobretudo o cinema, o rádio, o jazz e as revistas. É verdade que seu projeto teve origem nas leis universais do capital. Gaumont e Pathé, Ullstein e Hugenberg conheceram o sucesso seguindo a tendência internacional; a dependência econômica em face dos Estados Unidos, em que se encontrou o continente europeu depois da guerra e da inflação, teve uma parte nesse processo. A crença de que a barbárie da indústria cultural é uma consequência do *cultural lag*[*], do atraso da consciência norte-americana relativamente ao desenvolvimento da técnica, é profundamente ilusória. Atrasada relativamente à tendência ao monopólio cultural estava a Europa pré-fascista. Mas era exatamente esse atraso que deixava ao espírito um resto de autonomia e assegurava a seus últimos representantes a possibilidade de existir ainda que oprimidos. Na Alemanha, a incapacidade de submeter a vida a um controle democrático teve um efeito paradoxal. Muita coisa escapou ao mecanismo de mercado que se desencadeou nos países ocidentais. O sistema educativo alemão juntamente com as universidades, os teatros mais importantes na vida artística, as grandes orquestras, os museus estavam sob proteção. Os poderes políticos, o Estado e as municipalidades, aos quais essas instituições foram legadas como herança do absolutismo, haviam preservado para elas uma parte daquela independência das relações de dominação vigentes no mercado, que os príncipes e senhores feudais haviam assegurado até o século dezenove. Isso resguardou a arte em sua fase tardia contra o veredicto da oferta e da procura e aumentou sua resistência muito acima da proteção de que desfrutava de fato. No próprio mercado, o tributo a uma qualidade sem utilidade e ainda sem curso converteu-se em poder de compra: é por essa razão que editores literários e musicais decentes

---

[*] Atraso cultural. (N.T.)

puderam cultivar por exemplo autores que rendiam pouco mais do que o respeito do conhecedor. Só a obrigação de se inserir incessantemente, sob a mais drástica das ameaças, na vida dos negócios como um especialista estético impôs um freio definitivo ao artista. Outrora, eles firmavam suas cartas como Kant e Hume – com um "humilde servidor", ao mesmo tempo que solapavam os fundamentos do trono e do altar. Hoje chamam os chefes de governo pelo primeiro nome e estão submetidos em cada um de seus impulsos artísticos ao juízo de seus patrões iletrados. A análise feita há cem anos por Tocqueville verificou-se integralmente nesse meio tempo. Sob o monopólio privado da cultura "a tirania deixa o corpo livre e vai direto à alma. O mestre não diz mais: você pensará como eu ou morrerá. Ele diz: você é livre de não pensar como eu: sua vida, seus bens, tudo você há de conservar, mas de hoje em diante você será um estrangeiro entre nós"[2]. Quem não se conforma é punido com uma impotência econômica que se prolonga na impotência espiritual do individualista. Excluído da atividade industrial, ele terá sua insuficiência facilmente comprovada. Atualmente em fase de desagregação na esfera da produção material, o mecanismo da oferta e da procura continua atuante na superestrutura como mecanismo de controle em favor dos dominantes. Os consumidores são os trabalhadores e os empregados, os lavradores e os pequenos burgueses. A produção capitalista os mantém tão bem presos em corpo e alma que eles sucumbem sem resistência ao que lhes é oferecido. Assim como os dominados sempre levaram mais a sério que os dominadores a moral que deles recebiam, hoje as massas logradas sucumbem mais facilmente ao mito do sucesso do que os bem-sucedidos. Elas têm os desejos deles. Obstinadamente, insistem na ideologia que as escraviza. O amor funesto do povo pelo mal que a ele se faz chega a se antecipar à astúcia das instâncias de controle. Ele chega a superar o rigorismo do Hays-Office[*], quando este, nos grandes momentos históricos, incitou contra o povo instâncias mais altas como o terror dos tribunais. Ele exige Mickey Rooney contra a trágica Garbo e o Pato Donald contra Betty Boop. A indústria ajusta-se ao voto que ela própria conjurou. O que representa *faux frais*[**] para a firma que não pode explorar a fundo o contrato com a estrela em decadência são custos legítimos para o sistema inteiro. Ao ratificar com refinada astúcia a demanda de porcarias, ele inaugura a harmonia total. A competência e a perícia são proscritas como arrogância de quem se acha melhor que os outros, quando a cultura distribui tão democraticamente seu privilégio a todos. Em face da trégua ideológica, o conformismo dos compradores, assim como o descaramento da produção que eles mantêm em marcha, adquire boa consciência. Ele se contenta com a reprodução do que é sempre o mesmo.

---

[*] Código de censura instituído em 1934 pela indústria cinematográfica de Hollywood. (N.T.)
[**] Despesas acidentais, que se acrescentam às despesas principais. (N.T.)

Essa mesmice regula também as relações com o que passou. O que é novo na fase da cultura de massas em comparação com a fase do liberalismo avançado é a exclusão do novo. A máquina gira sem sair do lugar. Ao mesmo tempo que já determina o consumo, ela descarta o que ainda não foi experimentado porque é um risco. É com desconfiança que os cineastas consideram todo manuscrito que não se baseie, para tranquilidade sua, em um *best-seller*. Por isso é que se fala continuamente em *idea*, *novelty* e *surprise*, em algo que seria ao mesmo tempo familiar a todos sem ter jamais ocorrido. A seu serviço estão o ritmo e a dinâmica. Nada deve ficar como era, tudo deve estar em constante movimento. Pois só a vitória universal do ritmo da produção e reprodução mecânica é a garantia de que nada mudará, de que nada surgirá que não se adapte. O menor acréscimo ao inventário cultural comprovado é um risco excessivo. Formas fixas como o *sketch*, a história curta, o filme de tese, o êxito de bilheteria são a média, orientada normativamente e imposta ameaçadoramente, do gosto característico do liberalismo avançado. Os diretores das agências culturais – que estão numa harmonia como só os *managers* sabem criar, não importa se provêm da indústria de confecções ou de um *college* – há muito sanaram e racionalizaram o espírito objetivo. Tudo se passa como se uma instância onipresente houvesse examinado o material e estabelecido o catálogo oficial dos bens culturais, registrando de maneira clara e concisa as séries disponíveis. As ideias estão inscritas no céu cultural, onde já haviam sido enumeradas por Platão e onde, números elas próprias, estavam encerradas sem possibilidade de aumento ou transformação.

O entretenimento e os elementos da indústria cultural já existiam muito tempo antes dela. Agora, são tirados do alto e nivelados à altura dos tempos atuais. A indústria cultural pode se ufanar de ter levado a cabo com energia e de ter erigido em princípio a transferência muitas vezes desajeitada da arte para a esfera do consumo, de ter despido a diversão de suas ingenuidades inoportunas e de ter aperfeiçoado o feitio das mercadorias. Quanto mais total ela se tornou, quanto mais impiedosamente forçou os *outsiders** seja a declarar falência seja a entrar para o sindicato, mais fina e mais elevada ela se tornou, para enfim desembocar na síntese de Beethoven e do Casino de Paris. Sua vitória é dupla: a verdade, que ela extingue lá fora, dentro ela pode reproduzir a seu bel-prazer como mentira. A arte "leve" como tal, a diversão, não é uma forma decadente. Quem a lastima como traição do ideal da expressão pura está alimentando ilusões sobre a sociedade. A pureza da arte burguesa, que se hipostasiou como reino da liberdade em oposição à práxis material, foi obtida desde o início ao preço da exclusão das classes inferiores, mas é à causa destas classes – a verdadeira universalidade – que a arte se mantém fiel exatamente pela liberdade dos fins da falsa universalidade.

---

* Estranhos, forasteiros, marginais. (N.T.)

A arte séria recusou-se àqueles para quem as necessidades e a pressão da vida fizeram da seriedade um escárnio e que têm todos os motivos para ficarem contentes quando podem usar como simples passatempo o tempo que não passam junto às máquinas. A arte leve acompanhou a arte autônoma como uma sombra. Ela é a má consciência social da arte séria. O que esta – em virtude de seus pressupostos sociais – perdeu em termos de verdade confere àquela a aparência de um direito objetivo. Essa divisão é ela própria a verdade: ela exprime pelo menos a negatividade da cultura formada pela adição das duas esferas. A pior maneira de reconciliar essa antítese é absorver a arte leve na arte séria ou vice-versa. Mas é isto que tenta a indústria cultural. A excentricidade do circo, do museu de cera e do bordel relativamente à sociedade é tão penosa para ela como a de Schönberg e Karl Kraus. É por isso que o jazzista Benny Goodman deve se apresentar juntamente com o Quarteto de Budapeste, mais meticuloso quanto ao ritmo do que qualquer clarinetista filarmônico, enquanto os músicos de Budapeste tocam, em compensação, de maneira tão uniforme e adocicada como Guy Lombardo. O que é significativo não é a incultura, a burrice e a impolidez nua e crua. O refugo de outrora foi eliminado pela indústria cultural graças à sua própria perfeição, graças à proibição e à domesticação do diletantismo, muito embora ela não cesse de cometer erros crassos, sem os quais o nível do estilo elevado seria absolutamente inconcebível. Mas o que é novo é que os elementos irreconciliáveis da cultura, da arte e da distração se reduzem mediante sua subordinação ao fim a uma única fórmula falsa: a totalidade da indústria cultural. Ela consiste na repetição. O fato de que suas inovações características não passem de aperfeiçoamentos da produção em massa não é exterior ao sistema. É com razão que o interesse de inúmeros consumidores se prende à técnica, não aos conteúdos teimosamente repetidos, ocos e já em parte abandonados. O poderio social que os espectadores adoram é mais eficazmente afirmado na onipresença do estereótipo imposta pela técnica do que nas ideologias rançosas pelas quais os conteúdos efêmeros devem responder.

Todavia, a indústria cultural permanece a indústria da diversão. Seu controle sobre os consumidores é mediado pela diversão, e não é por um mero decreto que esta acaba por se destruir, mas pela hostilidade inerente ao princípio da diversão por tudo aquilo que seja mais do que ela própria. Como a absorção de todas as tendências da indústria cultural na carne e no sangue do público se realiza através do processo social inteiro, a sobrevivência do mercado neste ramo atua favoravelmente sobre essas tendências. A demanda ainda não foi substituída pela simples obediência. Pois a grande reorganização do cinema pouco antes da Primeira Guerra Mundial – condição material de sua expansão – consistiu exatamente na adaptação consciente às necessidades do público registradas com base nas bilheterias, necessidades essas que as pessoas mal acreditavam ter de levar em conta na época pioneira do cinema. Ainda hoje pensam assim os capitães da indústria cinematográfica – que no entanto se baseiam no exemplo dos sucessos mais ou menos fenomenais, e não, com muita sabedoria, no contraexemplo da verdade. Sua ideologia é o negócio. A verdade em tudo isso é que o poder da indústria cultural provém de sua identificação com a necessidade produzida, não da simples oposição a ela, mesmo que se tratasse de uma oposição entre a onipotência e impotência. A diversão é o prolongamento do trabalho sob o capitalismo tardio. Ela é procurada por quem quer escapar ao processo de trabalho mecanizado, para se pôr de novo em condições de enfrentá-lo. Mas, ao mesmo tempo, a mecanização atingiu um tal poderio sobre a pessoa em seu lazer e sobre a sua felicidade, ela determina tão profundamente a fabricação das mercadorias destinadas à diversão, que esta pessoa não pode mais perceber outra coisa senão as cópias que reproduzem o próprio processo de trabalho. O pretenso conteúdo não passa de uma fachada desbotada; o que fica gravado é a sequência automatizada de operações padronizadas. Ao processo de trabalho na fábrica e no escritório só se pode escapar adaptando-se a ele durante o ócio. Eis aí a doença incurável de toda diversão. O prazer acaba por se congelar no aborrecimento, porquanto, para continuar a ser um prazer, não deve mais exigir esforço e, por isso, tem de se mover rigorosamente nos trilhos gastos das associações habituais. O espectador não deve ter necessidade de nenhum pensamento próprio, o produto prescreve toda reação: não por sua estrutura temática – que desmorona na medida em que exige o pensamento –, mas através de sinais. Toda ligação lógica que pressuponha um esforço intelectual é escrupulosamente evitada. Os desenvolvimentos devem resultar tanto quanto possível da situação imediatamente anterior, e não da Ideia do todo. Não há enredo que resista ao zelo com que os roteiristas se empenham em tirar de cada cena tudo o que se pode depreender dela. Por fim, o próprio esquema parece perigoso na medida em que estabelece uma conexão inteligível, por mais pobre que seja, onde só é aceitável a falta de sentido. Muitas vezes se recusa maldosamente à ação o desenvolvimento que os personagens e o tema exigiam segundo o esquema antigo. Ao invés disso, a nova etapa escolhida é a ideia aparentemente mais eficaz que ocorre aos roteiristas para a situação dada. Uma surpresa estupidamente arquitetada irrompe na ação fílmica. A tendência do produto a recorrer malignamente ao puro absurdo – um ingrediente legítimo da arte popular, da farsa e da bufonaria desde os seus primórdios até Chaplin e os irmãos Marx – aparece da maneira mais evidente nos gêneros menos pretensiosos. Enquanto nos filmes de Greer Garson e Bette Davis a unidade do caso social-psicológico ainda justifica a pretensão de uma ação coerente, essa tendência impôs-se totalmente no texto da *novelty song*, no filme policial e nos *cartoons**. Exatamente como os objetos dos filmes cômicos e de ter-

---

* Desenhos animados. (N.T.)

ror, o pensamento é ele próprio massacrado e despedaçado. As *novelty songs* sempre viveram do desprezo pelo sentido inteligível, que elas – como predecessoras e sucessoras da psicanálise – reduzem à monotonia da simbólica sexual. Os filmes policiais e de aventuras não mais permitem ao espectador de hoje assistir à marcha do esclarecimento. Mesmo nas produções do gênero destituídas de ironia, ele tem de se contentar com os sustos proporcionados por situações precariamente interligadas.

Os filmes de animação eram outrora expoentes da fantasia contra o racionalismo. Eles faziam justiça aos animais e coisas eletrizados por sua técnica, dando aos mutilados uma segunda vida. Hoje, apenas confirmam a vitória da razão tecnológica sobre a verdade. Até poucos anos atrás, tinham enredos consistentes que só se esfacelavam no torvelinho da perseguição dos últimos minutos do filme. Seu procedimento assemelhava-se nisso ao velho costume da *slapstick comedy**. Mas agora as relações temporais deslocaram-se. As primeiras sequências do filme de animação ainda esboçam uma ação temática, destinada, porém, a ser demolida no curso do filme: sob a gritaria do público, o protagonista é jogado para cá e para lá como um farrapo. Assim a quantidade da diversão organizada converte-se na qualidade da crueldade organizada. Os autodesignados censores da indústria cinematográfica, ligados a ela por uma afinidade eletiva, vigiam a duração do crime a que se dá a dimensão de uma caçada. A hilariedade põe fim ao prazer que a cena de um abraço poderia pretensamente proporcionar e adia a satisfação para o dia do *pogrom*. Na medida em que os filmes de animação fazem mais do que habituar os sentidos ao novo ritmo, eles inculcam em todas as cabeças a antiga verdade de que a condição de vida nesta sociedade é o desgaste contínuo, o esmagamento de toda resistência individual. Assim como o Pato Donald nos *cartoons*, assim também os desgraçados na vida real recebem a sua sova para que os espectadores possam se acostumar com a que eles próprios recebem.

O prazer com a violência infligida ao personagem transforma-se em violência contra o espectador, a diversão em esforço. Ao olho cansado do espectador nada deve escapar daquilo que os especialistas excogitaram como estímulo; ninguém tem o direito de se mostrar estúpido diante da esperteza do espetáculo; é preciso acompanhar tudo e reagir com aquela presteza que o espetáculo exibe e propaga. Deste modo, pode-se questionar se a indústria cultural ainda preenche a função de distrair, de que ela se gaba tão estentoreamente. Se a maior parte das rádios e dos cinemas fossem fechados, provavelmente os consumidores não sentiriam tanta falta assim. O passo que leva da rua ao cinema não leva mais, em todo caso, ao sonho, e, desde que a mera existência das instituições deixou de

---

* Comédia-pastelão. (N.T.)

obrigar à sua utilização, também deixou de haver uma ânsia tão grande assim de utilizá-las. Esse fechamento de rádios e cinemas não seria nada comparável a uma destruição reacionária de máquinas. Os frustrados não seriam tanto os fãs quanto aqueles que sempre "pagam o pato", os atrasados. A obscuridade do cinema oferece à dona de casa, apesar dos filmes destinados a integrá-la, um refúgio onde ela pode passar algumas horas sem controle, assim como outrora, quando ainda havia lares e folgas vespertinas, ela podia se pôr à janela para ficar olhando a rua. Os desocupados dos grandes centros encontram o frio no verão e o calor no inverno nos locais climatizados. Fora isso, mesmo pelo critério da ordem existente essa aparelhagem inflada do prazer não torna a vida mais humana para os homens. A ideia de "esgotar" as possibilidades técnicas dadas, a ideia da plena utilização de capacidades em vista do consumo estético massificado, é própria do sistema econômico que recusa a utilização de capacidades quando se trata da eliminação da fome.

A indústria cultural não cessa de lograr seus consumidores quanto àquilo que está continuamente a lhes prometer. A promissória sobre o prazer, emitida pelo enredo e pela encenação, é prorrogada indefinidamente: maldosamente, a promessa a que afinal se reduz o espetáculo significa que jamais chegaremos à coisa mesma, que o convidado deve se contentar com a leitura do cardápio. Ao desejo, excitado por nomes e imagens cheios de brilho, o que enfim se serve é o simples encômio do quotidiano cinzento ao qual ele queria escapar. De seu lado, as obras de arte tampouco consistiam em exibições sexuais. Todavia, apresentando a renúncia como algo de negativo, elas revogavam por assim dizer a humilhação da pulsão e salvavam aquilo a que se renunciara como algo mediatizado. Eis aí o segredo da sublimação estética: apresentar a satisfação como uma promessa rompida. A indústria cultural não sublima, mas reprime. Expondo repetidamente o objeto do desejo, o busto no suéter e o torso nu do herói esportivo, ela apenas excita o prazer preliminar não sublimado que o hábito da renúncia há muito mutilou e reduziu ao masoquismo. Não há nenhuma situação erótica que não junte à alusão e à excitação a indicação precisa de que jamais se deve chegar a esse ponto. O Hays Office apenas confirma o ritual que a indústria cultural de qualquer modo já instaurou: o de Tântalo. As obras de arte são ascéticas e sem pudor, a indústria cultural é pornográfica e puritana. Assim, ela reduz o amor ao romance, e, uma vez reduzido, muita coisa é permitida, até mesmo a libertinagem como uma especialidade vendável em pequenas doses e com a marca comercial "*daring*"[*]. A produção em série do objeto sexual produz automaticamente seu recalcamento. O astro do cinema de quem as mulheres devem se enamorar é

---

[*] Ousado, audacioso. (N.T.)

de antemão, em sua ubiquidade, sua própria cópia. Toda voz de tenor acaba por soar como um disco de Caruso, e os rostos das moças texanas já se assemelham em sua espontaneidade natural aos modelos que fizeram sucesso, seguindo os padrões de Hollywood. A reprodução mecânica do belo – à qual serve *a fortiori*, com sua idolatria metódica da individualidade, a exaltação reacionária da cultura – não deixa mais nenhuma margem para a idolatria inconsciente a que se ligava o belo. O triunfo sobre o belo é levado a cabo pelo humor, a alegria maldosa que se experimenta com toda renúncia bem-sucedida. Rimos do fato de que não há nada de que se rir. O riso, tanto o riso da reconciliação quanto o riso de terror, acompanha sempre o instante em que o medo passa. Ele indica a liberação, seja do perigo físico, seja das garras da lógica. O riso da reconciliação é como que o eco do fato de ter escapado à potência, o riso mau vence o medo passando para o lado das instâncias que inspiram temor. Ele é o eco da potência como algo de inescapável. *Fun** é um banho medicinal, que a indústria do prazer prescreve incessantemente. O riso torna-se nela o meio fraudulento de ludibriar a felicidade. Os instantes da felicidade não o conhecem, só as operetas e depois os filmes representam o sexo com uma gargalhada sonora. Mas Baudelaire é tão sem humor como Hölderlin. Na falsa sociedade, o riso atacou – como uma doença – a felicidade, arrastando-a para a indigna totalidade dessa sociedade. Rir-se de alguma coisa é sempre ridicularizar, e a vida que, segundo Bergson, rompe com o riso a consolidação dos costumes, é na verdade a vida que irrompe barbaramente, a autoafirmação que ousa festejar numa ocasião social sua liberação do escrúpulo. Um grupo de pessoas a rir é uma paródia da humanidade. São mônadas, cada uma das quais se entrega ao prazer de estar decidida a tudo à custa dos demais e com o respaldo da maioria. Sua harmonia é a caricatura da solidariedade. O diabólico no riso falso está justamente em que ele é forçosamente uma paródia até mesmo daquilo que há de melhor: a reconciliação. O prazer, contudo, é rigoroso: *res severa verum gaudium***. A ideologia dos conventos, segundo a qual não é a ascese, mas o ato sexual, que demonstra a renúncia a uma felicidade alcançável, é confirmada negativamente pela seriedade do amante que, cheio de pressentimentos, atrela sua vida ao instante fugidio. A indústria cultural coloca a renúncia jovial no lugar da dor, que está presente na embriaguês como na ascese. A lei suprema é que eles não devem a nenhum preço atingir seu alvo, e é exatamente com isso que eles devem, rindo, se satisfazer. Cada espetáculo da indústria cultural vem mais uma vez aplicar e demonstrar de maneira inequívoca a renúncia permanente que a civilização impõe às pessoas. Oferecer-lhes algo e ao mesmo tempo privá-las disso é a mesma coisa. É isso o que proporciona a indústria do

---

* Gracejo, brincadeira. (N.T.)
** A severidade é a verdadeira alegria. (N.T.)

erotismo. É justamente porque nunca deve ter lugar, que tudo gira em torno do coito. Assim, por exemplo, confessar num filme a ilegitimidade de uma relação sem impor aos culpados a correspondente punição é objeto de um tabu mais rigoroso que, digamos, a militância no movimento operário por parte do futuro genro de um milionário. Contrariamente ao que se passa na era liberal, a cultura industrializada pode se permitir, tanto quanto a cultura nacional-popular [*völkisch*] no fascismo, a indignação com o capitalismo; o que ela não pode se permitir é a abdicação da ameaça de castração. Pois esta constitui a sua própria essência. Essa ameaça sobrevive ao relaxamento organizado dos costumes, quando se trata de homens uniformizados nos filmes alegres produzidos para eles, e sobreviverá, por fim, na realidade. O que é decisivo, hoje, não é o puritanismo, muito embora ele ainda se faça valer sob a forma das organizações femininas, mas a necessidade imanente ao sistema de não soltar o consumidor, de não lhe dar em nenhum momento o pressentimento da possibilidade da resistência. O princípio impõe que todas as necessidades lhe sejam apresentadas como podendo ser satisfeitas pela indústria cultural, mas, por outro lado, que essas necessidades sejam de antemão organizadas de tal sorte que ele se veja nelas unicamente como um eterno consumidor, como objeto da indústria cultural. Não somente ela lhe faz crer que o logro que ela oferece seria a satisfação, mas dá a entender além disso que ele teria, seja como for, de se arranjar com o que lhe é oferecido. A fuga do quotidiano, que a indústria cultural promete em todos os seus ramos, se passa do mesmo modo que o rapto da moça numa folha humorística norte-americana: é o próprio pai que está segurando a escada no escuro. A indústria cultural volta a oferecer como paraíso o mesmo quotidiano. Tanto o *escape* quanto o *elopement** estão de antemão destinados a reconduzir ao ponto de partida. A diversão favorece a resignação, que nela quer se esquecer.

    Livre de toda restrição, o entretenimento não seria a mera antítese da arte, mas o extremo que a toca. O absurdo tipo Mark Twain, que a indústria cultural norte-americana às vezes se põe a namorar, poderia significar um corretivo da arte. Quanto mais a sério ela leva a contradição com a vida, tanto mais ela se parece com a seriedade da vida, seu oposto; quanto mais trabalho emprega para se desenvolver em toda sua pureza a partir da lei de sua própria forma, mais ela volta a exigir trabalho do entendimento, quando ela queria justamente negar o peso deste trabalho. Em muitos musicais, mas sobretudo nas farsas e nos *funnies***, reluz em certos instantes a possibilidade dessa negação. Mas, naturalmente, não é lícito chegar ao ponto de realizá-la. O puro entretenimento em sua lógica, o abandono descontraído à multiplicidade das associações e ao absurdo feliz, é

---

* Fuga e rapto, respectivamente. (N.T.)
** Quadrinhos ou filmes cômicos. (N.T.)

cerceado pelo entretenimento corrente: ele é estorvado pela contrafacção de um sentido coerente que a indústria cultural teima em acrescentar a seus produtos e de que ela, ao mesmo tempo, abusa espertamente como um mero pretexto para a aparição dos astros. Biografias e outras fábulas remendam os retalhos do absurdo de modo a constituir um enredo cretino. Não são os guizos da carapuça do bufão que se põem a tilintar, mas o molho de chaves da razão capitalista, que mesmo na tela liga o prazer aos projetos de expansão. Cada beijo no filme musical deve contribuir para a carreira do boxeador ou qualquer outro perito em sucessos cuja carreira esteja sendo glorificada. O logro, pois, não está em que a indústria cultural proponha diversões, mas no fato de que ela estraga o prazer com o envolvimento de seu tino comercial nos clichês ideológicos da cultura em vias de se liquidar a si mesma. A ética e o gosto podam a diversão irrefreada como "ingênua" – a ingenuidade é considerada tão grave quanto o intelectualismo – e impõem restrições até mesmo à potencialidade técnica. A indústria cultural está corrompida, mas não como uma Babilônia do pecado, e sim como catedral do divertimento de alto nível. Em todos os seus níveis, de Hemingway a Emil Ludwig, de Mrs. Miniver ao Lone Ranger, de Toscanini a Guy Lombardo, a inverdade é inerente a um espírito que foi recebido pronto da arte e da ciência. A indústria cultural conserva o vestígio de algo melhor nos traços que a aproximam do circo, na habilidade obstinada e insensata dos cavaleiros, acrobatas e palhaços, na "defesa e justificação da arte corporal em face da arte espiritual[3]". Mas os últimos refúgios da arte circense que perdeu a alma, mas que representa o humano contra o mecanismo social, são inexoravelmente descobertos por uma razão planejadora, que obriga todas as coisas a provarem sua significação e eficácia. Ela faz com que o sem-sentido na base da escala desapareça tão radicalmente quanto, no topo, o sentido das obras de arte.

A fusão atual da cultura e do entretenimento não se realiza apenas como depravação da cultura, mas igualmente como espiritualização forçada da diversão. Ela já está presente no fato de que só temos acesso a ela em suas reproduções, como cinefotografia ou emissão radiofônica. Na era da expansão liberal, a diversão vivia da fé intacta no futuro: tudo ficaria como estava e, no entanto, se tornaria melhor. Hoje a fé é de novo espiritualizada; ela se torna tão sutil que perde de vista todo objetivo e se reduz agora ao fundo dourado projetado por trás da realidade. Ela se compõe dos valores com os quais, em perfeito paralelismo com a vida, novamente se investem, no espetáculo, o rapaz maravilhoso, o engenheiro, a jovem dinâmica, a falta de escrúpulos disfarçada de caráter, o interesse esportivo e, finalmente, os automóveis e cigarros, mesmo quando o entretenimento não é posto na conta de publicidade de seu produtor imediato, mas na conta do sistema como um todo. A diversão se alinha ela própria entre os ideais, ela toma o lugar dos bens superiores, que ela expulsa inteiramente das massas, repetindo-os de uma maneira ainda mais estereotipada que os reclames publicitários pagos por firmas privadas. A inferioridade, forma subjetivamente limitada da verdade, foi sempre mais submissa aos senhores externos do que ela desconfiava. A indústria cultural transforma-a numa mentira patente. A única impressão que ela ainda produz é a de uma lengalenga que as pessoas toleram nos *best-sellers* religiosos, nos filmes psicológicos e nos *women's serials**, como um ingrediente ao mesmo tempo penoso e agradável, para que possam dominar com maior segurança na vida real seus próprios impulsos humanos. Neste sentido, a diversão realiza a purificação das paixões que Aristóteles já atribuía à tragédia e agora Mortimer Adler ao filme. Assim como ocorreu com o estilo, a indústria cultural desvenda a verdade sobre a catarse.

Quanto mais firmes se tornam as posições da indústria cultural, mais sumariamente ela pode proceder com as necessidades dos consumidores, produzindo-as, dirigindo-as, disciplinando-as e, inclusive suspendendo a diversão: nenhuma barreira se eleva contra o progresso cultural. Mas essa tendência já é imanente ao próprio princípio da diversão enquanto princípio burguês esclarecido. Se a necessidade de diversão foi em larga medida produzida pela indústria, que às massas recomendava a obra por seu tema, a oleogravura pela iguaria representada e, inversamente, o pudim em pó pela imagem do pudim, foi sempre possível notar na diversão a tentativa de impingir mercadorias, a *sales talk***, o pregão do charlatão de feira. Mas a afinidade original entre os negócios e a diversão mostra-se em seu próprio sentido: a apologia da sociedade. Divertir-se significa estar de acordo. Isso só é possível se isso se isola do processo social em seu todo, se idiotiza e abandona desde o início a pretensão inescapável de toda obra, mesmo da mais insignificante, de refletir em sua limitação o todo. Divertir significa sempre: não ter que pensar nisso, esquecer o sofrimento até mesmo onde ele é mostrado. A impotência é a sua própria base. É na verdade uma fuga, mas não, como afirma, uma fuga da realidade ruim, mas da última ideia de resistência que essa realidade ainda deixa subsistir. A liberação prometida pela diversão é a liberação do pensamento como negação. O descaramento da pergunta retórica: "Mas o que é que as pessoas querem?" consiste em dirigir-se às pessoas como sujeitos pensantes, quando sua missão específica é desacostumá-las da subjetividade. Mesmo quando o público se rebela contra a indústria cultural, essa rebelião é o resultado lógico do desamparo para o qual ela própria o educou. Todavia, tornou-se cada vez mais difícil persuadir as pessoas a colaborar. O progresso da es-

---

* Romance folhetim, publicado em revistas femininas. (N.T.)
** Conversa de vendedor, lábia. (N.T.)

tultificação não pode ficar atrás do simultâneo progresso da inteligência. Na era da estatística, as massas estão muito escaldadas para se identificar com o milionário na tela, mas muito embrutecidas para se desviar um milímetro sequer da lei do grande número. A ideologia se esconde no cálculo de probabilidade. A felicidade não deve chegar para todos, mas para quem tira a sorte, ou melhor, para quem é designado por uma potência superior – na maioria das vezes a própria indústria do prazer, que é incessantemente apresentada como estando em busca dessa pessoa. As personagens descobertas pelos caçadores de talentos e depois lançadas em grande escala pelos estúdios são tipos ideais da nova classe média dependente. A *starlet* deve simbolizar a empregada de escritório, mas de tal sorte que, diferentemente da verdadeira, o grande vestido de noite já parece talhado para ela. Assim, ela fixa para a espectadora, não apenas a possibilidade de também vir a se mostrar na tela, mas ainda mais enfaticamente a distância entre elas. Só uma pode tirar a sorte grande, só um pode se tornar célebre, e mesmo se todos têm a mesma probabilidade, esta é para cada um tão mínima que é melhor riscá-la de vez e regozijar-se com a felicidade do outro, que poderia ser ele próprio e que, no entanto, jamais é. Mesmo quando a indústria cultural ainda convida a uma identificação ingênua, esta se vê imediatamente desmentida. Ninguém pode mais se perder de si mesmo. Outrora, o espectador via no filme, no casamento representado no filme, o seu próprio casamento. Agora os felizardos exibidos na tela são exemplares pertencendo ao mesmo gênero a que pertence cada pessoa do público, mas esta igualdade implica a separação insuperável dos elementos humanos. A semelhança perfeita é a diferença absoluta. A identidade do gênero proíbe a dos casos. A indústria cultural realizou maldosamente o homem como ser genérico. Cada um é tão somente aquilo mediante o que pode substituir todos os outros: ele é fungível, um mero exemplar. Ele próprio, enquanto indivíduo, é o absolutamente substituível, o puro nada, e é isso mesmo que ele vem a perceber quando perde com o tempo a semelhança. É assim que se modifica a estrutura interna da religião do sucesso, à qual, aliás, as pessoas permanecem tão rigidamente agarradas. O caminho *per aspera ad astra**, que pressupõe a penúria e o esforço, é substituído cada vez mais pela premiação. A parte do acaso cego que intervém na escolha rotineira da canção que se presta ao sucesso, da figurante apta ao papel da heroína, é decantada pela ideologia. Os filmes dão ênfase ao acaso. Obrigando seus personagens, com exceção do vilão, a uma igualdade essencial, ao ponto de excluir as fisionomias rebeldes (como, por exemplo, no caso de Greta Garbo, as que não parecem que se possa saudar com um familiar "*Hello sister*"**), facilita-se a princípio, é verdade, a vida do especta-

---

* Pelos caminhos ásperos aos astros. (N.T.)
** Olá, garota. (N.T.)

dor. Assegura-se a eles que absolutamente não precisam ser diferentes do que são e que poderiam ter o mesmo sucesso sem exigir deles aquilo que se sabem incapazes. Mas, ao mesmo tempo, dá-se a entender a eles que o esforço também não serviria para nada, porque a felicidade burguesa não tem mais qualquer ligação com o efeito calculável de seu próprio trabalho. No fundo, todos reconhecem o acaso, através do qual um indivíduo fez a sua sorte, como o outro lado do planejamento. É justamente porque as forças da sociedade já se desenvolveram no caminho da racionalidade, a tal ponto que qualquer um poderia tornar-se um engenheiro ou um *manager*, que se tornou inteiramente irracional a escolha da pessoa em que a sociedade deve investir uma formação prévia ou a confiança para o exercício dessas funções. O acaso e o planejamento tornam-se idênticos porque, em face da igualdade dos homens, a felicidade e a infelicidade do indivíduo – da base ao topo da sociedade – perdem toda significação econômica. O próprio acaso é planejado; não no sentido de atingir tal ou qual indivíduo determinado, mas no sentido, justamente, de fazer crer que ele impere. Ele serve como álibi dos planejadores e dá a aparência de que o tecido de transações e medidas em que se transformou a vida deixaria espaço para relações espontâneas e diretas entre os homens. Essa liberdade é simbolizada nos diferentes meios da indústria cultural pela seleção arbitrária de casos representando a média. As reportagens detalhadas sobre as viagens tão brilhantes e tão modestas do feliz ganhador do concurso organizado pela revista – de preferência uma datilógrafa que provavelmente ganhou o concurso graças a suas relações com as sumidades locais – refletem a impotência de todos. Eles não passam de um simples material, a tal ponto que os que dispõem deles podem elevar um deles aos céus para depois jogá-lo fora: que ele fique mofando com seus direitos e seu trabalho. A indústria só se interessa pelos homens como clientes e empregados e, de fato, reduziu a humanidade inteira, bem como cada um de seus elementos, a essa fórmula exaustiva. Conforme o aspecto determinante em cada caso, a ideologia dá ênfase ao planejamento ou ao acaso, à técnica ou à vida, à civilização ou à natureza. Enquanto empregados, eles são lembrados da organização racional e exortados a se inserir nela com bom senso. Enquanto clientes, verão o cinema e a imprensa demonstrar-lhes, com base em acontecimentos da vida privada das pessoas, a liberdade de escolha, que é o encanto do incompreendido. Objetos é que continuarão a ser em ambos os casos.

Quanto menos promessas a indústria cultural tem a fazer, quanto menos ela consegue dar uma explicação da vida como algo dotado de sentido, mais vazia torna-se necessariamente a ideologia que ela difunde. Mesmo os ideais abstratos da harmonia e da bondade da sociedade são demasiado concretos na era da propaganda universal. Pois as abstrações são justamente o que aprendemos a identificar como propaganda. A linguagem que apela apenas à verdade desperta tão somente a impaciência de chegar logo ao objetivo comercial que ela na realidade persegue. A palavra que não é simples meio para algum fim parece destituída de sentido, e as outras parecem simples ficção, inverdade. Os juízos de valor são percebidos ou como publicidade ou como conversa fiada. A ideologia assim reduzida a um discurso vago e descompromissado nem por isso se torna mais transparente e, tampouco, mais fraca. Justamente sua vaguez, a aversão quase científica a fixar-se em qualquer coisa que não se deixe verificar, funciona como instrumento da dominação. Ela se converte na proclamação enfática e sistemática do existente. A indústria cultural tem a tendência de se transformar num conjunto de proposições protocolares e, por isso mesmo, no profeta irrefutável da ordem existente. Ela se esgueira com mestria entre os escolhos da informação ostensivamente falsa e da verdade manifesta, reproduzindo com fidelidade o fenômeno cuja opacidade bloqueia o discernimento e erige em ideal o fenômeno onipresente. A ideologia fica cindida entre a fotografia de uma vida estupidamente monótona e a mentira nua e crua sobre o seu sentido, que não chega a ser proferida, é verdade, mas, apenas sugerida, e inculcada nas pessoas. Para demonstrar a divindade do real, a indústria cultural limita-se a repeti-lo cinicamente. Uma prova fotográfica como essa, na verdade, não é rigorosa, mas é avassaladora. Quem ainda duvida do poderio da monotonia não passa de um tolo. A indústria cultural derruba a objeção que lhe é feita com a mesma facilidade com que derruba a objeção ao mundo que ela duplica com imparcialidade. Só há duas opções: participar ou omitir-se. Os provincianos que invocam a beleza eterna e recorrem ao teatro amador contra o cinema e o rádio já chegaram, politicamente, ao ponto para o qual a cultura de massas ainda está empurrando seus clientes. Ela está bastante acerada para, conforme a necessidade, escarnecer ou se valer ideologicamente dos velhos sonhos eles próprios, quer se trate do ideal paterno quer do sentimento absoluto. A nova ideologia tem por objeto o mundo enquanto tal. Ela recorre ao culto do fato, limitando-se a elevar – graças a uma representação tão precisa quanto possível – a existência ruim ao reino dos fatos. Essa transferência converte a própria existência num sucedâneo do sentido e do direito. Belo é tudo que a câmara reproduz. À decepção da esperança de ganhar a viagem em torno do mundo corresponde a exatidão das regiões que se atravessariam durante a viagem. O que se oferece não é a Itália, mas a prova visível de sua existência. O cinema pode se permitir mostrar Paris, onde a jovem norte-americana pensa realizar suas aspirações, como uma paisagem erma e desolada, a fim de empurrá-la ainda mais inexoravelmente para o jovem e vivo compatriota, que ela poderia ter conhecido em casa. Que tudo isso continue, que o sistema – mesmo em sua fase mais recente – reproduza a vida daqueles que o constituem, ao invés de eliminá-los logo, é mais uma razão para que se reconheça seu sentido e seu mérito. O simples fato de continuar a existir e continuar a operar converte-se em justificação da permanência cega do sistema e, até mesmo, de sua imutabilidade. O que é salutar é o que se repete, como os processos cíclicos da natureza e da indústria. Eternamente sorriem os mesmos bebês nas revistas, eternamente ecoa o estrondo da máquina de jazz. Apesar de todo o progresso da técnica de representação, das regras e das especialidades, apesar de toda a atividade trepidante, o pão com que a indústria cultural alimenta os homens continua a ser a pedra da estereotipia. Ela se nutre do ciclo, do assombro – sem dúvida justificado – de que as mães apesar de tudo continuem a parir filhos, de que as rodas ainda não tenham parado. É isso que fortalece a imutabilidade das situações. Os campos de trigo que ondulam ao vento ao final do filme de Chaplin sobre Hitler desmentem o discurso antifascista da liberdade. Eles se assemelham às melenas louras da moça alemã, que a Ufa fotografou em sua vida ao ar livre e ao vento do verão. É justamente porque o mecanismo de dominação social a vê como a antítese salutar da sociedade que a natureza se vê integrada à sociedade incurável e, assim, malbaratada. As imagens reiterando que as árvores são verdes, que o céu é azul e as nuvens derivam ao vento tornam-se já critpogramas para chaminés de fábricas e postos de gasolina. Inversamente, as rodas e as peças de máquinas têm que reluzir expressivamente, degradadas que foram a suportes dessa alma das árvores e das nuvens. Assim a natureza e a técnica são mobilizadas contra o mofo, contra a lembrança falsificada da sociedade liberal, na qual, segundo se diz, as pessoas se fechavam em quartos abafados revestidos de pelúcia, ao invés de praticar, como é o costume hoje em dia, um naturismo assexuado; ou na qual sofriam panes em modelos antediluvianos da Benz, ao invés de se mandar com a velocidade de um foguete do lugar em que se está, de uma ou de outra maneira, para outro lugar exatamente igual. O triunfo das corporações gigantescas sobre a livre-iniciativa empresarial é decantada pela indústria cultural como eternidade da livre-iniciativa empresarial. O inimigo que se combate é o inimigo que já está derrotado, o sujeito pensante. A ressurreição do antifilistino *Hans Sonnenstösser* na Alemanha e o prazer proporcionado por *Life with Father* têm o mesmo sentido.

Há uma coisa, porém, a propósito da qual a ideologia oca não admite brincadeiras: a previdência social. "Ninguém deve sentir fome e frio; quem sentir vai para o campo de concentração:" essa pilhéria da Alemanha hitlerista poderia estar a brilhar como uma máxima sobre todos os portais da indústria cultural. Ela pressupõe com astuta ingenuidade o estado que caracteriza a sociedade mais recente: o fato de que ela sabe muito bem reconhecer os seus. A liberdade formal de cada um está garantida. Ninguém tem que se responsabilizar oficialmente pelo que pensa. Em compensação, cada um se vê desde cedo num sistema de igrejas; clubes, associações profissionais e outros relacionamentos, que representam o mais sensível instrumento de controle social. Quem não quiser se arruinar deve tomar cuidado para que, pesado segundo a escala desse aparelho, não seja julgado leve demais. De outro modo, dará para trás na vida e acabará por ir a pique. O fato de que em toda carreira, mas sobretudo nas profissões liberais, os conhecimentos especializados estão, via de regra, ligados a uma mentalidade de conformismo às normas enseja facilmente a ilusão de que os conhecimentos especializados são os únicos que contam. Na verdade, faz parte do planejamento irracional dessa sociedade reproduzir sofrivelmente tão somente as vidas de seus fiéis. A escala do padrão de vida corresponde com bastante exatidão à ligação interna das classes e dos indivíduos com o sistema. Pode-se confiar no *manager*, e confiável também é o pequeno empregado, Dagwood, tal como este vive na página humorística e na realidade. Quem tem frio e fome, sobretudo quando já teve boas perspectivas, está marcado. Ele é um *outsider* e, abstração feita de certos crimes capitais, a culpa mais grave é a de ser um *outsider*. Nos filmes, ele será no melhor dos casos um indivíduo original, objeto de um humorismo maldosamente indulgente. Na maioria dos casos, será o vilão, identificado como tal desde sua primeira aparição, muito antes que a ação tenha se desenvolvido o suficiente para não dar margem ao erro de acreditar, ainda que por um instante apenas, que a sociedade se volta contra as pessoas de boa vontade. De fato, o que se desenvolve atualmente é uma espécie de Estado de bem-estar social em grande escala. Para afirmar sua própria posição, as pessoas conservam em movimento a economia na qual, graças à técnica extremamente desenvolvida, as massas do próprio país já são, em princípio, supérfluas enquanto produtoras. Os trabalhadores, que são na verdade aqueles que proveem a alimentação dos demais, são alimentados, como quer a ilusão ideológica, pelos chefes econômicos, que são na verdade os alimentados. A posição do indivíduo torna-se assim precária. No liberalismo, o pobre era tido como preguiçoso, hoje ele é automaticamente suspeito. O lugar de quem não é objeto da assistência externa de ninguém é o campo de concentração, ou pelo menos o inferno do trabalho mais humilde e dos *slums*. A indústria cultural, porém, reflete a assistência positiva e negativa dispensada aos administrados como a solidariedade imediata dos homens no mundo dos competentes. Ninguém é esquecido, todos estão cercados de vizinhos, assistentes sociais, dr. Gillespies e filósofos domésticos de bom coração, que intervêm bondosamente junto a cada pessoa para transformar a miséria perpetuada socialmente em casos individuais curáveis, na medida em que a depravação da pessoa em questão não constitua um obstáculo. A manutenção de uma atmosfera de camaradagem segundo os princípios da ciência empresarial – atmosfera essa que toda fábrica se esforça por introduzir a fim de aumentar a produção – coloca sob controle social o último impulso privado, justamente na medida em que ela aparentemente torna imediatas, reprivatiza, as relações dos homens na produção. Esta espécie de "assistência aos flagelados" espiritual lança uma sombra conciliatória sobre os produtos audiovisuais da indústria cultural muito antes que esse auxílio saia da fábrica e se estenda sobre toda a sociedade. Mas os grandes ajudantes e benfeitores da humanidade, cujos feitos científicos têm de ser apresentados pelos escritores como atos de compaixão, a fim de extrair deles um fictício interesse humano, funcionam como lugar-tenentes dos chefes das nações, e estes acabam por decretar a eliminação da compaixão e sabem prevenir todo contágio depois de exterminado o último paralítico.

Essa insistência sobre a bondade é a maneira pela qual a sociedade confessa o sofrimento que ela causa: todos sabem que não podem mais, neste sistema, ajudar-se a si mesmos, e é isso que a ideologia deve levar em conta. Muito longe de simplesmente encobrir o sofrimento sob o véu de uma camaradagem improvisada, a indústria cultural põe toda a honra da firma em encará-lo virilmente nos olhos e admiti-lo com uma fleuma difícil de manter. O *pathos* da frieza de ânimo justifica o mundo que a torna necessária. Assim é a vida, tão dura, mas por isso mesmo tão maravilhosa, tão sadia. A mentira não recua diante do trágico. Do mesmo modo que a sociedade total não suprime o sofrimento de seus membros, mas registra e planeja, assim também a cultura de massas faz com o trágico. Eis por que ela teima em tomar empréstimos à arte. A arte fornece a substância trágica que a pura diversão não pode por si só trazer, mas da qual ela precisa, se quiser se manter fiel de uma ou de outra maneira ao princípio da reprodução exata do fenômeno. O trágico, transformado em um aspecto calculado e aceito do mundo, torna-se uma bênção para ele. Ele nos protege da censura de não sermos muito escrupulosos com a verdade, quando de fato nos apropriamos dela com cínico pesar. Ele torna interessante a insipidez da felicidade que passou pelo crivo da censura e põe ao alcance de todos o que é interessante. Ele oferece ao consumidor que já viu melhores dias na vida cultural o sucedâneo da profundidade há muito abolida e ao espectador assíduo a escória cultural de que deve dispor para fins de prestígio. A todos ele concede o consolo de que um destino humano forte e autêntico ainda é possível e de que é imprescindível representá-lo sem reservas. A realidade compacta e fechada que a ideologia atual tem por fim reduplicar dá a impressão de ser muito mais grandiosa, magnífica e poderosa, quanto mais profundamente é impregnada com o sofrimento necessário. Ela assume o aspecto do destino. O trágico é reduzido à ameaça da destruição de quem não coopera, ao passo que seu sentido paradoxal consistia outrora resistência desesperada à ameaça mítica. O destino trágico converte-se na punição justa, na qual a estética burguesa sempre aspirou transformá-la. A moral da cultura de massas é a moral degradada dos livros infantis de ontem. Assim, por exemplo, nas produções de melhor qualidade, o vilão aparece revestido dos trajes da histérica que, num estudo de pretensa exatidão clínica, tenta enganar sua adversária mais ajustada para roubar sua felicidade, encontrando aí ela própria uma morte bem pouco teatral. Mas as coisas só se passam de maneira tão científica no topo da escala. Mais abaixo, nas produções de menor custo, não é preciso recorrer à psicologia social para arrancar as garras ao trágico. Assim como toda opereta vienense digna desse nome deve encontrar seu final trágico no segundo ato, deixando para o terceiro unicamente a tarefa de desfazer os mal-entendidos, assim também a indústria cultural determina para o trágico um lugar fixo na rotina. A simples existência de uma receita conhecida é suficiente para apaziguar o medo de que o trágico possa escapar ao controle. A fórmula dramática descrita uma vez por uma dona de casa como "*getting into trouble and out again*"* abrange toda a cultura de massas desde o mais cretino *women's serial* até a obra mais bem executada. Mesmo o pior dos finais, que tinha outrora um objetivo mais alto, é mais uma confirmação da ordem e uma corrupção do trágico, seja porque a amante que infringe as prescrições da moral paga com a morte seus breves dias de felicidade, seja porque o final infeliz do filme torna mais clara a impossibilidade de destruir a vida real. O cinema torna-se efetivamente uma instituição de aperfeiçoamento moral. As massas desmoralizadas por uma vida submetida à coerção do sistema, e cujo único sinal de civilização são comportamentos inculcados à força e deixando transparecer sempre sua fúria e rebeldia latentes, devem ser compelidas à ordem pelo espetáculo de uma vida inexorável e da conduta exemplar das pessoas concernidas. A cultura sempre contribuiu para domar os instintos revolucionários, e não apenas os bárbaros. A cultura industrializada faz algo a mais. Ela exercita o indivíduo no preenchimento da condição sob a qual ele está autorizado a levar essa vida inexorável. O indivíduo deve aproveitar seu fastio universal como uma força instintiva para se abandonar ao poder coletivo de que está enfastiado. Ao serem reproduzidas, as situações desesperadas que estão sempre a desgastar os espectadores em seu dia a dia tornam-se, não se sabe como, a promessa de que é possível continuar a viver. Basta se dar conta de sua própria nulidade, subscrever a derrota – e já estamos integrados. A sociedade é uma sociedade de desesperados e, por isso mesmo, a presa de bandidos. Em alguns dos mais significativos romances do pré-fascismo, como *Berlin Alexanderplatz* e *Kleiner Mann, was nun?***, essa tendência manifesta-se tão drasticamente como na média dos filmes e na técnica do jazz. No fundo, neles todos se trata do homem que escarnece de si mesmo. A possibilidade de tornar-se sujeito econômico, um empresário, um

---

* Meter-se em apuros e depois safar-se. (N.T.)
** Romances de A. Döblin e H. Fallada, respectivamente. (N.T.)

proprietário, está completamente liquidada. As empresas autônomas (incluindo-se aí as mais humildes lojinhas), cuja direção e transmissão hereditária constituíam a base da família burguesa e da posição de seu chefe, caíram numa dependência sem perspectivas. Todos tornaram-se empregados e, na civilização dos empregados, desapareceu a dignidade (aliás duvidosa) do pai. O comportamento do indivíduo com relação ao crime organizado – seja nos negócios, na profissão ou no partido, seja antes ou depois da admissão –, a gesticulação do Führer diante da massa, do homem enamorado diante da mulher cortejada, assumem traços peculiarmente masoquistas. A postura que todos são forçados a assumir, para comprovar continuamente sua aptidão moral a integrar essa sociedade, faz lembrar aqueles rapazinhos que, ao serem recebidos na tribo sob as pancadas dos sacerdotes, movem-se em círculos com um sorriso estereotipado nos lábios. A vida no capitalismo tardio é um contínuo rito de iniciação. Todos têm de mostrar que se identificam integralmente com o poder de quem não cessam de receber pancadas. Eis aí, aliás, o princípio do jazz, a síncope, que ao mesmo tempo zomba do tropeção e erige-o em norma. A voz de eunuco do *crooner* a cantar no rádio, o galã bonitão que, ao cortejar a herdeira, cai dentro da piscina vestido de *smoking*, são modelos para as pessoas que devem se transformar naquilo que o sistema, triturando-as, força-as a ser. Todos podem ser como a sociedade todo-poderosa, todos podem se tornar felizes, desde que se entreguem de corpo e alma, desde que renunciem à pretensão de felicidade. Na fraqueza deles, a sociedade reconhece sua própria força e lhes confere uma parte dela. Seu desamparo qualifica-os como pessoas de confiança. É assim que se elimina o trágico. Outrora, a oposição do indivíduo à sociedade era a própria substância da sociedade. Ela glorificava "a valentia e a liberdade do sentimento em face de um inimigo poderoso, de uma adversidade sublime, de um problema terrificante"[4]. Hoje, o trágico dissolveu-se neste nada que é a falsa identidade da sociedade e do sujeito, cujo horror ainda se pode divisar fugidiamente na aparência nula do trágico. Mas o milagre da integração, o permanente ato de graça da autoridade em acolher o desamparado, forçado a engolir sua renitência, tudo isso significa o fascismo. Ele já se deixa entrever no sentimento humanitário onde Döblin encontra um refúgio para seu personagem Biberkopf, assim como nos filmes de temática social. A própria capacidade de encontrar refúgios e subterfúgios, de sobreviver à própria ruína, com que o trágico é superado, é uma capacidade própria da nova geração. Eles são aptos para qualquer trabalho porque o processo de trabalho não os liga a nenhum em particular. Isso lembra o caráter tristemente amoldável do soldado que retorna de uma guerra que não lhe dizia respeito, ou do trabalhador que vive de biscates e acaba entrando em ligas e organizações paramilitares. A liquidação do trágico confirma a eliminação do indivíduo.

Na indústria, o indivíduo é ilusório não apenas por causa da padronização do modo de produção. Ele só é tolerado na medida em que sua identidade incondicional com o universal está fora de questão. Da improvisação padronizada no jazz até os tipos originais do cinema, que têm de deixar a franja cair sobre os olhos para serem reconhecidos como tais, o que domina é a pseudoindividualidade. O individual reduz-se à capacidade do universal de marcar tão integralmente o contingente que ele possa ser conservado como o mesmo. Assim, por exemplo, o ar de obstinada reserva ou a postura elegante do indivíduo exibido numa cena determinada é algo que se produz em série exatamente como as fechaduras Yale, que só por frações de milímetros se distinguem umas das outras. As particularidades do eu são mercadorias monopolizadas e socialmente condicionadas, que se fazem passar por algo de natural. Elas se reduzem ao bigode, ao sotaque francês, à voz grave da mulher de vida livre, ao *Lubitsch touch**: são como impressões digitais em cédulas de identidade que, não fosse por elas, seriam rigorosamente iguais e nas quais a vida e a fisionomia de todos os indivíduos – da estrela do cinema ao encarcerado – se transformam, em face do poderio do universal. A pseudoindividualidade é um pressuposto para compreender e tirar da tragédia sua virulência: é só porque os indivíduos não são mais indivíduos, mas sim meras encruzilhadas das tendências do universal, que é possível reintegrá-los totalmente na universalidade. A cultura de massas revela assim o caráter fictício que a forma do indivíduo sempre exibiu na era da burguesia, e seu único erro é vangloriar-se por essa duvidosa harmonia do universal e do particular. O princípio da individualidade estava cheio de contradições desde o início. *Por um lado*, a individuação jamais chegou a se realizar de fato. O caráter de classe da autoconservação fixava cada um no estágio do mero ser genérico. Todo personagem burguês exprimia, apesar de seu desvio e graças justamente a ele, a mesma coisa: a dureza da sociedade competitiva. O indivíduo, sobre o qual a sociedade se apoiava, trazia em si mesmo sua mácula; em sua aparente liberdade, ele era o produto de sua aparelhagem econômica e social. O poder recorria às relações de poder dominantes quando solicitava o juízo das pessoas a elas submetidas. *Ao mesmo tempo*, a sociedade burguesa também desenvolveu, em seu processo, o indivíduo. Contra a vontade de seus senhores, a técnica transformou os homens de crianças em pessoas. Mas cada um desses progressos da individuação se fez à custa da individualidade em cujo nome tinha lugar, e deles nada sobrou senão a decisão de perseguir apenas os fins privados. O burguês cuja vida se divide entre o negócio e a vida privada, cuja vida privada se divide entre a esfera da representação e a intimidade, cuja intimidade se divide entre a comunidade mal-humorada do casamento e o amargo consolo de estar completamente

---

* O toque, a marca de Lubitsch. (N.T.)

sozinho, rompido consigo e com todos, já é virtualmente o nazista que ao mesmo tempo se deixa entusiasmar e se põe a praguejar, ou o habitante das grandes cidades de hoje, que só pode conceber a amizade como *social contact*, como o contato social de pessoas que não se tocam intimamente. É só por isso que a indústria cultural pode maltratar com tanto sucesso a individualidade, porque nela sempre se reproduziu a fragilidade da sociedade. Nos rostos dos heróis do cinema ou das pessoas privadas, confeccionados segundo o modelo das capas de revistas, dissipa-se uma aparência na qual, de resto, ninguém mais acredita, e o amor por esses modelos de heróis nutre-se da secreta satisfação de estar afinal dispensado de esforço da individuação pelo esforço (mais penoso, é verdade) da imitação. É vã a esperança de que a pessoa contraditória em si mesma e em via de desintegração não conseguirá sobreviver a muitas gerações, que o sistema tem que desmoronar com essa cisão psicológica, que a substituição mentirosa do indivíduo pelo estereotipado há de se tornar por si mesma insuportável aos homens. Desde o *Hamlet* de Shakespeare, já se descobrira que a unidade da personalidade não passa de uma aparência. Hoje, as fisionomias produzidas sinteticamente mostram que já se esqueceu até mesmo de que já houve uma noção da vida humana. Ao longo dos séculos, a sociedade se preparou para Victor Mature e Mickey Rooney. Sua obra de dissolução é ao mesmo tempo uma realização.

A heroificação do indivíduo mediano faz parte do culto do barato. As estrelas mais bem pagas assemelham-se a reclames publicitários para artigos de marca não especificada. Não é à toa que são escolhidas muitas vezes entre os modelos comerciais. O gosto dominante toma seu ideal da publicidade, da beleza utilitária. Assim a frase de Sócrates, segundo a qual o belo é o útil, acabou por se realizar de maneira irônica. O cinema faz propaganda do truste cultural enquanto totalidade; no rádio, as mercadorias em função das quais se cria o patrimônio cultural também são recomendadas individualmente. Por cinquenta centavos vê-se o filme de milhões de dólares; por dez recebe-se a goma de mascar por trás da qual se encontra toda a riqueza do mundo e cuja venda serve para que esta cresça ainda mais. *In absentia*, estando todos sintonizados, investigam-se as finanças dos exércitos, sem que se tolere, todavia, a prostituição no interior do país. As "melhores orquestras" (que não o são) são entregues grátis a domicílio. Tudo isso é uma paródia do país de Cocanha, assim como a "comunidade da nação" [*Volksgemeinschaft*][5] é uma paródia da comunidade humana. Todos são servidos de alguma coisa. A constatação de um espectador provinciano do velho *Monopoltheater* de Berlim: "É espantoso o que se oferece pelo preço de uma entrada!" há muito foi retomada pela indústria cultural e transformada na substância da própria produção. Esta não apenas se acompanha sempre do triunfo consistindo no simples fato de ser possível, mas é em larga medida esse próprio triunfo. "*Show*" significa mostrar a todos o que se tem e o que se pode. Até hoje, ele ainda é uma feira, só que incuravelmente atingido pelo mal da cultura. Assim como as pessoas atraídas pela voz do pregoeiro superavam a decepção nas barraquinhas com um sorriso valente, porque afinal já sabiam de antemão o que as esperava, assim também o espectador de cinema apega-se cheio de compreensão à instituição. Mas com a barateza dos produtos de luxo fabricados em série e seu complemento, a fraude universal, o caráter mercantil da própria arte está em vias de se modificar. O novo não é o caráter mercantil da obra de arte, mas o fato de que, hoje, ele se declara deliberadamente como tal, e é o fato de que a arte renega sua própria autonomia, incluindo-se orgulhosamente entre os bens de consumo, que lhe confere o encanto da novidade. A arte como um domínio separado só foi possível, em todos os tempos, como arte burguesa. Até mesmo sua liberdade, entendida como negação da finalidade social, tal como esta se impõe através do mercado, permanece essencialmente ligada ao pressuposto da economia de mercado. As puras obras de arte, que negam o caráter mercantil da sociedade pelo simples fato de seguirem sua própria lei, sempre foram ao mesmo tempo mercadorias: até o século dezoito, a proteção dos patronos preservava os artistas do mercado, mas, em compensação, eles ficavam nesta mesma medida submetidos a seus patronos e aos objetivos destes. A falta de finalidade da grande obra de arte moderna vive do anonimato do mercado. As demandas do mercado passam por tantas mediações que o artista escapa a exigências determinadas, mas em certa medida apenas, é verdade, pois ao longo de toda a história burguesa esteve sempre associado à sua autonomia, enquanto autonomia meramente tolerada, um aspecto de inverdade que acabou por se desenvolver no sentido de uma liquidação social da arte. O Beethoven mortalmente doente, que joga longe um romance de Walter Scott com o grito: "Este sujeito escreve para ganhar dinheiro" e que, ao mesmo tempo, se mostra na exploração dos últimos quartetos – a mais extremada recusa do mercado – como um negociante altamente experimentado e obstinado, fornece o exemplo mais grandioso da unidade dos contrários, mercado e autonomia, na arte burguesa. Os que sucumbem à ideologia são exatamente os que ocultam a contradição, em vez de acolhê-la na consciência de sua própria produção, como Beethoven. Este exprimiu musicalmente a cólera pelo vintém perdido e derivou das reclamações da senhoria a exigir o pagamento do aluguel aquele metafísico "*Es Muss Sein*" ["*Tem que ser*"], que tenta superar esteticamente as limitações impostas pelo mundo. O princípio da estética idealista, a finalidade sem fim, é a inversão do esquema a que obedece socialmente a arte burguesa: a falta de finalidade para os fins determinados pelo mercado. Para concluir, na exigência de entretenimento e relaxamento, o fim absorveu o reino da falta de finalidade. Mas, na medida em que a pretensão de utilizar a arte se torna total, começa a se delinear um deslocamento na estrutura econômica interna das mercadorias culturais. Pois a utilidade que os homens aguardam da obra de arte na sociedade antagonística é justamente, em larga medida, a existência do inútil, que no entanto é abolido pela subsunção à utilidade. Assimilando-se totalmente à necessidade, a obra de arte defrauda de antemão os homens justamente da liberação do princípio da utilidade, liberação essa que a ela incumbia realizar. O que se poderia chamar de valor de uso na recepção dos bens culturais é substituído pelo valor de troca; ao invés do prazer, o que se busca é assistir e estar informado, o que se quer é conquistar prestígio e não se tornar um conhecedor. O consumidor torna-se a ideologia da indústria da diversão, de cujas instituições não consegue escapar. É preciso ver *Mrs. Miniver*, do mesmo modo que é preciso assinar as revistas *Life* e *Time*. Tudo é percebido do ponto de vista da possibilidade de servir para outra coisa, por mais vaga que seja a percepção dessa coisa. Tudo só tem valor na medida em que se pode trocá-lo, não na medida em que é algo em si mesmo. O valor de uso da arte, seu ser, é considerado como um fetiche, e o fetiche, a avaliação social que é erroneamente entendida como hierarquia das obras de arte – torna-se seu único valor de uso, a única qualidade que elas desfrutam. É assim que o caráter mercantil da arte se desfaz ao se realizar completamente. Ela é um gênero de mercadorias, preparadas, computadas, assimiladas à produção industrial, compráveis e fungíveis, mas a arte como um gênero de mercadorias, que vivia de ser vendida e, no entanto, de ser invendível, torna-se algo hipocritamente invendível, tão logo o negócio deixa de ser meramente sua intenção e passa a ser seu único princípio. O concerto de Toscanini transmitido pelo rádio é, de certa maneira, invendível. É de graça que o escutamos, e cada nota da sinfonia é como que acompanhada de um sublime comercial anunciando que a sinfonia não é interrompida por comerciais – "*this concert is brought to you as public service*"*. A ilusão realiza-se indiretamente através do lucro de todos os fabricantes de automóveis e sabão reunidos, que financiam as estações, e naturalmente através do aumento de vendas da indústria elétrica que produz os aparelhos de recepção. O rádio, esse retardatário progressista da cultura de massas, tira todas as consequências que o pseudomercado do cinema por enquanto recusa a este. A estrutura técnica do sistema radiofônico comercial torna-o imune a desvios liberais como aqueles que os industriais do cinema ainda podem se permitir em seu próprio setor. Ele é um empreendimento privado que já representa o todo soberano, no que se encontra um passo à frente das outras corporações. Chesterfield é apenas o cigarro da nação, mas o rádio é o porta-voz dela. Ao integrar todos os produtos culturais na esfera das mercadorias, o rádio renuncia totalmente a vender como mercadorias seus próprios produtos culturais. Nos Estados Unidos, ele não cobra taxa alguma do pú-

---

* Este concerto é levado até você como um serviço público. (N.T.)

blico. Deste modo, ele assume a forma de uma autoridade desinteressada, acima dos partidos, que é como que talhada sob medida para o fascismo. O rádio torna-se aí a voz universal do Führer; nos alto-falantes de rua, sua voz se transforma no uivo das sirenes anunciando o pânico, das quais, aliás, a propaganda moderna é difícil de se distinguir. Os próprios nacional-socialistas sabiam que o rádio dera forma à sua causa, do mesmo modo que a imprensa fizera para a Reforma. O carisma metafísico do Führer, inventado pela sociologia da religião, acabou por se revelar como a simples onipresença de seus discursos radiofônicos, que são uma paródia demoníaca da onipresença do espírito divino. O fato gigantesco de que o discurso penetra em toda parte substitui seu conteúdo, assim como o favor que nos fazem com a transmissão do concerto de Toscanini toma o lugar de seu conteúdo, a sinfonia. Nenhum ouvinte consegue mais apreender seu verdadeiro sentido, enquanto o discurso do Führer é, de qualquer modo, a mentira. Colocar a palavra humana como algo de absoluto, como um falso imperativo, é a tendência imanente do rádio. A recomendação transforma-se em um comando. A apologia das mercadorias, sempre as mesmas sob diversas marcas, o elogio do laxante, cientificamente fundamentado, na voz adocicada do locutor entre as aberturas da *Traviata* e de *Rienzi*, tornaram-se, já por sua cretinice, insuportáveis. Um belo dia, a propaganda de marcas específicas, isto é, o decreto da produção escondido na aparência da possibilidade de escolha, pode acabar se transformando no comando aberto do Führer. Numa sociedade dominada pelos grandes bandidos fascistas, que se puseram de acordo sobre a parte do produto social a ser destinado às primeiras necessidades do povo, pareceria enfim anacrônico convidar ao uso de um determinado sabão em pó. O Führer ordena de maneira mais moderna e sem maior cerimônia tanto o holocausto quanto a compra de bugigangas.

Atualmente, as obras de arte são apresentadas como os *slogans* políticos e, como eles, inculcadas a um público relutante a preços reduzidos. Elas tornaram-se tão acessíveis quanto os parques públicos. Mas isso não significa que, ao perderem o caráter de uma autêntica mercadoria, estariam preservadas na vida de uma sociedade livre, mas, ao contrário, que agora caiu também a última proteção contra sua degradação em bens culturais. A eliminação do privilégio da cultura pela venda em liquidação dos bens culturais não introduz as massas nas áreas de que eram antes excluídas, mas serve, ao contrário, nas condições sociais existentes, justamente para a decadência da cultura e para o progresso da incoerência bárbara. Quem, no século dezenove ou no início do século vinte, desembolsava uma certa quantia para ver uma peça teatral ou para assistir a um concerto dispensava ao espetáculo pelo menos tanto respeito quanto ao dinheiro gasto. O burguês que pretendesse auferir alguma vantagem com isso podia eventualmente buscar algum contato com a obra. As introduções aos dramas musicais de

Wagner, por exemplo, e os comentários do *Fausto* dão testemunho disso. São eles que servem de transição para a embalagem biográfica e outras práticas a que se submetem atualmente as obras de arte. Mesmo na flor da idade dos negócios, o valor de troca não arrastou o valor de uso como um mero apêndice, mas também o desenvolveu como o pressuposto de sua própria existência, e isso foi socialmente vantajoso para as obras de arte. A arte manteve o burguês dentro de certos limites enquanto foi cara. Mas isso acabou. Sua proximidade ilimitada, não mais mediatizada pelo dinheiro, às pessoas expostas a ela consuma a alienação e assimila um ao outro sob o signo de uma triunfal reificação. Na indústria cultural, desaparecem tanto a crítica quanto o respeito: a primeira transforma-se na produção mecânica de laudos periciais, o segundo é herdado pelo culto desmemoriado da personalidade. Para os consumidores nada mais é caro. Ao mesmo tempo, porém, eles desconfiam que, quanto menos custa uma coisa, menos ela lhes é dada de presente. A dupla desconfiança contra a cultura tradicional enquanto ideologia mescla-se à desconfiança contra a cultura industrializada enquanto fraude. Transformadas em simples brindes, as obras de arte depravadas são secretamente recusadas pelos contemplados juntamente com as bugigangas a que são assimiladas pelos meios de comunicação. Os espectadores devem se alegrar com o fato de que há tantas coisas a ver e a ouvir. A rigor pode-se ter tudo. Os *screenos* e *vaudevilles** no cinema, os concursos de identificação de temas musicais, os exemplares grátis, os prêmios e presentes oferecidos aos ouvintes de determinados programas radiofônicos, não são meros acidentes, mas apenas prolongam o que se passa com os próprios produtos culturais. A sinfonia torna-se um prêmio para o simples fato de se escutar rádio, e se a técnica pudesse impor sua vontade, os filmes já seriam fornecidos em cada apartamento segundo o modelo do rádio. Eles já tendem para o *commercial system*. A televisão anuncia uma evolução que poderia facilmente forçar os irmãos Warner a assumir a posição, certamente incômoda para eles, de produtores de um teatro doméstico e de conservadores culturais. Mas o sistema de prêmios já se sedimentou no comportamento dos consumidores. Na medida em que a cultura se apresenta como um brinde, cujas vantagens privadas e sociais no entanto estão fora de questão, sua recepção converte-se no aproveitamento de chances. Os consumidores se esforçam por medo de perder alguma coisa. O quê – não está claro, de qualquer modo só tem chance quem não se exclui. O fascismo, porém, espera reorganizar os recebedores de dádivas, treinados pela indústria cultural, nos batalhões regulares de sua clientela compulsiva.

---

* Nos primórdios do cinema, intervalos durante os quais se organizavam concursos entre os espectadores. (N.T.)

A cultura é uma mercadoria paradoxal. Ela está tão completamente submetida à lei da troca que não é mais trocada. Ela se confunde tão cegamente com o uso que não se pode mais usá-la. É por isso que ela se funde com a publicidade. Quanto mais destituída de sentido esta parece ser no regime do monopólio, mais todo-poderosa ela se torna. Os motivos são marcadamente econômicos. Quanto maior é a certeza de que se poderia viver sem toda essa indústria cultural, maior a saturação e a apatia que ela não pode deixar de produzir entre os consumidores. Por si só ela não consegue fazer muito contra essa tendência. A publicidade é seu elixir da vida. Mas como seu produto reduz incessantemente o prazer que promete como mercadoria a uma simples promessa, ele acaba por coincidir com a publicidade de que precisa, por ser intragável. Na sociedade concorrencial a publicidade tinha por função orientar o comprador pelo mercado, ela facilitava a escolha e possibilitava ao fornecedor desconhecido e mais produtivo colocar sua mercadoria. Não apenas não custava tempo de trabalho, mas também economizava-o. Hoje, quando o mercado livre vai acabando, os donos do sistema se entrincheiram nela. Ela consolida os grilhões que encadeiam os consumidores às grandes corporações. Só quem pode pagar continuamente as taxas exorbitantes cobradas pelas agências de publicidade, pelo rádio sobretudo, isto é, quem já faz parte do sistema ou é cooptado com base nas decisões do capital bancário e industrial, pode entrar como vendedor no pseudomercado. Os custos de publicidade, que acabam por retornar aos bolsos das corporações, poupam as dificuldades de eliminar pela concorrência os intrusos indesejáveis. Esses custos garantem que os detentores do poder de decisão ficarão entre si; aliás, como ocorre nas resoluções dos conselhos econômicos que controlam, no Estado totalitário, a criação e a gestão das empresas. A publicidade é hoje um princípio negativo, um dispositivo de bloqueio: tudo aquilo que não traga seu sinete é economicamente suspeito. A publicidade universal não é absolutamente necessária para que as pessoas conheçam os tipos de mercadoria, aos quais a oferta de qualquer modo está limitada. Só indiretamente ela serve à venda. O abandono de uma prática publicitária corrente por uma firma particular significa uma perda de prestígio, na verdade uma infração da disciplina que a clique dominante impõe aos seus. Durante a guerra, continua-se a fazer publicidade de mercadorias que já não podem mais ser fornecidas, com o único fim de exibir o poderio industrial. Mais importante que a repetição do nome, então, é a subvenção dos meios ideológicos. Na medida em que a pressão do sistema obrigou todo produto a utilizar a técnica da publicidade, esta invadiu o idioma, o "estilo", da indústria cultural. Sua vitória é tão completa que ela sequer precisa ficar explícita nas posições decisivas: os edifícios monumentais das maiores firmas, publicidade petrificada sob a luz dos holofotes, estão livres de reclames publicitários e exibem no melhor dos casos em suas ameias, brilhando lapidarmente e dispensadas do autoelogio, as iniciais da firma. Ao contrário, os prédios que sobrevivem do século dezenove e cuja arquitetura ainda revela vergonhosamente a utilidade como bem de consumo, ou seja, sua finalidade habitacional, estão recobertos do andar térreo ao telhado de painéis e anúncios luminosos; a paisagem torna-se um mero pano de fundo para letreiros e logotipos. A publicidade converte-se na arte pura e simplesmente, com a qual Goebbels identificou-a premonitoriamente, *l'art pour l'art*, publicidade de si mesma, pura representação do poderio social. Nas mais importantes revistas norte-americanas, *Life* e *Fortune*, o olhar fugidio mal pode distinguir o texto e a imagem publicitários do texto e imagem da parte redacional. Assim, por exemplo, redacional é a reportagem ilustrada, que descreve entusiástica e gratuitamente os hábitos e os cuidados com o corpo de uma personalidade em evidência e que serve para granjear-lhe novos fãs, enquanto as páginas publicitárias se apoiam em fotos e indicações tão objetivas e realistas que elas representam o ideal da informação que a parte redacional ainda se esforça por atingir. Cada filme é um *trailer* do filme seguinte, que promete reunir mais uma vez sob o mesmo sol exótico o mesmo par de heróis; o retardatário não sabe se está assistindo ao *trailer* ou ao filme mesmo. O caráter de montagem da indústria cultural, a fabricação sintética e dirigida de seus produtos, que é industrial não apenas no estúdio cinematográfico, mas também (pelo menos virtualmente) na compilação das biografias baratas, romances-reportagem e canções de sucesso, já estão adaptados de antemão à publicidade: na medida em que cada elemento se torna separável, fungível e também tecnicamente alienado à totalidade significativa, ele se presta a finalidades exteriores à obra. O efeito, o truque, cada desempenho isolado e repetível foram sempre cúmplices da exibição de mercadorias para fins publicitários, e atualmente todo *close* de uma atriz de cinema serve de publicidade de seu nome, todo sucesso tornou-se um *plug** de sua melodia. Tanto técnica quanto economicamente, a publicidade e a indústria cultural se confundem. Tanto lá como cá, a mesma coisa aparece em inúmeros lugares, e a repetição mecânica do mesmo produto cultural já é a repetição do mesmo slogan propagandístico. Lá como cá, sob o imperativo da eficácia, a técnica converte-se em psicotécnica, em procedimento de manipulação das pessoas. Lá como cá, reinam as normas do surpreendente e no entanto familiar, do fácil e no entanto marcante, do sofisticado e no entanto simples. O que importa é subjugar o cliente que se imagina como distraído ou relutante.

 Pela linguagem que fala, ele próprio dá sua contribuição ao caráter publicitário da cultura. Pois quanto mais completamente a linguagem se absorve na comunicação, quanto mais as palavras se convertem de veículos substanciais do

---

* Publicidade, recomendação de alguém ou alguma coisa, por exemplo, num programa radiofônico. (N.T.)

significado em signos destituídos de qualidade, quanto maior a pureza e a transparência com que transmitem o que se quer dizer, mais impenetráveis elas se tornam. A desmitologização da linguagem, enquanto elemento do processo total de esclarecimento, é uma recaída na magia. Distintos e inseparáveis, a palavra e o conteúdo estavam associados um ao outro. Conceitos como melancolia, história e mesmo vida, eram reconhecidos na palavra que os destacava e conservava. Sua forma constituía-os e, ao mesmo tempo, refletia-os. A decisão de separar o texto literal como contingente e a correlação com o objeto como arbitrária acaba com a mistura supersticiosa da palavra e da coisa. O que, numa sucessão determinada de letras, vai além da correlação com o evento é proscrito como obscuro e como verbalismo metafísico. Mas deste modo a palavra, que não deve significar mais nada e agora só pode designar, fica tão fixada na coisa que ela se torna uma fórmula petrificada. Isso afeta tanto a linguagem quanto o objeto. Ao invés de trazer o objeto à experiência, a palavra purificada serve para exibi-lo como instância de um aspecto abstrato, e tudo o mais, desligado da expressão (que não existe mais) pela busca compulsiva de uma impiedosa clareza, se atrofia também na realidade. O ponta-esquerda no futebol, o camisa-negra, o membro da Juventude Hitlerista etc., nada mais são do que o nome que os designa. Se, antes de sua racionalização, a palavra permitira não só a nostalgia mas também a mentira, a palavra racionalizada transformou-se em uma camisa de força para a nostalgia, muito mais do que para mentira. A cegueira e o mutismo dos fatos a que o positivismo reduziu o mundo estendem-se à própria linguagem, que se limita ao registro desses dados. Assim, as próprias designações se tornam impenetráveis, elas adquirem uma contundência, uma força de adesão e repulsão que as assimila a seu extremo oposto, as fórmulas de encantamento mágico. Elas voltam a operar como uma espécie de manipulações, seja para compor o nome da diva no estúdio com base na experiência estatística, seja para lançar o anátema sobre o governo voltado para o bem-estar social recorrendo a nomes tabus como "burocratas" e "intelectuais", seja acobertando a infâmia com o nome da Pátria. Sobretudo o nome, ao qual a magia se prende de preferência, está passando atualmente por uma alteração química. Ele está se transformando em designações arbitrárias e manejáveis, cuja eficácia se pode agora, é verdade, calcular, mas que por isso mesmo se tornou tão despótica como em sua forma arcaica. Os prenomes, que são resíduos arcaicos, foram modernizados: ou bem mediante uma estilização que os transformou em marcas publicitárias – para os astros do cinema, os sobrenomes também são prenomes –, ou bem mediante uma padronização coletiva. Em compensação, parece antiquado o nome burguês, o nome de família, que, ao contrário das marcas comerciais, individualiza o portador relacionando-o à sua própria história. Ele desperta nos norte-americanos um estranho embaraço. Para disfarçar a incômoda distância entre indivíduos particulares, eles se chamam de Bob e Harry, como elementos intercambiáveis de *teams*. Tal prática degrada as relações pessoais à fraternidade do público esportivo, que impede a verdadeira fraternidade. A significação, única função da palavra admitida pela semântica, consuma-se no sinal. Seu caráter de sinal reforça-se com a rapidez com que os modelos linguísticos são colocados em circulação de cima para baixo. Se é verdade que as canções folclóricas podem ser consideradas como resultando de uma degradação do patrimônio cultural de camadas superiores, em todo caso, foi num processo longo e muito mediatizado da experiência que seus elementos adquiriram sua forma popular. A difusão das *popular songs* ocorre de um só golpe. A expressão norte-americana "*fad*"*, usada para se referir a modas que surgem como epidemias (isto é, que são lançadas por potências econômicas altamente concentradas), já designava o fenômeno muito tempo antes que os chefes totalitários da publicidade impusessem as linhas gerais da cultura. Se os fascistas alemães lançam um dia pelo alto-falante uma palavra como "insuportável", no dia seguinte o povo inteiro estará dizendo "insuportável". Foi segundo o mesmo esquema que as nações visadas pelo *Blitzkrieg* alemão acolheram esse termo em seu jargão. A repetição universal dos termos designando as decisões tomadas torna-as por assim dizer familiares, do mesmo modo que, na época do mercado livre, a divulgação do nome de uma mercadoria fazia aumentar sua venda. A repetição cega e rapidamente difundida de palavras designadas liga a publicidade à palavra de ordem totalitária. O tipo de experiência que personalizava as palavras ligando-as às pessoas que as pronunciavam foi esvaziado, e a pronta apropriação das palavras faz com que a linguagem assuma aquela frieza que era própria dela apenas nos cartazes e na parte de anúncios dos jornais. Inúmeras pessoas usam palavras e locuções que elas ou não compreendem mais de todo, ou empregam segundo seu valor behaviorista, assim como marcas comerciais, que acabam por aderir tanto mais compulsivamente a seus objetos, quanto menos seu sentido linguístico é captado. O ministro da Instrução Pública [*Volksaufklärung*] fala de forças dinâmicas sem saber do que se trata, e os sucessos musicais falam sem cessar em *rêverie* e *rhapsody*** e baseiam sua popularidade justamente na magia do incompreensível considerado como frêmito de uma vida superior. Outros estereótipos, como *memory*, ainda são de certa maneira compreendidos, mas escapam à experiência que poderia lhes dar um sentido. Eles se inserem como enclaves na linguagem falada. Na rádio alemã de *Flesch* e *Hitler*, eles podem ser notados no alto-alemão afetado do locutor, quando este declama para a nação um "Boa noite" ou "Aqui fala a Juventude Hitlerista" e mesmo "O Führer", com uma entonação imitada por milhões. Essas expressões rompem o último laço entre a experiência sedimentada e a linguagem, laço este que durante o século dezenove, ainda exerce, no interior do dialeto, uma influência conci-

---

* Moda, mania. (N.T.)
** Devaneio e rapsódia, respectivamente. (N.T.)

liatória. O *Redakteur* que, com sua mentalidade maleável, transformou-se num *Schriftleiter* alemão[*] vê as palavras alemãs se petrificando sub-repticiamente sob a sua pena em palavras estrangeiras. É possível distinguir em cada palavra até que ponto ela foi desfigurada pela "comunidade nacional" [*Volksgemeinschaft*] fascista. Essa linguagem, é verdade, acabou por se tornar universal, totalitária. Não se consegue mais perceber nas palavras a violência que elas sofrem. O locutor de rádio não precisa mais falar de maneira pomposa. Aliás, ele seria esquisito, caso sua entonação se distinguisse da entonação de seu público ouvinte. Em compensação, a linguagem e os gestos dos ouvintes e espectadores, até mesmo naquelas nuanças que nenhum método experimental conseguiu captar até agora, estão impregnados mais fortemente do que nunca pelos esquemas da indústria cultural. Hoje, a indústria cultural assumiu a herança civilizatória da democracia de pioneiros e empresários, que tampouco desenvolvera uma fineza de sentido para os desvios espirituais. Todos são livres para dançar e para se divertir, do mesmo modo que, desde a neutralização histórica da religião, são livres para entrar em qualquer uma das inúmeras seitas. Mas a liberdade de escolha da ideologia, que reflete sempre a coerção econômica, revela-se em todos os setores como a liberdade de escolher o que é sempre a mesma coisa. A maneira pela qual uma jovem aceita e se desincumbe do *date*[**] obrigatório, a entonação no telefone e na mais familiar situação, a escolha das palavras na conversa, e até mesmo a vida interior organizada segundo os conceitos classificatórios da psicologia profunda vulgarizada, tudo isso atesta a tentativa de fazer de si mesmo um aparelho eficiente e que corresponda, mesmo nos mais profundos impulsos instintivos, ao modelo apresentado pela indústria cultural. As mais íntimas reações das pessoas estão tão completamente reificadas para elas próprias que a ideia de algo peculiar a elas só perdura na mais extrema abstração: *personality* significa para elas pouco mais que possuir dentes deslumbrantemente brancos e estar livres do suor nas axilas e das emoções. Eis aí o triunfo da publicidade na indústria cultural, a mimese compulsiva dos consumidores, pela qual se identificam às mercadorias culturais que eles, ao mesmo tempo, decifram muito bem.

---

[*] *Schriftleiter* é o termo adotado pelos puristas da língua alemã, para substituir a expressão *Redakteur*, de origem francesa. (N.T.)
[**] Encontro (com o namorado). (N.T.)

Elementos do Antissemitismo:
Limites do esclarecimento

I

Atualmente, o antissemitismo é considerado por uns como uma questão vital da humanidade, por outros como mero pretexto. Para os fascistas, os judeus não são uma minoria, mas a antirraça, o princípio negativo enquanto tal; de sua exterminação dependeria a felicidade do mundo. No extremo oposto está a tese de que os judeus, livres de características nacionais ou raciais, formariam um grupo baseado na opinião e na tradição religiosas e nada mais. Só se poderia falar de características judaicas a propósito dos judeus orientais e, em todo caso, unicamente a propósito dos que ainda não foram inteiramente assimilados. Ambas as doutrinas são verdadeiras e falsas ao mesmo tempo.

    A primeira é verdadeira no sentido em que o fascismo a tornou verdadeira. Os judeus são hoje o grupo que, tanto prática quanto teoricamente, atraem sobre si a vontade de destruição que uma falsa ordem social gerou dentro de si mesma. Eles são estigmatizados pelo mal absoluto como o mal absoluto. Assim, eles são de fato o povo eleito. Ao mesmo tempo que se afirma que, economicamente, a dominação não seria mais necessária, os judeus são designados como o objeto absoluto de uma dominação pura e simples. Aos trabalhadores, que afinal são os visados, ninguém o diz na cara (e com razão); os negros, é preciso conservá-los em seu lugar; mas, quanto aos judeus, a terra precisa ser purificada deles, e o grito que conclama a exterminá-los como insetos encontra eco no coração de todos os fascistas em potencial de todos os países. Os racistas [*die Völkischen*]* exprimem sua própria essência na imagem que projetam dos judeus. Sua ânsia é a posse exclusiva, a apropriação, o poder sem limites, a qualquer pre-

---

* O termo *völkisch*, de difícil tradução, é um adjetivo derivado de *Volk* – povo, e designa, no jargão nacional-socialista, tudo aquilo que se refere ao "povo" entendido como uma unidade nacional, i.e., social e cultural, vale dizer como uma etnia. À falta de melhor solução, traduzimos *völkisch*, conforme o contexto, por racista ou nacionalista. (N.T.)

ço. O judeu, sobre o qual descarregam a própria culpa e que escarnecem como dominador, eles o pregam na cruz, repetindo interminavelmente o sacrifício em cuja eficácia não conseguem mais acreditar.

A outra, a tese liberal, é verdadeira enquanto Ideia. Ela contém a imagem da sociedade na qual a cólera não se reproduz mais e está em busca de atributos nos quais possa se descarregar. Mas, ao colocar a unidade dos homens como já realizada por princípio, ela ajuda a fazer a apologia do existente. A tentativa de desviar a mais extrema ameaça mediante uma política de minorias e uma estratégia democrática é ambígua, como aliás o é a defensiva dos derradeiros burgueses liberais em geral. Sua impotência atrai o inimigo da impotência. A vida e o aspecto dos judeus comprometem a universalidade existente em razão de sua adaptação deficiente. O apego inflexível às suas próprias formas de ordenamento da vida levou-os a uma relação insegura com a ordem dominante. Eles esperavam que esta os protegesse, mesmo sem dominá-la. Sua relação com todos os povos soberanos se fundava na cobiça e no temor. Todavia, sempre que renunciavam à diferença relativamente ao modo de ser dominante, os bem-sucedidos recebiam em troca o caráter frio e estoico que a sociedade até hoje impõe às pessoas. O entrelaçamento dialético do esclarecimento e da dominação, a dupla relação do progresso com a crueldade e a liberação, que os judeus tiveram que provar nos grandes esclarecedores bem como nos movimentos populares democráticos, também se mostra no ser dos próprios assimilados. O autodomínio esclarecido com que os judeus adaptados superaram inteiramente as lembranças penosas da dominação imposta por outros (por assim dizer, a segunda circuncisão) tirou-os de sua comunidade carcomida e os jogou sem mais na burguesia moderna, que já avançava inexoravelmente para a recaída na simples repressão, ou seja, para sua reorganização como raça pura. A raça não é imediatamente, como querem os racistas, uma característica natural particular. Ela é, antes, a redução ao natural, à pura violência, a particularidade obstinada que, no existente, é justamente o universal. A raça, hoje, é a autoafirmação do indivíduo burguês integrado à coletividade bárbara. Os judeus liberais, que professaram a harmonia da sociedade, acabaram tendo que sofrê-la em sua própria carne como a harmonia da comunidade étnica [*Volksgemeinschaft*]. Eles achavam que era o antissemitismo que vinha desfigurar a ordem, quando, na verdade, é a ordem que não pode viver sem a desfiguração dos homens. A perseguição dos judeus, como a perseguição em geral, não se pode separar de semelhante ordem. Sua essência, por mais que se esconda às vezes, é a violência que hoje se manifesta.

II

O antissemitismo enquanto movimento popular foi sempre aquilo que seus instigadores gostavam de censurar aos socialdemocratas: o nivelamento por baixo.

Os que não têm nenhum poder de comando devem passar tão mal como o povo. Do funcionário alemão aos negros do Harlem, os ávidos prosélitos sempre souberam, no fundo, que no final não teriam nada senão o prazer de que os outros tampouco teriam mais que eles. A arianização da propriedade judaica (que, aliás, na maioria dos casos beneficiou as classes superiores) não trouxe para as massas do Terceiro Reich, vantagens muito maiores que, para os cossacos, o miserável espólio que estes arrastavam dos guetos saqueados. A vantagem real era uma ideologia parcialmente devassada. O fato de que a demonstração de sua inutilidade econômica antes aumenta do que modera a força de atração da panaceia racista [*völkisch*] indica sua verdadeira natureza: ele não auxilia os homens, mas sua ânsia de destruição. O verdadeiro ganho com que conta o "camarada de etnia" [*Volksgenosse*]* é a ratificação coletiva de sua fúria. Quanto menores são as vantagens, mais obstinadamente e contra seu próprio discernimento ele se aferra ao movimento. O antissemitismo mostrou-se imune ao argumento da falta de rentabilidade. Para o povo, ele é um luxo.

Sua utilidade para a dominação é patente. Ele é usado como manobra de diversão, como meio barato de corrupção, como exemplo terrorista. Os bandidos respeitáveis o subvencionam e os não respeitáveis o praticam. Mas a figura do espírito social e individual que se manifesta no antissemitismo, isto é, o enredamento pré-histórico e histórico ao qual fica preso enquanto tentativa desesperada de evasão, permanece em total obscuridade. Se um mal tão profundamente arraigado na civilização não encontra sua justificação no conhecimento, o indivíduo também não conseguirá aplacá-lo, ainda que seja tão bem-intencionado quanto a própria vítima. Por mais corretas que sejam, as explicações e os contra-argumentos racionais, de natureza econômica e política, não conseguem fazê-lo, porque a racionalidade ligada à dominação está ela própria na base do sofrimento. Na medida em que agridem cegamente e cegamente se defendem, perseguidores e vítimas pertencem ao mesmo circuito funesto. O comportamento antissemita é desencadeado em situações em que os indivíduos obcecados e privados de sua subjetividade se veem soltos enquanto sujeitos. Para as pessoas envolvidas, seus gestos são reações letais e, no entanto, sem sentido, como as que os behavioristas constatam sem interpretar. O antissemitismo é um esquema profundamente arraigado, um ritual da civilização, e os *pogroms* são os verdadeiros assassinatos rituais. Neles fica demonstrada a impotência daquilo que poderia refreá-los, a impotência da reflexão, da significação e, por fim, da

---

* *Genosse* significa camarada, companheiro, é, como se sabe, o termo com que se tratam os correligionários de partidos socialistas ou comunistas. Os nacional-socialistas adotaram o termo *Volksgenosse* para designar aqueles que veem seu laço de solidariedade no pertencimento a um mesmo povo ou etnia (*Volk*). Por isso, traduzimos o termo por "camarada de etnia" ou "camarada da ideologia racista". (N.T.)

verdade. O passatempo pueril do homicídio é uma confirmação da vida estúpida a que as pessoas se conformam.

Só a cegueira do antissemitismo, sua falta de objetivo, confere uma certa verdade à explicação de que ele seria uma válvula de escape. A cólera é descarregada sobre os desamparados que chamam a atenção. E como as vítimas são intercambiáveis segundo a conjuntura: vagabundos, judeus, protestantes, católicos, cada uma delas pode tomar o lugar do assassino, na mesma volúpia cega do homicídio, tão logo se converta na norma e se sinta poderosa enquanto tal. Não existe um genuíno antissemitismo e, certamente, não há nenhum antissemita nato. Os adultos, para os quais o brado pelo sangue judeu tornou-se uma segunda natureza, conhecem tão pouco a razão disso quanto os jovens que devem derramá-lo. Os mandantes altamente situados, é verdade, que a conhecem, não odeiam os judeus e não amam os que obedecem seu comando. Estes, porém, que não se satisfazem nem econômica nem sexualmente, têm um ódio sem fim; não admitem nenhum relaxamento, porque não conhecem nenhuma satisfação. Assim, é uma espécie de idealismo dinâmico que, de fato, anima o bando organizado dos ladrões assassinos. Eles saem a pilhar e constroem uma ideologia grandiosa para isso, e falam disparatadamente da salvação da família, da pátria, da humanidade. Mas como continuam a ser os logrados – o que já pressentiam secretamente –, seu mísero motivo racional, o roubo, ao qual devia servir a racionalização, desaparece inteiramente, e esta ideologia torna-se involuntariamente sincera. A obscura pulsão, com que desde o início tinham maior afinidade do que com a razão, toma conta deles totalmente. A ilha racional é inundada e os desesperados aparecem agora unicamente como os defensores da verdade, os renovadores da terra, que têm de reformar até o seu último recanto. Tudo o que vive converte-se em material de seu dever atroz, que nenhuma inclinação mais vem prejudicar. A ação torna-se realmente um fim em si e autônomo, ela encobre sua própria falta de finalidade. O antissemitismo conclama sempre a ir até o fim do trabalho. Entre o antissemitismo e a totalidade havia desde o início a mais íntima conexão. A cegueira alcança tudo, porque nada compreende.

O liberalismo havia concedido a posse aos judeus, mas não o mando. O sentido dos direitos humanos era prometer a felicidade mesmo na ausência de qualquer tipo de poder. Como as massas enganadas pressentem que essa promessa, na medida em que é universal, permanecerá uma mentira enquanto houver classes, sua fúria se vê excitada; pois se sentem escarnecidas. Mesmo a título de possibilidade, de Ideia, elas sempre devem recalcar novamente a noção daquela felicidade, e elas a renegam com tanto maior ferocidade quanto mais próxima está sua hora. Toda vez que ela parece realizada em meio a renúncias fundamentais, elas têm que repetir a repressão infligida às próprias aspirações.

Tudo aquilo que dá ocasião a semelhante repetição (por mais desgraçado que possa ser, Ahasver e Mignon, costumes estranhos que lembram a terra prometida, a beleza que lembra o sexo, o animal execrado como repugnante porque evoca a promiscuidade), tudo isso atrai sobre si o desejo de destruição dos civilizados que jamais puderam realizar totalmente o doloroso processo civilizatório. Os que exercem um domínio crispado sobre a natureza veem na natureza atormentada o reflexo provocante da felicidade impotente. A noção de uma felicidade sem poder é intolerável pois só ela seria a felicidade pura e simples. O fantasma da conspiração de concupiscentes banqueiros judeus a financiar o bolchevismo é o sinal de uma impotência inata; a boa vida é o sinal da felicidade. Associa-se a isso a imagem do intelectual; ele parece pensar, o que os outros não se permitem, e não derrama o suor da fadiga e do esforço físico. O banqueiro e o intelectual, o dinheiro e o espírito, expoentes da circulação, são o sonho renegado daqueles que a dominação mutilou e de que ela se serve para sua própria perpetuação.

III

A sociedade atual, onde os renascimentos e os sentimentos religiosos primitivos, bem como o legado das revoluções, estão à venda no mercado; onde os chefes fascistas negociam atrás das portas o território e a vida das nações, enquanto o público esperto calcula o preço no rádio; a sociedade, onde a palavra que a desmascara se legitima por isso mesmo como recomendação para a admissão no banditismo político; essa sociedade, na qual a política não é mais somente um negócio, mas o negócio é a política inteira – essa sociedade se toma de indignação contra o retrógrado mercantilismo do judeu e designa-o como o materialista, o traficante, que deve recuar diante do fogo sagrado daqueles que erigiram o negócio em algo de absoluto.

O antissemitismo burguês tem um fundamento especificamente econômico: o disfarce da dominação na produção. Se, em épocas mais antigas, os dominadores eram imediatamente repressivos, de tal sorte que não somente abandonavam todo o trabalho às classes inferiores, mas declaravam o trabalho como a ignomínia que sempre foi sob a dominação, no mercantilismo, o monarca absoluto sofre uma metamorfose e transforma-se nos mais poderosos donos de manufaturas. A produção passa a ser aceitável na corte. Os senhores transformados em burgueses acabaram por despir o casaco colorido e passaram a envergar um traje civil. O trabalho não envergonha, diziam, para se apoderar mais racionalmente do trabalho de outrem. Eles próprios se incluíam entre os produtores, ao passo que continuavam a ser os mesmos rapinadores de sempre. O fabricante arriscava e embolsava, como o negociante e o banqueiro. Ele calculava, dispunha, comprava, vendia. No mercado, ele concorria com todos por um lucro compatível com seu capital. Só que ele não rapinava apenas no mercado, mas também na fonte: como representante de sua classe, tomava cuidados para não ficar prejudicado no trabalho de sua gente. Os trabalhadores tinham de fornecer o máximo possível. Como o verdadeiro Shylock, ele insistia em sua promissória. Com base na posse das máquinas e do material, ele forçava os outros a produzir. Ele se denominava "produtor", mas como qualquer um sabia no íntimo a verdade. O trabalho produtivo do capitalista – não importa se justificava seu lucro como salário do empresário, como no liberalismo, ou como vencimentos de diretor, como hoje – era a ideologia que encobria a essência do contrato de trabalho e a natureza rapinante do sistema econômico em geral.

Por isso as pessoas gritam: "pega ladrão!" e apontam para o judeu. Ele é, de fato, o bode expiatório, não somente para manobras e maquinações particulares, mas no sentido mais amplo em que a injustiça econômica da classe inteira é descarregada nele. Na fábrica, o fabricante tem sob os olhos seus devedores, os trabalhadores, e controla sua contrapartida antes mesmo de adiantar o dinheiro. O que na realidade se passou eles só percebem quando veem o que podem comprar em troca: o menor dos magnatas pode dispor de um quantum de serviços e bens como jamais pôde nenhum senhor antes; os trabalhadores, porém recebem o chamado mínimo cultural. Não bastava descobrir no mercado como são poucos os bens que lhes cabem, o vendedor ainda elogia o que eles não podem se permitir. Só a relação do salário com os preços exprime o que é negado aos trabalhadores. Com seu salário, eles aceitaram ao mesmo tempo o princípio da expropriação do salário [*Entlohnung*]. O comerciante apresenta-lhes a letra que assinaram para o fabricante. O comerciante é o oficial de justiça para o sistema inteiro e atrai para si o ódio voltado aos outros. A responsabilidade do setor da circulação pela exploração é uma aparência socialmente necessária.

Os judeus não foram os únicos a ocupar o setor da circulação, mas ficaram encerrados nele tempo demais para não refletir em sua maneira de ser o ódio que sempre suportaram. Ao contrário de seu colega ariano, o acesso à origem da mais-valia ficou-lhes em larga medida vedado. Foi só após inúmeras dificuldades e tardiamente que lhes foi permitido o acesso à propriedade dos meios de produção. É verdade que os judeus batizados chegaram, na história da Europa e mesmo no Império alemão, a posições elevadas na administração e na indústria. Contudo, sempre tiveram de justificá-lo com redobrado devotamento, enorme aplicação e uma abnegação tenaz. Eles só eram admitidos se aceitassem tacitamente com seu comportamento o veredicto sobre os outros judeus e mais uma vez o confirmassem: eis o sentido do batizado. Nenhum dos grandes feitos dos que se destacaram levou os povos da Europa a darem acolhida ao judeu; não se permitiu que lançasse raízes sendo, por isso, acoimado de desenraizado. Eis por que o judeu permaneceu sempre um tutelado, dependente dos imperadores, dos príncipes ou do Estado absolutista. Todos eles foram, em certa época, economicamente adiantados em face da população atrasada. Na medida em que podiam usar o judeu como intermediário, eles o protegiam das massas que tinham de pagar a conta do progresso. Os judeus foram os colonizadores do progresso. Desde a época em que ajudaram, como comerciantes, a difundir a civilização romana entre os gentios europeus, eles sempre foram, em consonância com sua religião patriarcal, os representantes de condições citadinas, burguesas e, por fim, industriais. Eles introduziram formas de vida capitalistas nos diversos países e atraíram sobre si o ódio dos que tinham de sofrer sob elas. Por causa do progresso econômico, que é hoje sua perda, os judeus foram sempre um espinho na carne dos artesãos e camponeses, que o capitalismo desclassificara. Agora, eles experimentam em sua própria carne o caráter exclusivo e particular do capitalismo. Os que sempre quiseram ser os primeiros são deixados para trás. Até mesmo o diretor judeu de um truste norte-americano da indústria cultural vive, em todo seu esplendor, numa defensiva sem perspectivas de mudança. O caftã era uma relíquia fantasmagórica do antiquíssimo traje burguês. Hoje, ele mostra que seus portadores foram lançados à margem da sociedade que, totalmente esclarecida ela própria, exorciza os fantasmas de sua pré-história. Aqueles que propagaram o individualismo, o direito abstrato, o conceito da pessoa, estão degradados agora a uma espécie. Aqueles que jamais puderam gozar tranquilamente dos direitos civis e políticos, que deviam lhes conferir a qualidade da humanidade, são de novo indistintamente designados como "o judeu". Mesmo no século dezenove, o judeu permanecia dependente de uma aliança com o poder central. O direito universal garantido pelo Estado era o penhor de sua segurança; a lei de exceção, seu espantalho. Ele permaneceu um objeto à mercê dos poderosos, mesmo quando insistia em seu direito. O comércio não foi sua profissão, mas seu destino. Ele foi o trauma do cavaleiro da indústria, que tinha que se arvorar em criador. O jargão judeu dizia-lhe a razão por que secretamente se desprezava a si mesmo: seu antissemitismo é ódio de si mesmo, é a má consciência do parasita.

IV

O antissemitismo racista quer se abstrair da religião. Ele afirma que se trata da pureza da raça e da nação. Os nacional-socialistas notaram que os homens há muito deixaram de se preocupar com a salvação eterna. Atualmente, a média dos fiéis já é tão esperta como só os cardeais antigamente. Acusar os judeus de serem infiéis obstinados não mexe mais com as massas. Mas é muito improvável que a hostilidade religiosa que, durante dois milênios, impeliu à perseguição dos judeus tenha se extinguido inteiramente. Muito ao contrário, o zelo com que o antissemitismo renega sua tradição religiosa mostra que ela está, ainda que em segredo, tão profundamente arraigada nele, como outrora a idiossincrasia profana no zelo religioso. A religião foi integrada como patrimônio cultural, mas não abolida. A aliança entre o esclarecimento e a dominação impediu que sua parte de verdade tivesse acesso à consciência e conservou suas formas reificadas. As duas coisas acabam por beneficiar o fascismo: a nostalgia incontrolada é canalizada como uma rebelião racista; os descendentes dos visionários evangelizadores são convertidos, segundo o modelo wagneriano dos cavaleiros do Santo Graal, em conjurados da confraria do sangue e em guardas de elite; a religião enquanto instituição é, em parte, confundida de maneira direta e inextrincável com o sistema e, em parte, transposta na pompa da cultura de massa e das paradas. A fé fanática, de que se vangloriavam os chefes e seus seguidores, não é outra senão a fé encarniçada que ajudava, outrora, os desesperados a aguentar, só o seu conteúdo se perdeu. Esta continua a nutrir tão somente o ódio pelos que não partilham a fé. Entre os cristãos alemães, a única coisa que sobrou da religião do amor foi o antissemitismo.

O cristianismo não é apenas um retrocesso relativamente ao judaísmo. Ao passar da forma henoteísta para a forma universal, seu deus ainda não despiu inteiramente os traços do demônio natural. O terror que tem origem no passado pré-animista passa da natureza para o conceito do eu absoluto que submete inteiramente a natureza como seu criador e dominador. Apesar de todo seu indescritível poderio e magnificência, que essa alienação lhe confere, ele é alcançável pelo pensamento, que se torna universal justamente pela relação com um ser supremo e transcendente. Deus enquanto espírito opõe-se à natureza como o outro princípio, que não garante simplesmente seu ciclo cego, como todos os deuses míticos, mas pode nos liberar desse ciclo. Mas ao mesmo tempo, a abstração e a distância desse deus reforçou o terror do incomensurável, e esse verbo inflexível: *Eu sou*, que nada tolera a seu lado, supera com sua inescapável violência a sentença mais cega (e, por isso mesmo, mais ambígua também) do destino anônimo. O deus do judaísmo exige o que lhe é devido e ajusta contas com o devedor relapso. Ele enreda sua criatura no tecido da culpa e do merecimento. O cristianismo, ao contrário, enfatizou o aspecto da graça, que está contido, é verdade, no próprio judaísmo, na aliança de Deus com os homens e na promessa messiânica. O cristianismo suavizou o terror do absoluto, na medida em que a criatura se reencontra a si mesma na divindade: o mediador divino é invocado por um nome humano e morre uma morte humana. Sua mensagem é: não temais; a lei desaparece diante da fé; maior que toda majestade é o amor, o único mandamento.

Mas, as mesmas ideias, que permitem ao cristianismo reabilitar a religião natural, ressuscitam a idolatria sob uma forma espiritualizada. Na mesma medida em que o absoluto é aproximado do finito, o finito é absolutizado. Cristo, o espírito que se tornou carne, é o feiticeiro divinizado. A autorreflexão humana no absoluto, a humanização de Deus por Cristo é o *proton pseudos*. O progresso para além do judaísmo tem por preço a afirmação de que o homem Jesus era Deus. É justamente o aspecto reflexivo do cristianismo, a espiritualização da magia, que está na raiz do mal. Apresenta-se como tendo uma essência espiritual justamente aquilo que, diante do espírito, se revela como tendo uma essência natural. O espírito consiste exatamente no desdobramento da contradição contra semelhante pretensão do finito. Assim, a má consciência tem de recomendar o profeta como símbolo, a prática mágica como transformação. Isso faz do cristianismo uma religião, em certo sentido a única: uma ligação intelectual com o intelectualmente suspeito, um domínio cultural particular. Como os grandes sistemas asiáticos, o judaísmo pré-cristão era uma fé praticamente indiferenciada da vida nacional, isto é, da autoconservação universal. A transformação do ritual pagão do sacrifício não se consumou apenas no culto, nem apenas na mente, pois ela também determinava a forma do processo de trabalho. É como o esquema desse processo que o sacrifício se torna racional. O tabu transforma-se na regulação racional do processo de trabalho. Ele ordena a administração na guerra e na paz, o semear e o colher, o preparo da comida e o abate de animais. Se as regras não se originam da reflexão racional, pelo menos a racionalidade se origina delas. O esforço por se liberar do medo imediato deu origem, entre os primitivos, à organização do ritual que, no judaísmo, se purifica no ritmo sacralizado da vida de família e do Estado. Os sacerdotes eram guardiães designados para velar pela obediência do costume. Sua função na dominação estava patente na práxis teocrática; o cristianismo, porém, queria permanecer espiritual, mesmo quando aspirava à dominação. Através do sacrifício derradeiro, o sacrifício do homem-deus, ele destruiu na ideologia a autoconservação, mas por isso mesmo entregou a vida desvalorizada ao profano: a lei mosaica é abolida, mas a César se dá o que é de César, assim como a Deus o que é de Deus. As autoridades temporais são confirmadas ou usurpadas, a prática cristã se torna concessionária do setor da salvação. Ordena-se a superação da autoconservação pela imitação de Cristo. Assim, o amor abnegado é despido da ingenuidade, separado do amor natural e contabilizado como mérito. Ao mesmo tempo, o amor mediado pelo saber de salvação deve ser o amor imediato; nele estariam reconciliados o natural e o sobrenatural. É nisso que reside sua inverdade: no sentido enganosamente afirmativo que é dado à autoabnegação.

Essa doação de sentido é enganosa porque a igreja vive, é verdade, do fato de que os homens veem o caminho para a salvação na obediência à sua doutrina (não importa se ela exige obras, como a versão católica, ou a fé, como a versão protestante), mas não pode garantir o objetivo. O fato de que a promessa espiritual da salvação não cria nenhuma obrigação – esse aspecto judeu e negativo na doutrina cristã, pelo qual a magia e, por fim, a própria igreja é relativizada – é tacitamente rejeitado pelo crente ingênuo; o cristianismo, o supranaturalismo, torna-se para ele um ritual mágico, uma religião natural. Ele só crê esquecendo sua própria fé. Ele se persuade do saber e da certeza como os astrólogos e os espíritas, mas isso não é necessariamente o pior em face da teologia espiritualizada. A velhinha italiana que, em sua piedosa simplicidade, consagra uma vela a San Gennaro em favor do neto que partiu para a guerra, pode estar mais próxima da verdade do que os papas e os bispos que, imunes à idolatria, abençoam as armas contra as quais San Gennaro é impotente. Mas, para a simplicidade, a própria religião torna-se um sucedâneo da religião. Desde os primeiros dias, o cristianismo teve esse pressentimento, mas só os cristãos paradoxais, os antioficiais, de Pascal a Barth passando por Lessing e Kierkegaard, fizeram dele a pedra angular de sua filosofia. Nessa consciência, eles foram não somente os radicais, mas também os tolerantes. Mas os outros, que recalcavam esse pressentimento e, com má consciência; procuravam se persuadir do cristianismo como uma posse segura, tinham que buscar a confirmação de sua salvação eterna na desgraça terrena daqueles que não faziam o turvo sacrifício da razão. Eis aí a origem religiosa do antissemitismo. Os adeptos da religião do Pai são odiados pelos adeptos da religião do Filho porque acham que sabem tudo. É a hostilidade ao espírito própria do espírito que se endurece na presunção de ser a salvação. O que escandaliza os inimigos cristãos dos judeus é a verdade que resiste ao mal sem racionalizá-lo e retém a Ideia da beatitude imerecida contra o curso do mundo e a ordem da salvação, que deveriam pretensamente realizá-la. O antissemitismo deve confirmar a legitimidade do ritual da fé e da história, executando-o naqueles que o negam.

V

"Não se esqueça de que não suporto você", diz Siegfried a Mime, que solicita seu amor. A velha resposta de todos os antissemitas é o apelo à idiossincrasia. A emancipação da sociedade relativamente ao antissemitismo depende da possibilidade de elevar ao conceito o conteúdo da idiossincrasia e de tomar consciência de seu absurdo. A idiossincrasia, porém, apega-se ao particular. O que se considera como natural é o universal, o que se encaixa no contexto funcional da sociedade. Mas a natureza que não se purificou nos canais da ordem conceitual para se tornar algo dotado de finalidade; o som estridente do lápis riscando a lousa e penetrando até a medula dos ossos; o *haut goût** que lembra a sujeira e a putrefa-

---

* Gosto intenso e penetrante. (N.T.)

ção; o suor que poreja a testa da pessoa atarefada; tudo o que não se ajustou inteiramente ou que fira os interditos em que se sedimentou o progresso secular tem um efeito irritante e provoca uma repugnância compulsiva.

Os motivos a que responde a idiossincrasia remetem às origens. Eles reproduzem momentos da proto-história biológica: sinais de perigo cujo ruído fazia os cabelos se eriçarem e o coração cessar de bater. Na idiossincrasia, determinados órgãos escapam de novo ao domínio do sujeito; independentes, obedecem a estímulos biológicos fundamentais. O ego que se apreende em reações como as contrações da pele, dos músculos e dos membros não tem um domínio total delas. Em certos instantes, essas reações efetuam uma assimilação à imóvel natureza ambiente. Mas, ao mesmo tempo que o móvel se aproxima do imóvel, a vida mais evoluída da mera natureza, a primeira se aliena desta, pois a natureza imóvel – na qual o ser vivo, como Dafne, tenta, numa extrema excitação, se transformar – só é capaz da relação mais exterior, a espacial. O espaço é a alienação absoluta. Quando o humano quer se tornar como a natureza, ele se enrijece contra ela. A proteção pelo susto é uma forma do mimetismo. Essas reações de contração no homem são esquemas arcaicos da autoconservação: a vida paga o tributo de sua sobrevivência assimilando-se ao que é morto.

Inicialmente, em sua fase mágica, a civilização havia substituído a adaptação orgânica ao outro, isto é, o comportamento propriamente mimético, pela manipulação organizada da mimese e, por fim, na fase histórica, pela práxis racional, isto é, pelo trabalho. A mimese incontrolada é proscrita. O anjo com a espada de fogo, que expulsou os homens do paraíso e os colocou no caminho do progresso técnico, é o próprio símbolo desse progresso. O rigor com que os dominadores impediram no curso dos séculos a seus próprios descendentes, bem como às massas dominadas, a recaída em modos de vida miméticos – começando pela proibição de imagens na religião, passando pela proscrição social dos atores e dos ciganos e chegando, enfim, a uma pedagogia que desacostuma as crianças de serem infantis – é a própria condição da civilização. A educação social e individual reforça nos homens seu comportamento objetivamente enquanto trabalhadores e impede-os de se perderem nas flutuações da natureza ambiente. Toda diversão, todo abandono tem algo de mimetismo. Foi se enrijecendo contra isso que o ego se forjou. É através de sua constituição que se realiza a passagem da mimese refletora para a reflexão controlada. A assimilação física da natureza é substituída pela "recognição no conceito", a compreensão do diverso sob o mesmo, o idêntico. A constelação, porém, na qual a identidade se produz – a identidade imediata da mimese assim como a identidade mediatizada da síntese, a assimilação à coisa no ato cego de viver, assim como a comparação dos objetos reificados na conceitualidade científica – continua a ser a constelação do terror. A sociedade é um prolongamento da natureza ameaçadora enquanto compulsão duradoura e organizada que, reproduzindo-se no indivíduo como uma autoconservação consequente, repercute sobre a natureza enquanto dominação social da natureza. A ciência é repetição, aprimorada como regularidade observada e conservada em estereótipos. A fórmula matemática é uma regressão conscientemente manipulada, como já o era o rito mágico; é a mais sublime modalidade do mimetismo. A técnica efetua a adaptação ao inanimado a serviço da autoconservação, não mais como a magia, por meio da imitação corporal da natureza externa, mas através da automatização dos processos espirituais, isto é, através de sua transformação em processos cegos. Com seu triunfo, as manifestações humanas tornam-se ao mesmo tempo controláveis e compulsivas. Da assimilação à natureza resta apenas o enrijecimento contra ela. Hoje, a coloração destinada a proteger e a repelir é a dominação cega da natureza, que é idêntica à funcionalidade prognosticadora.

No modo de produção burguês, a indelével herança mimética de toda práxis é abandonada ao esquecimento. Os homens obcecados pela civilização só se apercebem de seus próprios traços miméticos, que se tornaram tabus, em certos gestos e comportamentos que encontram nos outros e que se destacam em seu mundo racionalizado como resíduos isolados e traços rudimentares verdadeiramente vergonhosos. O que repele por sua estranheza é, na verdade, demasiado familiar[1]. São os gestos contagiosos dos contatos diretos reprimidos pela civilização: tocar, aconchegar-se, aplacar, induzir. O escandaloso, hoje, é o caráter extemporâneo desses impulsos. Eles parecem retraduzir as relações humanas reificadas em relações pessoais de poderio, amolecendo o comprador com lisonjas, o devedor com ameaças, o credor com súplicas. Finalmente, todo impulso em geral produz um efeito penoso, a excitação parecendo menos penosa. Toda expressão não manipulada se parece com a careta que sempre foi a expressão manipulada – no cinema, no linchamento, no discurso do Führer. A mímica indisciplinada é o ferrete da antiga dominação, impresso na substância viva dos dominados e, graças a um inconsciente processo de imitação, transmitida na mais tenra infância de geração em geração, do belchior judeu ao banqueiro. Essa mímica provoca a fúria porque, em face das novas relações de produção, ela põe à mostra o antigo medo que foi preciso esquecer para nelas poder sobreviver. É ao elemento compulsivo, à fúria do verdugo e à fúria do torturado, que reaparecem indiferenciadas na careta, que reage à fúria do civilizado. À aparência impotente responde a realidade letal; ao fingimento, a seriedade.

A careta parece fingida porque, ao invés de se pôr seriamente a trabalhar, ela prefere representar o desagrado. Ela parece furtar-se à seriedade da vida porque confessa-a sem reservas: por isso ela é inautêntica. Mas toda expressão é o eco doloroso de um poder superior, a violência que se exprime na lamentação. Ela é sempre exagerada, por mais sincera que seja, pois, assim como em toda obra de arte, cada lamentação parece conter o mundo inteiro. Só a obra realizada é adequada. É ela e não a mimese que consegue pôr termo ao sofrimento. Mas sua consequência é a face imóvel e impassível e, por fim, ao término desta era, o rosto de bebê dos homens de ação, dos políticos, padres, diretores gerais e gângsteres. A voz uivante dos demagogos e chefes de campos de concentração fascistas mostra o reverso da mesma situação social. Os uivos são tão frios quanto os negócios. Eles expropriam os sons naturais da lamentação e fazem deles o elemento de sua técnica. Seus urros são para o *pogrom* o que o dispositivo de alarme é para a bomba voadora alemã: aciona-se o grito de terror que traz o terror. É pelo gemido da vítima que, pela primeira vez, chamou a violência por seu nome, e até mesmo pela simples palavra que visa as vítimas: francês, negro, judeu, que eles se deixam intencionalmente transportar para o desespero dos perseguidos obrigados a reagir com violência. Eles são o falso retrato da mimese assustadora. Eles reproduzem em si a insaciabilidade da potência de que têm medo. Tudo deve ser usado, tudo deve lhes pertencer. A mera existência do outro é motivo de irritação. Todos os outros são "muito espaçosos" e devem ser recolocados em seus limites, que são os limites do terror sem limites. Quem busca refúgio não deve encontrá-lo; os que exprimem aquilo a que todos aspiram, a paz, a pátria, a liberdade, ou seja, os nômades e os saltimbancos, viram sempre recusado o seu direito de cidadania. O que eles temem lhes será feito. Mesmo o último repouso não deve ser um repouso. A devastação dos cemitérios não é um excesso do antissemitismo, ela é o próprio antissemitismo. Os proscritos despertam o desejo de proscrever. No sinal que a violência deixou neles inflama-se sem cessar a violência. Deve-se exterminar aquilo que se contenta em vegetar. As reações de fuga caoticamente regulares dos animais inferiores, a formigação das multidões de insetos, os gestos convulsivos dos martirizados exibem aquilo que, em nossa pobre vida, apesar de tudo, não se pode dominar inteiramente: o impulso mimético. É na agonia da criatura, no polo extremo oposto à liberdade, que aflora irresistivelmente a liberdade enquanto determinação contrariada da matéria. É contra isso que se dirige a idiossincrasia que serve de pretexto ao antissemitismo.

A energia psíquica mobilizada pelo antissemitismo político é essa idiossincrasia racionalizada. Todos os pretextos combinados pelos chefes e seus seguidores servem para ceder à sedução mimética sem violar abertamente o princípio de realidade – por assim dizer, com todas a honras. Eles não suportam o judeu e imitam-no continuamente. Não há antissemita que não seja levado instintivamente a imitar o que ele considera judeu. O que se considera judeu, aliás, são sempre cifras miméticas: o gesto da mão que argumenta; a entonação cantante com que descreve, independentemente do sentido do juízo proferido, uma imagem animada das coisas e dos sentimentos; o nariz, *principium individuationis* fisionômico e, por assim dizer, um caractere que inscreve no próprio rosto do indivíduo seu caráter particular. Nas ambíguas inclinações dos prazeres do olfato sobrevive ainda a antiga nostalgia pelas formas inferiores da vida, pela união imediata com a natureza ambiente, com a terra e o barro. De todos os sentidos, o ato de cheirar – que se deixa atrair sem objetualizar – é o testemunho mais evidente da ânsia de se perder no outro e com ele se identificar. Por isso o cheiro, tanto como percepção quanto como percebido (ambos se identificam no ato), é mais expressivo que os outros sentidos. Ao ver, a gente permanece quem a gente é, ao cheirar, a gente se deixa absorver. É por isso que a civilização considera o cheiro como uma ignomínia, como sinal das camadas sociais mais baixas, das raças inferiores e dos animais abjetos. Ao civilizado só se permite o abandono a semelhante prazer quando o interdito é suspenso por uma racionalização a serviço de fins real ou aparentemente práticos. Só é lícito entregar-se a esse instinto condenado quando está fora de dúvida que o objetivo é destruí-lo, como é o caso do gracejo ou da facécia, a mísera paródia da satisfação. Desprezada e desprezando-se a si mesma, a função mimética é saboreada maldosamente. Quem fareja cheiros para eliminá-los, "maus" cheiros, pode imitar à vontade o fungar que encontra no cheiro um prazer não racionalizado. O impulso recusado é permitido na medida em que o civilizado o desinfeta através de sua identificação incondicional com a instância recusadora. Passado o limiar, o riso aparece. É este o esquema da reação antissemita. É para celebrar o instante da liberação autoritária do proibido que os antissemitas se reúnem, só ele transforma-os numa coletividade, e constitui a comunidade da espécie. Seu alarido é a gargalhada organizada. Quanto mais medonhas as acusações e as ameaças, quanto maior a fúria, mais compulsório o escárnio. A fúria, o escárnio e a imitação venenosa são a rigor a mesma coisa. O sentido das fórmulas fascistas, da disciplina ritual, dos uniformes e de todo o aparato pretensamente irracional é possibilitar o comportamento mimético. Os símbolos engenhosamente arquitetados, próprios a todo movimento contrarrevolucionário, as caveiras e mascaradas, o bárbaro rufar dos tambores, a monótona repetição de palavras e gestos são outras tantas imitações organizadas de práticas mágicas, a mimese da mimese. O Führer, com sua cara de canastrão e o carisma da histeria orquestrada, puxa a roda. Sua representação realiza substitutivamente e em imagem o que é vedado a todos os demais na realidade. Hitler pode gesticular como um palhaço; Mussolini pode arriscar notas erradas como um tenor de província; Goebbels pode falar com a fluência do representante comercial judeu que ele exorta a assassinar; Coughlin pode pregar com a fé do Salvador, cuja crucifixão ele descreve a fim de que se volte sempre a derramar o sangue. O fascismo também é totalitário na medida em que se esforça por colocar diretamente a serviço da dominação a própria rebelião da natureza reprimida contra essa dominação.

Esse mecanismo precisa dos judeus. Sua visibilidade artificialmente aumentada age sobre o filho legítimo da civilização gentia, por assim dizer, como um campo magnético. O fato de que o indivíduo que tem raízes vê no que o diferencia do judeu a igualdade, o humano, induz nele o sentimento de antagonismo e de estranheza. É assim que os impulsos que são objeto de tabus e contrários ao trabalho em sua forma dominante são convertidos em idiossincrasias conformistas. A posição econômica dos judeus, os últimos enganadores enganados da ideologia liberal, não oferece uma proteção confiável contra isso. Já que são tão aptos a produzir semelhantes correntes de indução psíquica, eles se prestam passivamente a semelhantes funções. Eles compartilham a sorte da natureza rebelde, em lugar da qual o fascismo os mobiliza: são usados cega e perspicazmente. Pouco importa se os judeus realmente ainda tenham como indivíduos esses traços miméticos que provocam uma infecção maligna, ou se esses traços lhes são apenas imputados. Tão logo os donos do poder econômico superem seu medo de empregar os administradores fascistas, produz-se em face dos judeus a harmonia da comunidade racial [*Volksgemeinschaft*]. Eles são abandonados pela dominação quando esta, graças à sua progressiva alienação, regride à simples natureza. Os judeus são acusados em bloco da magia proibida, do ritual sanguinário. É só assim sob o disfarce da acusação que o desejo subliminar dos autóctones de retornar à prática mimética do sacrifício pode ressurgir em sua consciência. E quando todo o horror dos tempos primitivos abolidos pela civilização é reabilitado como um interesse racional pela projeção sobre os judeus, não há mais como parar. Ele pode, agora, ser posto em prática, e a realização do mal ainda supera o conteúdo maligno da projeção. As fantasias racistas sobre os crimes dos judeus, sobre os infanticídios e excessos sádicos, sobre o envenenamento do povo e a conspiração internacional, definem exatamente o desejo onírico do antissemita e ficam aquém de sua realização. Tendo chegado a esse ponto, a mera palavra "judeu" já se parece com a careta sanguinolenta, cujo retrato é desfraldado pela bandeira da cruz gamada – ao mesmo tempo caveira e a cruz esquartejada. Chamar-se judeu equivale a um convite a seviciá-lo até ficar igual a essa imagem.

A civilização é a vitória da sociedade sobre a natureza, vitória essa que tudo transforma em pura natureza. Os próprios judeus participaram desse processo ao longo dos milênios, com espírito esclarecido e com cinismo. Representantes do mais antigo patriarcado ainda existente, encarnação do monoteísmo, eles transformaram os tabus em máximas civilizatórias, enquanto os outros se encontravam ainda no estágio da magia. Os judeus pareciam ter conseguido aquilo que o cristianismo em vão buscava: destituir a magia de seu poder por meio de sua própria força, que se volta contra si mesma no culto religioso. Mais que extirpar a assimilação à natureza, o que fizeram foi superá-la conservando-a nos puros deveres do ritual. Desse modo, conservaram dela a memória expiatória, sem recair pelo símbolo na mitologia. É por isso que são considerados pela civilização avançada como atrasados e muito avançados, como semelhantes e diferentes, inteligentes e estúpidos. Eles são inculpados daquilo que foram os primeiros, primeiros burgueses que foram, a romper em seu íntimo: a tendência a se deixar seduzir pelo inferior, a ânsia da animalidade e da terra, do culto das imagens. Porque inventaram o conceito do *kosher**, são perseguidos como porcos. Os antissemitas se arvoram em executores do Velho Testamento: eles providenciam para que os judeus, já que comeram da árvore do conhecimento, retornem ao pó.

VI

O antissemitismo baseia-se numa falsa projeção. Ele é o reverso da mimese genuína, profundamente aparentada à mimese que foi recalcada, talvez o traço caracterial patológico em que esta se sedimenta. Só a mimese se torna semelhante ao mundo ambiente, a falsa projeção torna o mundo ambiente semelhante a ela. Se o exterior se torna para a primeira o modelo ao qual o interior se ajusta, o estranho tornando-se o familiar, a segunda transpõe o interior prestes a saltar para o exterior e caracteriza o mais familiar como algo de hostil. Os impulsos que o sujeito não admite como seus e que, no entanto, lhe pertencem são atribuídos ao objeto: a vítima em potencial. Para o paranoico usual, sua escolha não é livre, mas obedece às leis de sua doença. No fascismo, esse comportamento é adotado pela política, o objeto da doença é determinado realisticamente; o sistema alucinatório torna-se a norma racional no mundo, e o desvio a neurose. O mecanismo que a ordem totalitária põe a seu serviço é tão antigo quanto a civilização. Os mesmos impulsos sexuais que a raça humana reprimiu souberam se conservar e se impor num sistema diabólico, tanto dentro dos indivíduos, quanto dos povos, na metamorfose imaginária do mundo ambiente. O indivíduo obcecado pelo desejo de matar sempre viu na vítima o perseguidor que o forçava a uma desesperada e legítima defesa, e os mais poderosos impérios sempre consideraram o vizinho mais fraco como uma ameaça insuportável, antes de cair sobre eles. A racionalização era uma finta e, ao mesmo tempo, algo de compulsivo. Quem é escolhido para inimigo é percebido como inimigo. O distúrbio está na incapacidade de o sujeito discernir no material projetado entre o que provém dele e o que é alheio.

Em certo sentido, perceber é projetar. A projeção das impressões dos sentidos é um legado de nossa pré-história animal, um mecanismo para fins de proteção e obtenção de comida, o prolongamento da combatividade com que as

---

* *Kosher* refere-se, entre os judeus, à carne dos animais abatidos segundo um ritual destinado a assegurar sua pureza. (N.T.)

espécies animais superiores reagiam ao movimento, com prazer ou desprazer e independentemente da intenção do objeto. A projeção está automatizada nos homens, assim como as outras funções de ataque e proteção, que se tornaram reflexos. É assim que se constitui seu mundo objetivo, como um produto daquela "arte escondida nas profundezas da alma humana cujos procedimentos dificilmente haveremos de arrancar à natureza e expor aos olhos de todos"[2]. O sistema das coisas, a ordem fixa do universo, do qual a ciência constitui tão somente a expressão abstrata, é, se dermos uma interpretação antropológica da crítica kantiana do conhecimento, o produto inconsciente do instrumento que o animal usa na luta pela vida, isto é, daquela projeção espontânea. Na sociedade humana, porém, na qual tanto a vida intelectual quanto a vida afetiva se diferenciam com a formação do indivíduo, o indivíduo precisa de um controle crescente da projeção; ele tem de aprender ao mesmo tempo a aprimorá-la e a inibi-la. Aprendendo a distinguir, compelido por motivos econômicos, entre pensamentos e sentimentos próprios e alheios, surge a distinção do exterior e do interior, a possibilidade de distanciamento e identificação, a consciência de si e a consciência moral. Para compreender a projeção colocada sob controle e sua degeneração na falsa projeção, que pertence à essência do antissemitismo, é preciso de uma reflexão mais aprofundada.

A doutrina fisiológica da percepção, desprezada pelos filósofos desde o kantismo como uma concepção ingenuamente realista e um raciocínio circular, explica o mundo da percepção como a imagem refletida e dirigida pelo intelecto dos dados que o cérebro recebe dos objetos reais. Segundo esse modo de ver, a ordenação dos indícios punctuais recebidos, as impressões, é realizada pelo entendimento. Se os psicólogos gestaltistas também insistem sobre o fato de que a substância fisiológica não recebe pontos apenas, mas também estruturas, Schopenhauer e Helmolz – apesar e justamente por causa do círculo lógico – sabiam muito mais sobre as relações entrecruzadas do sujeito e do objeto do que o prolongamento coerente e oficial da escola neopsicológica ou neokantiana: a imagem perceptiva contém, de fato, conceitos e juízos. Entre o verdadeiro objeto e o dado indubitável dos sentidos, entre o interior e o exterior, abre-se um abismo que o sujeito tem de vencer por sua própria conta e risco. Para refletir a coisa tal como ela é, o sujeito deve devolver-lhe mais do que dela recebe. O sujeito recria o mundo fora dele a partir dos vestígios que o mundo deixa em seus sentidos: a unidade da coisa em suas múltiplas propriedades e estados; e constitui desse modo retroativamente o ego, aprendendo a conferir uma unidade sintética, não apenas às impressões externas, mas também às impressões internas que se separaram pouco a pouco daquelas. O ego idêntico é o produto constante mais tardio da projeção. Num processo que só pôde se efetuar com as forças desenvolvidas pela constituição fisiológica humana, ele se desenvolveu como uma função unitária e, ao mesmo tempo, excêntrica. Todavia, mesmo como ego objetivado de maneira autônoma, ele só é o que o mundo-objeto é para ele. A profundidade interna do sujeito não consiste em nada mais senão a delicadeza e a riqueza do mundo da percepção externa. Quando o entrelaçamento é rompido, o ego se petrifica. Quando ele se esgota, no registro positivista de dados, sem nada dar ele próprio, se reduz a um simples ponto; e se ele, idealisticamente, projeta o mundo a partir da origem insondável de si mesmo, se esgota numa obstinada repetição. Nos dois casos, ele sacrifica o espírito. Só a mediação, pela qual o dado sensorial vazio leva o pensamento a toda a produtividade de que é capaz e pela qual, por outro lado, o pensamento se abandona sem reservas à impressão que o sobrepuja, supera a mórbida solidão em que está presa a natureza inteira. Não é na certeza não afetada pelo pensamento, nem na unidade pré-conceptual da percepção e do objeto, mas em sua oposição refletida, que se mostra a possibilidade da reconciliação. A distinção ocorre no sujeito que tem o mundo exterior na própria consciência e, no entanto, o conhece como outro. É por isso que esse refletir, que é a vida da razão, se efetua como projeção consciente.

O patológico no antissemitismo não é o comportamento projetivo enquanto tal, mas a ausência da reflexão que o caracteriza. Não conseguindo mais devolver ao objeto o que dele recebeu, o sujeito não se torna mais rico, porém, mais pobre. Ele perde a reflexão nas duas direções: como não reflete mais o objeto, ele não reflete mais sobre si e perde assim a capacidade de diferenciar. Ao invés de ouvir a voz da consciência moral, ele ouve vozes; ao invés de entrar em si mesmo, para fazer o exame de sua própria cobiça de poder, ele atribui a outros os "Protocolos dos Sábios de Sião". Ele incha e se atrofia ao mesmo tempo. Ele dota ilimitadamente o mundo exterior de tudo aquilo que está nele mesmo; mas aquilo de que o dota é o perfeito nada, a simples proliferação dos meios, relações, manobras, a práxis sinistra sem a perspectiva do pensamento. A própria dominação que, mesmo sendo absoluta, é, em sentido próprio, sempre um mero meio, torna-se nessa projeção irrefreada, ao mesmo tempo, seu próprio fim e o fim de outrem, ou melhor, o fim em geral. Com a enfermidade do indivíduo, o aparelho intelectual aguçado do homem atua de novo contra os homens como a arma cega da pré-história animal, que ele nunca deixou de ser para a espécie, ao se voltar contra todo o resto da natureza. Do mesmo modo que, desde sua ascensão, a espécie humana mostrou-se em face das demais como a mais evoluída historicamente e, por isso mesmo, como o mais terrível poder de destruição, do mesmo modo que no interior da humanidade as raças mais avançadas se confrontaram com as mais primitivas, e os povos tecnicamente mais bem equipados com os mais lentos, assim também o indivíduo doente se confronta com os outros indivíduos, tanto na megalomania quanto na mania de perseguição. Nos dois casos, o sujeito está no centro, e o mundo, que é uma simples ocasião de seu delírio, torna-se a totalidade impotente ou onipotente de tudo o que é projetado nele. A resistência de que se queixa a todo momento o paranoico é a consequência da falta de resistência e do vazio que produz em seu redor aquele que se coloca fora de foco. Ele não pode parar. A ideia que não encontra nenhum apoio firme na realidade insiste e torna-se fixa.

Na medida em que o paranoico só percebe o mundo exterior da maneira como ele corresponde a seus fins cegos, ele só consegue repetir o seu eu alienado numa mania abstrata. O puro esquema do poder enquanto tal, que domina totalmente tanto os outros quanto o próprio eu rompido consigo mesmo, agarra o que se lhe oferece e insere-o em seu tecido mítico, com total indiferença por suas peculiaridades. O ciclo fechado do que é eternamente idêntico torna-se o sucedâneo da onipotência. É como se a promessa, feita pela serpente aos primeiros homens, de se tornarem iguais a Deus houvesse sido resgatada com o paranoico, que cria o mundo todo segundo sua imagem. Ele não parece precisar de ninguém e, no entanto, exige que todos se ponham a seu serviço. Sua vontade penetra o todo, nada pode deixar de ter uma relação com ele. Seus sistemas não têm lacunas. Como astrólogo, ele dota os astros de forças que provocam a ruína dos incautos – no estágio pré-clínico, do ego de outrem, e no estágio clínico, de seu próprio ego. Como filósofo, ele transforma a história universal na executora de catástrofes e decadências inevitáveis. Como louco consumado ou como ser absolutamente racional, ele aniquila a vítima predestinada, seja mediante um ato de terror individual, seja mediante uma estratégia de extermínio cuidadosamente planejada. É assim que tem êxito. Assim como as mulheres têm adoração pelo paranoide impassível, assim também os povos caem de joelhos frente ao fascismo totalitário. Nas próprias pessoas que se entregam, o elemento paranoico que elas possuem deixa-se atrair pelo indivíduo paranoico como um ser maléfico, e seus escrúpulos morais pelo indivíduo sem escrúpulos, a quem devotam sua gratidão. Elas seguem um homem que nem sequer olha para elas, que não as considera como sujeitos, mas que as deixa entregues aos múltiplos fins do aparelho social. Como todo o mundo, essas mulheres fizeram uma verdadeira religião da busca de posições de poder, grandes ou pequenas, e se transformaram elas próprias nessas entidades maléficas que a sociedade condenou-as a ser. Assim, o olhar que exorta-as à liberdade só pode atingi-las como o olhar de um sedutor extremamente ingênuo. Seu mundo está invertido. Mas, ao mesmo tempo, elas sabem (como os deuses antigos, que receavam o olhar de seus fiéis), que, por trás do véu, só existe a morte. O olhar não paranoico, confiante, recorda-lhes o espírito que se extinguiu dentro delas, porque, fora delas, só enxergam a frieza dos meios de sua autoconservação. Esse contato desperta nelas a vergonha e a fúria. Contudo, o louco não as atinge, mesmo quando as encara, como o Führer. Ele apenas as incendeia. O proverbial olhar nos olhos não preserva a individualidade, como olhar livre. Ele fixa. Ele constrange os outros a uma fidelidade unilateral, aprisionando-os entre os muros sem janelas das mônadas de suas próprias pessoas. Ele não desperta a consciência moral, mas de antemão vai exigindo a prestação de contas. O olhar penetrante e o olhar que ignora, o olhar hipnótico e o olhar indiferente, são da mesma natureza: ambos extinguem o sujeito. Porque a esses olhares falta a reflexão, os irrefletidos deixam-se eletrizar por eles. Eles são traídos: as mulheres se veem rejeitadas, a nação reduzida a cinzas. Assim, o ensimesmado é uma caricatura do poder divino. Assim como a seu gesto soberano falta inteiramente o poder de criação na realidade, assim também lhe faltam, como ao demônio, os atributos do princípio que ele usurpa: o amor atento e a liberdade autossustentada. Ele é mau, levado pela compulsão e tão fraco quanto sua força. Assim como se diz que a onipotência divina atrai as criaturas para si, assim também a potência satânica e imaginária tudo atrai para dentro da sua impotência. Eis aí o segredo de seu domínio. O eu que projeta compulsivamente não pode projetar senão a própria infelicidade, cujos motivos se encontram dentro dele mesmo, mas dos quais se encontra separado em sua falta de reflexão. Por isso os produtos da falsa projeção, os esquemas estereotipados do pensamento e da realidade, são os mesmos da desgraça. Para o ego que se afunda no abismo de sua falta do sentido, os objetos tornam-se as alegorias de sua perdição encerrando o sentido de sua própria queda.

Segundo a teoria psicanalítica, a projeção patológica consiste substancialmente na transferência para o objeto dos impulsos socialmente condenados do sujeito. Sob a pressão do superego, o ego projeta no mundo exterior, como intenções más, os impulsos agressivos que provêm do id e que, por causa de sua força, constituem uma ameaça para ele próprio. Deste modo, consegue livrar-se deles como uma reação a esse mundo exterior, seja imaginariamente pela identificação com o pretenso vilão, seja na realidade sob o pretexto de uma legítima defesa. O impulso condenado e transformado em agressão é, na maioria das vezes, de natureza homossexual. Por medo da castração, o indivíduo leva a obediência ao pai ao extremo de antecipá-la, assimilando sua vida afetiva consciente à vida de uma menina, e o ódio do pai se vê recalcado como um eterno rancor. Na paranoia, esse ódio impele a um desejo de castração, sob a forma de uma ânsia de destruição generalizada. O doente regride à indiferenciação arcaica do amor e do desejo de subjugar. Para ele, o que importa é a proximidade física, a posse, a relação a qualquer preço. Como não pode confessar seu desejo, ele ataca o outro como um ciumento ou um perseguidor, assim como o sodomita recalcado se dedica à caça ou à presa de animais. A atração origina-se de uma ligação excessivamente estreita ou se produz à primeira vista, ela pode emanar dos grandes (como no caso dos quereladores e dos assassinos de presidentes) ou dos mais pobres (como no caso do autêntico *pogrom*). Os objetos da fixação são intercambiáveis como as figuras paternas na infância; qualquer um serve, desde que ela se prenda; o delírio da busca de referência volta-se para tudo sem nenhum referencial. A projeção patológica é um recurso desesperado do ego que, segundo Freud, proporciona uma proteção infinitamente mais fraca contra os estímulos internos do que contra os estímulos externos. Sob a pressão da agressão homossexual represada, o mecanismo psíquico esquece sua mais recente conquista filogenética, a percepção de si, e enxerga essa agressão como um inimigo no mundo para melhor enfrentá-lo.

Mas essa pressão pesa também sobre o processo cognitivo não patológico como um fator de sua ingenuidade violenta e irrefletida. Sempre que as energias intelectuais estão intencionalmente concentradas no mundo exterior, ou seja, sempre que se trata de perseguir, constatar, captar (que são as funções que, tendo origem na empresa primitiva de subjugação dos animais, se espiritualizaram nos métodos científicos da dominação da natureza), tendemos a ignorar o processo subjetivo imanente à esquematização e a colocar o sistema como a coisa mesma. Como o pensamento patológico, o pensamento objetivador contém a arbitrariedade do fim subjetivo que é estranho à coisa; ele esquece a coisa e, por isso mesmo, inflige-lhe a violência a que depois é, mais uma vez, submetida na prática. O realismo incondicional da humanidade, que culmina no fascismo, é um caso especial do delírio paranoico, que despovoa a natureza e, ao fim e ao cabo, os próprios povos. É nesse abismo de incerteza, que todo ato objetivador tem de atravessar, que se aninha a paranoia. Como não há um argumento absolutamente convincente contra os juízos materialmente falsos, não é possível curar a percepção distorcida em que eles surgem. Toda percepção contém elementos conceituais inconscientes, assim como todo juízo contém elementos fenomenalistas não aclarados. Por conseguinte, como a verdade implica a imaginação, pode sempre ocorrer que, para as pessoas cuja imaginação foi lesada, a verdade seja algo de fantástico e sua ilusão, a verdade. O doente se nutre do elemento imaginário imanente à própria verdade, exibindo-o sem cessar. Democraticamente, ele insiste em exigir a igualdade de direitos para o seu delírio, porque, de fato, a própria verdade não é rigorosa. Se o burguês concede que o antissemita está errado, ele quer, pelo menos, que a vítima seja culpada. Assim, Hitler exige que se aceite o assassinato em massa em nome do princípio da soberania dos povos, que tolera a violência nos outros países. Como todo paranoico, ele se aproveita da hipócrita identidade entre a verdade e a sofística; sua separação é tão rigorosa, quanto difícil de se impor. A percepção só é possível na medida em que a coisa já é percebida como determinada, por exemplo, como pertencendo a uma espécie. Ela é a imediatidade mediatizada, o pensamento com a força de sedução da sensibilidade. O elemento subjetivo é cegamente introduzido por ela na aparente autodoação do objeto. Só o trabalho do pensamento, consciente de si mesmo, consegue escapar a esse poder alucinatório, e, segundo o idealismo de Leibniz e de Hegel, a filosofia. Ao identificar, no processo de conhecimento, como conceituais os elementos conceituais diretamente presentes na percepção e que têm por isso um caráter necessário, o pensamento recupera-os progressivamente no sujeito e despoja-os de sua força intuitiva. Nesse processo, toda etapa anterior, mesmo a da ciência, revela-se em face da filosofia, por assim dizer, como uma percepção, como um fenômeno alienado, entremeado de elementos intelectuais desconhecidos; insistir neles, sem negação, é próprio da patologia do conhecimento. Por mais universal que seja sua atividade, quem absolutiza ingenuamente é um doente, vítima do poder ofuscante da falsa imediatidade.

Essa ofuscação, porém, é um elemento constitutivo de todo juízo, uma aparência necessária. Todo juízo, mesmo o negativo, é assertivo. Ainda que um juízo possa sublinhar seu próprio isolamento e relatividade para se corrigir a si mesmo, ele tem que asserir seu próprio conteúdo, por mais prudente que seja sua formulação, isto é, tem de asserir o que assere como algo que não é meramente isolado e relativo. É nisso que consiste essencialmente enquanto juízo; as cláusulas servem simplesmente de defesa para sua pretensão. A verdade não tem graus como a verossimilhança. O passo com que a negação vai além de um determinado juízo e que salva sua verdade só é possível na medida em que o juízo se tomava a si mesmo como verdadeiro e, por assim dizer, na medida em que era paranoico. O verdadeiro tresloucar [*das Verrückte*] consiste na impossibilidade de se deslocar [*Unverrückbarkeit*], na incapacidade do pensamento de atingir essa negatividade, em que consiste, diferentemente do juízo consolidado, o verdadeiro pensamento. A excessiva coerência paranoica, esse mau infinito que é o juízo sempre igual, é uma falta de coerência do pensamento. Ao invés de elaborar intelectualmente o fracasso da pretensão absoluta e assim continuar a determinar seu juízo, o paranoico se aferra à pretensão que levou seu juízo ao fracasso. Ao invés de prosseguir, penetrando na coisa, o pensamento inteiro se põe desesperadamente a serviço do juízo particular. Seu caráter irresistível é o mesmo que sua positividade intacta, e a fraqueza do paranoico é a fraqueza do próprio pensamento. Pois a reflexão que, na pessoa sadia, rompe o poder da imediatidade nunca é tão convincente como a aparência que ela suprime. Enquanto movimento negativo, refletido e não retilíneo, ela carece da brutalidade que é inerente ao positivo. Se a energia psíquica da paranoia provém da dinâmica libidinal desvendada pela psicanálise, sua intangibilidade objetiva se funda na ambiguidade inseparável do ato objetivador; de fato, sua força alucinatória deve ter sido originariamente decisiva. Poder-se-ia dizer, na linguagem da teoria da seleção e para maior clareza, que, durante o período de formação do aparelho sensorial humano, sobreviveram os indivíduos nos quais a força dos mecanismos de projeção havia penetrado mais profundamente em suas capacidades lógicas rudimentares, ou nos quais essa força havia sido minimamente diminuída por um início precoce dos processos de reflexão. Assim como, hoje, os projetos científicos práticos e fecundos requerem uma capacidade intacta de definição, a capacidade de imobilizar o pensamento num ponto determinado pelas necessidades da sociedade, de delimitar um campo a ser investigado em seus menores detalhes sem que o investigador o transcenda, assim também o paranoico não consegue deixar de transgredir um complexo de interesses determinados por seu destino psicológico. Seu discernimento consome-se no círculo traçado pela ideia fixa, assim como o engenho da humanidade se liquida a si mesmo na órbita da civilização técnica. A paranoia é a sombra do conhecimento.

A tendência à falsa projeção é tão fatalmente inerente ao espírito que ela, esquema isolado da autoconservação, ameaça dominar tudo o que vai além dela: a cultura. A falsa projeção é o usurpador do reino da liberdade e da cultura; a paranoia é o sintoma do indivíduo semicultivado. Para ele, todas as palavras convertem-se num sistema alucinatório, na tentativa de tomar posse pelo espírito de tudo aquilo que sua experiência não alcança, de dar arbitrariamente um sentido ao mundo que torna o homem sem sentido, mas ao mesmo tempo se transformam também na tentativa de difamar o espírito e a experiência de que está excluído e de imputar-lhes a culpa que, na verdade, é da sociedade que o exclui do espírito e da experiência. Uma semicultura que, por oposição à simples incultura, hipostasia o saber limitado como verdade não pode mais suportar a ruptura entre o interior e o exterior, o destino individual e a lei social, a manifestação e a essência. Essa dor encerra, é claro, um elemento de verdade em comparação com a simples aceitação da realidade dada, à qual a racionalidade superior jurou lealdade. Contudo, a semicultura, em seu modo, recorre estereotipadamente à fórmula que lhe convém melhor em cada caso, ora para justificar a desgraça acontecida, ora para profetizar a catástrofe disfarçada, às vezes, de regeneração. A explicação na qual o desejo do indivíduo aparece como uma potência objetiva é sempre tão exterior e vazia de sentido como o próprio acontecimento isolado, ao mesmo tempo pueril e sinistro. Os sistemas obscuros realizam hoje o que o mito do diabo da religião oficial permitia aos homens na Idade Média: a atribuição arbitrária de um sentido ao mundo exterior, atribuição essa que o paranoico também faz em seu isolamento segundo um esquema privado, que não é partilhado por ninguém e que por isso mesmo parece rigorosamente louco. Para escapar a isso há os conventículos e panaceias fatais que se pretendem científicos e, ao mesmo tempo, bloqueiam o pensamento: teosofia, numerologia, medicina natural, euritmia, doutrinas pregando a abstinência, ioga e inúmeras outras seitas, todas com academias, hierarquias, linguagens especializadas e as fórmulas fetichizadas da ciência e da religião. Do ponto de vista da cultura eram apócrifas e sem respeitabilidade. Mas hoje, quando a cultura está em vias de se extinguir por razões econômicas, criaram-se numa escala insuspeitada novas condições para a paranoia das massas. Os sistemas religiosos do passado, adotados pelo povo como formas paranoides fechadas, tinham malhas mais largas. Justamente por causa de sua formulação e caráter racionais, eles deixavam espaço – pelo menos para cima – para a cultura e o espírito, cujo conceito constituía seu meio específico. Eles chegaram mesmo, em certo sentido, a opor resistência à paranoia. Freud denomina as neuroses (e aqui com razão) "formações associais": "elas procuram realizar com meios privados o que surgiu na sociedade graças ao trabalho coletivo".[3] Os sistemas religiosos retêm algo dessa coletividade que protege os indivíduos da doença. Esta se vê socializada: na embriaguez do êxtase coletivo, e mesmo como a comunidade em geral, a cegueira é transformada num relacionamento, e o mecanismo paranoico é tratado de modo a se tornar controlável, sem perder a capacidade do suscitar terror. Talvez seja essa uma das grandes contribuições das religiões para a autoconservação da espécie. As formas de consciência paranoides tendem à formação de alianças, frondas e quadrilhas. Seus adeptos têm medo de acreditar sozinhos em seu delírio. Projetando, eles veem por toda parte a conjuração e o proselitismo. Os grupos estabelecidos sempre se comportaram paranoicamente com relação aos outros; sob esse aspecto, os grandes impérios e até mesmo a humanidade organizada como um todo não estão nem um passo à frente dos caçadores de cabeças. Os excluídos da humanidade contra sua própria vontade sabiam disso tanto quanto os que espontaneamente se excluíram a si próprios por nostalgia da humanidade: sua perseguição reforçava essa mórbida coesão. Mas um membro normal da sociedade substitui sua paranoia pela participação na paranoia coletiva e se agarra apaixonadamente às formas objetivadas, coletivas e comprovadas, do delírio. O *horror vacui* que os leva a se comprometerem com suas alianças solda-os uns aos outros e lhes confere uma violência quase irresistível.

Com a propriedade burguesa, a cultura também se difundiu. Ela havia empurrado a paranoia para os recantos obscuros da sociedade e da alma. Mas como a real emancipação dos homens não ocorreu ao mesmo tempo que o esclarecimento do espírito, a própria cultura ficou doente. Quanto mais a realidade social se afastava da consciência cultivada, tanto mais esta se via submetida a um processo de reificação. A cultura converteu-se totalmente numa mercadoria, difundida como uma informação, sem penetrar nos indivíduos dela informados. O pensamento perde o fôlego e limita-se à apreensão do factual isolado. Rejeitam-se as relações conceituais porque são um esforço incômodo e inútil. O aspecto evolutivo do pensamento, e tudo o que é genético e intensivo nele, é esquecido e nivelado ao imediatamente presente, ao extensivo. A organização atual da vida não deixa espaço ao ego para tirar consequências espirituais. O pensamento reduzido ao saber é neutralizado e mobilizado para a simples qualificação nos mercados de trabalho específicos e para aumentar o valor mercantil da personalidade. Assim naufraga essa autorreflexão do espírito que se opõe à paranoia. Finalmente, sob as condições do capitalismo tardio, a semicultura converteu-se no espírito objetivo. Na fase totalitária da dominação, a semicultura chama de volta os charlatães provincianos da política e, com eles, como uma *ultima ratio*, o sistema delirante, e o impõe à maioria dos administrados já amolecidos, de qualquer maneira, pela grande indústria e pela indústria cultural. Hoje é tão fácil para uma consciência só devassar o absurdo da dominação que ela precisa da consciência doente para se manter viva. Só os loucos que sofrem de delírio de perseguição toleram a perseguição em que necessariamente resulta a dominação, na medida em que lhes é permitido perseguir os outros.

De qualquer modo, a consciência moral está liquidada no fascismo, onde a responsabilidade pela mulher e pela criança, tão penosamente cultivada pela civilização burguesa, de novo desaparece por trás da necessidade em que se encontra o indivíduo de se orientar constantemente pelo regulamento a ele imposto. Contrariamente ao que imaginavam Dostoievski e os apóstolos alemães da interioridade, a consciência moral consistia para o ego em devotar-se ao substancial no mundo exterior, na capacidade de fazer seu o verdadeiro interesse dos outros. Essa capacidade é a aptidão à reflexão enquanto síntese da receptividade e da imaginação. Na medida em que a grande indústria não cessa de subtrair à decisão moral sua base econômica, eliminando o sujeito econômico independente (seja suprimindo o empresário autônomo, seja transformando os trabalhadores em objetos de sindicatos), a própria reflexão não pode senão atrofiar. A alma, enquanto possibilidade de assumir um sentimento de culpa que não se esconda de si mesmo, se desfaz. A consciência moral perde seu objetivo, pois a responsabilidade do indivíduo por si mesmo e pelos seus é substituída muito simplesmente por sua contribuição ao aparelho, mesmo que isso ocorra sob as antigas categorias morais. Não é mais possível dar uma solução ao conflito pulsional em que se forma a consciência moral. Em vez da interiorização do imperativo social – que não apenas lhe confere um caráter mais obrigatório e ao mesmo tempo mais aberto, mas também emancipa da sociedade e até mesmo faz com que se volte contra a sociedade – tem lugar uma identificação pronta e imediata com as escalas de valores estereotipadas. A mulher alemã exemplar, que monopolizou a feminilidade, e o genuíno homem alemão, que monopolizou a masculinidade, são – como as demais versões nacionais – tipos de associais conformistas. Apesar e por causa de sua manifesta iniquidade, a dominação tornou-se tão poderosa que o indivíduo, em sua impotência, só pode exorcizar seu destino submetendo-se cegamente.

Nessa constelação do poder, cabe ao acaso guiado pelo partido determinar à autoconservação desesperada onde projetar a culpa por seu terror. Os judeus são os alvos predestinados dessa projeção. A esfera da circulação, onde se encontram suas posições de poder econômico, está em vias de desaparecer. A forma liberal da empresa ainda permitia uma certa influência política às fortunas fragmentadas. Agora, os recém-emancipados estão entregues às potências do capital que se fundiram com o aparelho estatal e se libertaram da concorrência. Pouco importa como são os judeus realmente; sua imagem, na medida em que é a imagem do que já foi superado, exibe os traços aos quais a dominação totalitária só pode ser hostil: os traços da felicidade sem poder, da remuneração sem trabalho, da pátria sem fronteira, da religião sem mito. Esses traços são condenados pela dominação porque são a aspiração secreta dos dominados. A dominação só pode perdurar na medida em que os próprios dominados transformarem suas aspirações em algo de odioso. Eles fazem isso graças à projeção patológica, pois também o ódio leva à união com o objeto – na destruição. O ódio é o negativo da reconciliação. A reconciliação é o conceito supremo do judaísmo, e todo o seu sentido consiste na espera; é da incapacidade de esperar que surge a forma de reação paranoica. Os antissemitas estão em vias de realizar com as próprias forças seu negativo absoluto, eles estão transformando o mundo no inferno que sempre viram nele. Uma reviravolta vai depender da capacidade dos dominados, em face da loucura absoluta, de se tornarem senhores de si mesmos e de pôr termo a ela. Só com a liberação do pensamento relativamente à dominação e com a eliminação da violência seria possível realizar a ideia que até agora permaneceu uma inverdade, a saber, que o judeu é um ser humano. Isso representaria a passagem da sociedade antissemita, que impele os judeus e os demais para uma condição patológica, para a sociedade humana. Essa passagem realizaria, ao mesmo tempo, a mentira fascista, mas como a sua contradição: a questão judia se revelaria, de fato, como o momento decisivo da história. Superando a doença do espírito, que grassa no terreno da autoafirmação imune à reflexão, a humanidade deixaria de ser a contrarraça universal para se tornar a espécie que, embora natureza, é mais que a simples natureza, na medida em que se apercebe de sua própria imagem. A emancipação individual e social da dominação é o movimento contrário à falsa projeção, e todo judeu que soubesse vencê-la dentro de si perderia toda semelhança com a desgraça que irrompe cegamente sobre ele, assim como sobre todos os perseguidos, homens ou animais.

VII

Mas não há mais antissemitas. Os últimos foram os liberais que queriam exprimir sua opinião antiliberal. A distância que a nobreza e os militares guardavam dos judeus era, no ocaso do século dezenove, uma simples atitude reacionária.

Personagens modernos eram os Ahlwardt e os Knüppelkunze*, que já tinham adeptos com o estofo do material humano do Führer e encontravam apoio entre os espíritos maléficos e as mentes confusas de todo o país. Quando a mentalidade antissemita se exprimia, ela se sentia ao mesmo tempo burguesa e rebelde. A vociferação racista ainda constituía uma forma distorcida da liberdade civil. A política de cervejaria dos antissemitas desmascarava a mentira do liberalismo alemão, do qual se nutria e ao qual acabou por dar fim. Muito embora tenham se valido da própria mediocridade como uma espécie de carta branca autorizando o espancamento dos judeus e contendo assim o germe do genocídio, eles ainda eram, economicamente, bastante previdentes para pesar os riscos de um Terceiro Reich em comparação com as vantagens de uma tolerância hostil. O antissemitismo ainda era um tema aberto à escolha subjetiva, e a decisão referia-se especificamente a ele. É verdade que a aceitação da tese racista já implica todo o vocabulário chauvinista, e que os juízos antissemitas deram sempre testemunho de um pensamento estereotipado. Mas, hoje, é só isto que resta. Continua-se a escolher, mas apenas entre totalidades. A psicologia antissemita foi, em grande parte, substituída por um simples "sim" dado ao *ticket*** fascista, ao inventário de slogans da grande indústria militante. Do mesmo modo que a máquina do partido de massas impõe aos eleitores, com as listas de candidatos, os nomes de pessoas de quem não têm o menor conhecimento e que só podem eleger em bloco, assim também os pontos ideológicos centrais estão codificados em poucas listas. É preciso optar em bloco por uma delas, se não se quiser ter a impressão de que a opinião pessoal é tão inócua como os votos dispersos em comparação com as enormes cifras estatísticas. O antissemitismo praticamente deixou de ser um impulso independente, ele não é mais que uma simples prancha da plataforma eleitoral: quem dá uma chance qualquer ao fascismo subscreve automaticamente, juntamente com a destruição dos sindicatos e a cruzada antibolchevista, a eliminação dos judeus. A convicção – por mais mentirosa que seja – do antissemita foi substituída pelos reflexos predeterminados dos expoentes despersonalizados de suas posições. Quando as massas aceitam o *ticket* reacionário contendo o elemento antissemita, elas obedecem a mecanismos sociais nos quais as experiências de cada um com os judeus não têm a menor importância. De fato, ficou provado que as chances do antissemitismo são tão grandes nas regiões sem judeus como até mesmo em Hollywood. A experiência é substituída pelo clichê e a imaginação ativa na experiência pela recepção ávida. Sob pena de uma rápida ruína, os membros de cada camada social devem engolir sua dose

---

* *Knüppelkunze:* literalmente – Kunze do porrete, do cassetete (*Knuppel*). Ahlwardt e Hermann Kunze são autores antissemitas do século dezenove. (N.T.)
** Lista de candidatos de um partido político. (N.T.)

de orientações. Eles têm de se orientar tanto no sentido de se informarem sobre os modelos de aviões mais recentes, quanto no sentido da adesão a uma das instâncias dadas do poder.

No mundo da produção em série, a estereotipia – que é seu esquema – substitui o trabalho categorial. O juízo não se apoia mais numa síntese efetivamente realizada, mas numa cega subsunção. Se, numa fase histórica primitiva, o julgar consistia num rápido discriminar capaz de desfechar sem hesitação a seta envenenada, nesse meio tempo a prática da troca e a administração da justiça fizeram seu trabalho. Antes, o juízo passava pela etapa da ponderação, que proporcionava certa proteção ao sujeito do juízo contra uma identificação brutal com o predicado. Na sociedade industrial avançada, ocorre uma regressão a um modo de efetuação do juízo que se pode dizer desprovido de juízo, do poder de discriminação. Quando o fascismo substituiu no processo penal os procedimentos legais complicados por um procedimento mais rápido, os contemporâneos estavam economicamente preparados para isso; eles haviam aprendido a ver as coisas, sem maior reflexão, através dos modelos conceituais e termos técnicos que constituem a estrita ração imposta pela desintegração da linguagem. O percebedor não se encontra mais presente no processo da percepção. Ele não mobiliza mais a passividade ativa do conhecimento, na qual os elementos categoriais se deixam modelar da maneira adequada pelo "dado" convencionalmente pré-formado, e este por aqueles, de tal modo que se faça justiça ao objeto percebido. No campo das ciências sociais bem como no da experiência individual, a intuição cega e os conceitos vazios são reunidos de maneira rígida e sem mediação. Na era do vocabulário básico de trezentas palavras, a capacidade de julgar e, com ela, a distinção do verdadeiro e do falso estão desaparecendo. Na medida em que o pensamento deixa de representar uma peça do equipamento profissional, sob uma forma altamente especializada em diversos setores da divisão do trabalho, ele se torna suspeito como um objeto de luxo fora de moda: "*armchair thinking*"*. É preciso produzir alguma coisa. Quanto mais a evolução da técnica torna supérfluo o trabalho físico, tanto mais fervorosamente este é transformado no modelo do trabalho espiritual, que é preciso impedir, no entanto, de tirar as consequências disso. Eis aí o segredo do embrutecimento que favorece o antissemitismo. Se, no interior da própria lógica, o conceito cai sobre o particular como algo de puramente exterior, com muito mais razão, na sociedade, tudo o que representa a diferença tem de tremer. As etiquetas são coladas: ou se é amigo, ou inimigo. A falta de consideração pelo sujeito torna as coisas fáceis para a administração. Transferem-se grupos étnicos para outras latitudes, enviam-se indivíduos rotulados de judeus para as câmaras de gás.

---

* Literalmente: pensamento de poltrona; pensamento ocioso, que não se baseia na prática ou na experiência, especulação. (N.T.)

A indiferença pelo indivíduo que se exprime na lógica não é senão uma conclusão tirada do processo econômico. O indivíduo tornou-se um obstáculo à produção. A defasagem histórica na evolução técnica e humana, o *"cultural lag"*, sobre o qual se detiveram os sociólogos, começa a desaparecer. A racionalidade econômica, esse princípio tão enaltecido do menor meio, continua incessantemente a remodelar as últimas unidades da economia: tanto a empresa quanto os homens. A forma mais evoluída a cada momento torna-se a forma dominante. Assim, a antiga loja especializada foi expropriada pela loja de departamentos. Liberada da regulamentação mercantilista, ela havia absorvido a iniciativa, a disposição e a organização e se transformara, como o velho moinho e a velha forja, numa livre empresa. Mas nela, tudo se passava ainda de maneira complicada, dispendiosa e cheia de riscos. Por isso, a competição acabou por impor a forma centralizada mais eficaz do comércio varejista, que é a loja de departamentos. Com a pequena empresa psicológica, isto é, com o indivíduo, as coisas não se passam diferentemente. Ele surgira como uma célula dinâmica da atividade econômica. Emancipado da tutela imposta em fases econômicas anteriores, ele cuidava de si mesmo: como proletário, assalariando-se no mercado de trabalho e adaptando-se continuamente às novas condições técnicas, ou como empresário, realizando incansavelmente o tipo ideal do *homo oeconomicus*. A psicanálise apresentou a pequena empresa interior que assim se constituiu como uma dinâmica complicada do inconsciente e do consciente, do id, ego e superego. No conflito com o superego, a instância de controle social no indivíduo, o ego mantém as pulsões dentro dos limites da autoconservação. As zonas de atrito são grandes e as neuroses, os *faux fraix* dessa economia pulsional, são inevitáveis. Não obstante, a complicada aparelhagem psíquica possibilitou a cooperação relativamente livre dos sujeitos em que se apoiava a economia de mercado. Mas, na era das grandes corporações e das guerras mundiais, a mediação do processo social através das inúmeras mônadas mostra-se retrógrada. Os sujeitos da economia pulsional são expropriados psicologicamente e essa economia é gerida mais racionalmente pela própria sociedade. A decisão que o indivíduo deve tomar em cada situação não precisa mais resultar de uma dolorosa dialética interna da consciência moral, da autoconservação e das pulsões. Para as pessoas na esfera profissional, as decisões são tomadas pela hierarquia que vai das associações até a administração nacional; na esfera privada, pelo esquema da cultura de massa, que desapropria seus consumidores forçados de seus últimos impulsos internos. As associações e as celebridades assumem as funções do ego e do superego, e as massas, despojadas até mesmo da aparência da personalidade, deixam-se modelar muito mais docilmente segundo os modelos e palavras de ordem dadas, do que os instintos pela censura interna. Se, no liberalismo, a individuação de uma parte da população era uma condição da adaptação da sociedade em seu todo ao estágio da técnica, hoje, o funcionamento da aparelhagem econômica exige uma direção das massas que não seja perturbada pela individuação. A orientação economicamente determinada da sociedade em seu todo (que sempre prevaleceu na constituição física e espiritual dos homens) provoca a atrofia dos órgãos do indivíduo que atuavam no sentido de uma organização autônoma de sua existência. Desde que o pensamento se tornou um simples setor da divisão do trabalho, os planos dos chefes e especialistas competentes tornaram supérfluos os indivíduos que planejam sua própria felicidade. A irracionalidade da adaptação dócil e aplicada à realidade torna-se, para o indivíduo, mais racional que a razão. Se, outrora, os burgueses introjetavam a coação em si mesmos e nos trabalhadores como um dever de consciência, agora o homem inteiro tornou-se o sujeito-objeto da repressão. O progresso da sociedade industrial, que devia ter eliminado como que por encanto a lei da pauperização que ela própria produzira, acaba por destruir a ideia pela qual o todo se justificava: o homem enquanto pessoa, enquanto portador da razão. A dialética do esclarecimento transforma-se objetivamente na loucura.

A loucura é, ao mesmo tempo, uma loucura da realidade política. O mundo, que resultou do denso tecido das comunicações modernas, tornou-se tão uniforme, que as diferenças características dos desjejuns dos diplomatas em Dumbarton Oaks e na Pérsia devem ser apresentadas como um colorido nacional, ao passo que o caráter nacional deixa-se perceber melhor na fome de arroz dos milhões de famintos que escaparam às malhas estreitas. Enquanto a abundância das riquezas, que poderiam ser produzidas por toda parte e ao mesmo tempo, faz com que a luta por matérias-primas e mercados pareça cada vez mais anacrônica, a humanidade continua dividida num pequeno número de blocos armados. Esses blocos competem entre si mais desapiedadamente do que jamais o fizeram as firmas, quando a produção de mercadorias ainda era anárquica, e buscam liquidar-se reciprocamente. Quanto mais louco o antagonismo, mais rígidos os blocos. É só quando a total identificação com essas potências monstruosas é impressa nas pessoas concernidas como uma segunda natureza e quando todos os poros da consciência são tapados, que as massas são levadas a esse estado de absoluta apatia que as torna capazes de realizações fantásticas. Quando ainda se deixa uma aparência de decisão ao indivíduo, esta já se encontra essencialmente predeterminada. A incompatibilidade das ideologias, trombeteada pelos políticos dos dois blocos, não passa ela própria da ideologia de uma cega constelação de poder. A mentalidade do *ticket*, produto da industrialização e de sua propaganda, adapta-se às relações internacionais. A escolha do *ticket* comunista ou do *ticket* fascista depende da impressão que o Exército Vermelho ou os laboratórios do Ocidente deixam no indivíduo. A reificação, graças à qual a estrutura de poder, possibilitada unicamente pela passividade das massas, aparece às próprias massas como uma realidade indestrutível, tornou-se tão densa que toda espontaneidade e, mesmo, a simples ideia da verdadeira situação tornou-se necessariamente uma utopia extravagante, um desvio sectarista. A aparência ficou tão espessa que a possibilidade de devassá-la assumiu o caráter da alucinação. Escolher um *ticket*, ao contrário, significa adaptar-se a uma aparência petrificada como uma realidade e que se prolonga a perder de vista graças a essa adaptação. Por isso mesmo, quem hesita se vê proscrito como um desertor. Desde Hamlet, a vacilação tem sido para os modernos um sinal do pensamento e da humanidade. O tempo perdido representava e mediatizava ao mesmo tempo a distância entre o individual e o universal, como na economia a circulação entre o consumo e a produção. Hoje, os indivíduos recebem do poder seus *tickets* já prontos, assim como os consumidores que vão buscar seu automóvel nas concessionárias da fábrica. O senso de realidade, a adaptação ao poder, não é mais resultado de um processo dialético entre o sujeito e a realidade, mas é imediatamente produzido pela engrenagem da indústria. O processo é um processo de liquidação em vez de superação, é um processo de negação formal em vez da negação determinada. Não lhe foi concedendo a plena satisfação que os colossos desencadeados na produção superaram o indivíduo, mas extinguindo-o como sujeito. É nisso justamente que consiste sua racionalidade consumada, que coincide com sua loucura. A extrema desproporção entre a coletividade e os indivíduos anula a tensão, mas a perfeita harmonia entre a onipotência e a impotência é ela própria a contradição não mediatizada, a oposição absoluta à reconciliação.

Por isso, não desapareceram com o indivíduo seus determinantes psicológicos, que sempre foram os agentes intra-humanos da falsa sociedade. Mas os tipos caracteriológicos encontram agora seu lugar preciso no organograma da empresa de poder. Seus coeficientes de rendimento e de atrito estão incluídos no cálculo. O próprio *ticket* é uma roda da engrenagem. Tudo o que, no mecanismo psicológico, foi sempre compulsivo, sem liberdade e irracional está adaptado a isso de uma maneira precisa. O *ticket* reacionário que contém o antissemitismo é adequado à síndrome destrutivo-convencional. Originariamente, eles representam menos uma reação contra os judeus de que a formação de uma orientação pulsional à qual só o *ticket* fornece um objeto adequado de perseguição. Os "elementos do antissemitismo", baseados na experiência e anulados pela perda de experiência que se anuncia na mentalidade do *ticket*, são novamente mobilizados pelo *ticket*. Já tendo entrado em decomposição, eles trazem para o neoantissemita a má consciência e, com ela, a insaciabilidade do mal. É justamente porque a psicologia dos indivíduos e seus conteúdos só se produzem através dos esquemas sintéticos fornecidos pela sociedade que o antissemitismo contemporâneo adquire uma natureza vazia e impenetrável. O intermediário judeu só se torna realmente a imagem do diabo depois que ele deixou de existir economicamente. Isso facilita o triunfo e torna o pai de família antissemita um espectador irresponsável da tendência histórica irresistível, que só intervém quando o exige seu papel como empregado do partido ou das fábricas que fabricam o gás para os campos de extermínio. A administração dos Estados totalitários, que procede ao extermínio daqueles segmentos da população que se tornaram anacrônicos, é apenas o carrasco que executa veredictos econômicos há muito pronunciados. Os membros dos outros setores da divisão do trabalho podem ficar olhando com a indiferença que o leitor de jornais não perde ao ler, por exemplo, uma notícia sobre os trabalhos de limpeza no cenário da catástrofe do dia anterior. A particularidade que forneceu o motivo para o assassinato das vítimas também já desapareceu há muito tempo. As pessoas que caem sob a lei antissemita devem ser localizadas através de questionários minuciosos, depois que, sob a pressão niveladora da sociedade industrial tardia, as religiões inimigas, que constituíam outrora a diferença, se viram transformadas em simples bens culturais, graças à uma assimilação bem-sucedida. As próprias massas judias são tão suscetíveis à mentalidade do *ticket* como qualquer uma das associações juvenis que lhes são hostis. O antissemitismo, de certa maneira, tem que, primeiro, inventar seu objeto. A paranoia não persegue mais seu objetivo com base na história clínica individual do perseguidor; tendo-se tornado um existencial social, ela deve antes se inserir no contexto ofuscador das guerras e das conjunturas, antes que os camaradas da ideologia racista [*volksgenossen*]* psicologicamente predispostos possam se precipitar, enquanto pacientes, interna e externamente sobre suas vítimas.

O fato de que o antissemitismo só ocorre, tendencialmente, como uma posição no *ticket* intercambiável, justifica sem sombra de dúvida a esperança de que ele venha a desaparecer. Os judeus são assassinados numa época em que os chefes podem substituir o ponto antissemita de sua plataforma política com a mesma facilidade com que as equipes de trabalho podem ser transferidas de um centro de produção para outro. A base da evolução que conduz à mentalidade do *ticket* é, de qualquer modo, a redução universal de toda energia específica a uma única forma de trabalho, igual e abstrata, do campo de batalha ao estúdio cinematográfico. Mas a passagem dessas condições a uma situação mais humana não poderá ocorrer porque o bem e o mal conhecem o mesmo destino. A liberdade oferecida pelo *ticket* progressista é tão extrínseca às estruturas do poder que resultam necessariamente das decisões progressistas, quanto o é a hostilidade aos judeus ao truste químico. É verdade que os indivíduos psicologicamente mais humanos são atraídos pelo *ticket* progressista, contudo a perda progressiva de experiência acaba por transformar os adeptos do *ticket* progressista em inimigos da

---

* Ver a nota de rodapé da p.137. (N.T.)

diferença. Não é só o *ticket* antissemita que é antissemita, mas a mentalidade do *ticket* em geral. A raiva feroz pela diferença é teleologicamente imanente a essa mentalidade e está – enquanto ressentimento dos sujeitos dominados pela dominação da natureza – pronta para se lançar contra a minoria natural, mesmo quando eles são os primeiros a ameaçar a minoria social. A elite socialmente responsável é, de qualquer modo, muito mais difícil de ser fixada que as outras minorias. No nevoeiro das relações de propriedade, de posse, do direito de dispor e do gerenciamento, ela se furta com sucesso à determinação teórica. Na ideologia da raça e na realidade da classe só aparece ainda, por assim dizer, a diferença abstrata em face da maioria. Mas, se o *ticket* progressista tende para algo pior do que seu conteúdo, o conteúdo do *ticket* fascista é tão vazio, que ele só pode ser mantido de pé – como um sucedâneo do melhor – graças aos esforços desesperados dos logrados. O que ele contém de horrível é a mentira manifesta e, no entanto, persistente. Ao mesmo tempo em que não admite nenhuma verdade com a qual possa ser confrontado, a verdade aparece negativamente, mas de maneira tangível, em toda a extensão das contradições desse *ticket*; dessa verdade, os destituídos do poder de julgar só podem ser separados pela perda total do pensamento. O próprio esclarecimento, em plena posse de si mesmo e transformando-se em violência, conseguiria romper os limites de esclarecimento.

Notas e esboços

Contra os que têm resposta para tudo

Uma das lições que a era hitlerista nos ensinou é a de como é estúpido ser inteligente. Quantos não foram os argumentos bem fundamentados com que os judeus negaram as chances de Hitler chegar ao poder, quando sua ascensão já estava clara como o dia! Tenho na lembrança uma conversa com um economista em que ele provava, com base nos interesses dos cervejeiros bávaros, a impossibilidade da uniformização da Alemanha. Depois, os inteligentes disseram que o fascismo era impossível no Ocidente. Os inteligentes sempre facilitaram as coisas para os bárbaros, porque são tão estúpidos. São os juízos bem informados e perspicazes, os prognósticos baseados na estatística e na experiência, as declarações começando com as palavras: "Afinal de contas, disso eu entendo", são os *statements** conclusivos e sólidos que são falsos.

Hitler era contra o espírito e anti-humano. Mas há um espírito que é também anti-humano: sua marca é a superioridade bem informada.

Adendo

A transformação da inteligência em estupidez é um aspecto tendencial da evolução histórica. Ser razoável, no sentido em que o entendia Chamberlain, quando, em Godesberg, chamava as exigências de Hitler de *unreasonable***, significa que é preciso respeitar a equivalência entre dar e tomar. Essa concepção da razão foi elaborada com base na troca. Os fins só devem ser alcançados através de uma

---

* Declarações, enunciados. (N.T.)
** Não razoável, irracional. (N.T.)

mediação, por assim dizer, através do mercado, graças à pequena vantagem que o poder consegue tirar observando a regra do jogo: concessões em troca de concessões. A inteligência é superada tão logo o poder deixa de obedecer à regra do jogo e passa à apropriação imediata. O meio da inteligência tradicional burguesa, a discussão, se desfaz. Os indivíduos já não podem mais conversar e sabem disso: por isso fizeram do jogo uma instituição séria, responsável e exigindo a utilização de todas as forças, de tal sorte que, por um lado, o diálogo não é mais possível e, por outro, nem por isso é preciso se calar. As coisas não se passam de modo muito diferente numa escala maior. Não é fácil falar com um fascista. Quando o outro toma a palavra, ele reage interrompendo-o com insolência. Ele é inacessível à razão porque só a enxerga na capitulação do outro.

A contradição que consiste na estupidez da inteligência é uma contradição necessária. Pois a *ratio* burguesa tem que pretender a universalidade e, ao mesmo tempo, desenvolver-se no sentido de restringi-la. Assim como, na troca, cada um recebe sua parte, daí resultando, porém, a injustiça social, assim também a forma reflexiva da economia da troca, a razão dominante, é também justa, universal e, no entanto, particularista, isto é, o instrumento do privilégio na igualdade. É a ela que o fascista apresenta a conta. Ele representa abertamente o particular e revela assim as limitações da própria *ratio*, que insiste injustificadamente em sua universalidade. O fato então de que, de repente, os inteligentes são os estúpidos prova para a razão que ela é a irrazão.

Mas o fascista também é atormentado por essa contradição. Pois a razão burguesa, de fato, não é meramente particular, mas também universal, e sua universalidade cai de surpresa sobre o fascismo, quando ele a renega. Os que tomaram o poder na Alemanha eram mais inteligentes que os liberais, e mais estúpidos. O progresso em direção à nova ordem recebeu um amplo apoio daqueles cuja consciência não acompanhou o progresso, ou seja, dos falidos, dos sectários, dos tolos. Eles estão a salvo dos erros, na medida em que seu poder impede toda competição. Mas, na competição dos Estados, os fascistas não só são igualmente capazes de cometer erros, mas também, com suas qualidades como miopia intelectual, obstinação, desconhecimento das forças econômicas e, sobretudo, com a incapacidade de ver o negativo e levá-lo em conta na avaliação da situação em seu conjunto, também contribuem subjetivamente para a catástrofe que, no íntimo, sempre esperaram.

Dois mundos

Neste país, não há nenhuma diferença entre o destino econômico e o próprio homem. Todo o mundo é o que é sua fortuna, sua renda, sua posição, suas chances. Na consciência dos homens, a máscara econômica e o que está debaixo dela coincidem nas mínimas ruguinhas. Cada um vale o que ganha, cada um ganha o que vale. Ele aprende o que ele é através das vicissitudes de sua vida econômica. Ele não se conhece de outro modo. Se a crítica materialista da sociedade objetou outrora ao idealismo que não é a consciência que determina o ser, mas é o ser que determina a consciência, que a verdade sobre a sociedade não será encontrada nas concepções idealistas que ela elaborou sobre si mesma, mas em sua economia, a autoconsciência dos contemporâneos acabou por rejeitar semelhante idealismo. Eles julgam seu próprio eu segundo o valor de mercado e aprendem o que são a partir do que se passa com eles na economia capitalista. Seu destino, por mais triste que seja, não lhes é exterior, eles o reconhecem. Despedindo-se o chinês,

> Disse com a voz velada de tristeza: Meu amigo
> a sorte não me sorriu neste mundo.
> Para onde vou? Vou para as montanhas,
> Busco sossego para meu coração solitário.
> *I am a failure,* diz o norte-americano. – *And that is that.**

Conversão da ideia em dominação

A história antiga dos países exóticos revela às vezes tendências semelhantes às da história mais recente e mais familiar, e que se tornam particularmente nítidas com a distância.

Em sua explicação do *Içâ-Upanishad*, Deussen[1] observa que o progresso que o pensamento indiano alcançou nessa obra relativamente a outras mais antigas é semelhante ao progresso de Jesus, segundo o Evangelho de são Mateus[2], relativamente a são João Batista e ao progresso dos estoicos relativamente aos cínicos. Essa observação, contudo, é historicamente unilateral, porque as ideias intransigentes de são João Batista e dos cínicos – exatamente como as concepções relativamente às quais os primeiros versos do *Içâ-Upanishad* deveriam constituir um progresso[3] – mais se parecem com as dissidências de esquerda de cliques e partidos poderosos, do que com as linhas principais dos movimentos históricos de onde teriam derivado posteriormente a filosofia europeia, o cristianismo e a vigorosa religião védica. Como relata o próprio Deussen, o *Içâ-Upanishad* é o texto que as coletâneas indianas costumam colocar em primeiro lugar, por conseguinte, muito antes dos textos dos quais deve representar uma superação.

---

* "*Sprach mit umflorter Stimme: Du mein Freund/Mir war das Glück in dieser Welt nicht hold./Wohin ich geh? Ich wandere in die Berge,/Ich suche Ruhe für mein einsam Herz.*"; e "sou um fracasso. É isso aí" (em inglês no original). (N.T.)

Não obstante, essa primeira parte contém de fato algo como uma traição do radicalismo juvenil, da oposição revolucionária à realidade dominante.

O passo que conduziu ao vedantismo, ao estoicismo e ao cristianismo, movimentos que se mostraram capazes de assumir uma forma organizada, consistiu na decisão de participar da atividade social com a elaboração de um sistema teórico unitário. O que o tornou possível foi a doutrina segundo a qual a salvação da alma não é prejudicada pelo engajamento ativo na vida, desde que se adote uma atitude conveniente. O cristianismo, é verdade, só chegou a esse ponto com a doutrina de são Paulo. A Ideia que se distancia da ordem existente transforma-se em religião. Os intransigentes são censurados. Eles se distanciaram do "desejo de ter filhos, de possuir bens do mundo e passaram a vagar pelas cidades como mendigos. Pois o desejo de ter filhos é o desejo de possuir bens, e o desejo de possuir bens é o desejo do mundo; e ambos não passam de um vão desejo"[4]. Quem assim fala pode estar dizendo a verdade, como dizem os civilizadores, mas não está acompanhando a marcha da vida social. É por isso que se tornaram loucos. De fato, eles se pareciam com são João Batista, que "se vestia com um manto de pele de camelo e se cingia com um cinto de couro e se alimentava de gafanhotos e mel silvestre"[5]. "Os cínicos", diz Hegel, "têm pouca formação filosófica e não chegaram a desenvolver um sistema, uma ciência."[6] Ele qualifica seus sucessores de "mendigos obscenos e descarados".[7]

Os intransigentes de que ainda há notícia na história dispunham de alguma forma de organização de seus adeptos, pois, de outro modo, seus nomes não teriam sequer chegado até nós. Eles montaram, pelo menos, parte de uma doutrina sistemática ou de regras de comportamento sistemáticas. Mesmo os *Upanishads* mais radicais, atacados pelo primeiro, eram versos e sentenças rituais elaborados por confrarias religiosas.[8] João Batista não chegou a fundar uma religião, mas fundou uma ordem.[9] Os cínicos criaram uma escola filosófica; seu fundador, Antístenes, chegou a delinear uma teoria do Estado.[10] Os sistemas teóricos e práticos desses marginais da história não são, todavia, tão rígidos e centralizados, mas se distinguem dos sistemas bem-sucedidos pelo elemento de anarquia que contêm. Para eles, as Ideias e o indivíduo valem mais do que a administração e a coletividade. É por isso que provocam a fúria. São os cínicos que Platão, o defensor da dominação, tem em vista, quando brada contra a equiparação das funções de um rei com as de um simples pastor e contra uma frouxa organização da humanidade sem fronteiras nacionais, tachando-as de Estado de porcos.[11] Os indivíduos que não transigem podem estar dispostos a se unir e cooperar, mas foram incapazes de constituir uma sólida hierarquia fechada para baixo. Nem em sua teoria, que carece de unidade e coerência, nem em sua prática, que carece de coordenação e, por isso, de ímpeto, seu modo de ser refletia o mundo tal como realmente era.

Eis a diferença formal entre os movimentos radicais e os movimentos conformistas na religião e na filosofia: não é o conteúdo isolado que a determina. Assim, por exemplo, não era absolutamente pela ideia de ascese que se diferenciavam. A seita do asceta Gotama conquistou o mundo asiático. Pois, em sua vida, ele demonstrou um grande talento de organização. Mesmo se não excluiu os humildes de sua doutrina, como o reformador Cankara[12], ele reconhecia expressamente o direito de propriedade sobre outros homens e se vangloriava dos "filhos de nobres estirpes" que entravam para sua ordem, onde os párias "aparentemente não passavam de uma rara exceção".[13] Desde o início, os discípulos eram repartidos segundo o modelo bramânico.[14] O ingresso de aleijados, doentes, criminosos e muitos outros era proibido.[15] Perguntava-se aos postulantes se tinham lepra, escrófulas, lepra branca, tuberculose, epilepsia e mais ainda: "Você é homem? Você é seu próprio senhor? Você não tem dívidas? Você não está a serviço do rei?" etc. Em consonância com o patriarcalismo brutal da Índia, a primitiva ordem budista mostrava grande relutância em aceitar as mulheres como discípulas. Elas tinham que se submeter aos homens e, de fato, permaneciam tuteladas.[16] A ordem inteira gozava do favor dos governantes e se integrava perfeitamente na vida indiana.

O ascetismo e o materialismo, esses dois contrários, são ambos ambíguos. O ascetismo, enquanto recusa de colaborar com uma ordem existente má, une-se, em face da opressão, às reivindicações materiais das massas, do mesmo modo que o ascetismo, enquanto meio de disciplina imposta pelas cliques, visa a adaptação à injustiça. A acomodação materialista à realidade existente, o egoísmo particular, estiveram sempre associados à renúncia, ao passo que o sonhador antiburguês visa além da realidade existente, buscando num sentido bem materialista a terra onde corre o leite e o mel. No verdadeiro materialismo, encontramos superado o ascetismo; e, no verdadeiro ascetismo, o materialismo. A história dessas antigas religiões e escolas, assim como a história dos partidos e revoluções modernas, pode nos ensinar, ao contrário, a lição que o preço da sobrevivência é a colaboração prática, a transformação da Ideia em dominação.

Sobre a teoria dos fantasmas

A teoria de Freud, segundo a qual a crença nos fantasmas provém dos maus pensamentos dos vivos relativamente aos mortos, mais precisamente, da lembrança de antigos desejos de morte, é excessivamente esquemática. O ódio pelos mortos é, ao mesmo tempo, ciúme e sentimento de culpa. Quem ficou para trás sente-se abandonado e imputa sua dor ao morto, tomando-o como sua causa. Na etapa da humanidade onde a morte ainda aparece como um prolongamento da vida, o abandono na morte parece necessariamente uma traição, e até mesmo a pessoa esclarecida não costuma estar inteiramente liberta dessa antiga crença. A consciência não consegue pensar a morte como um nada absoluto, pois o nada absoluto não é algo que se pense. E quando o fardo da vida pesa de novo sobre os que ficaram, é compreensível que a situação do morto lhe pareça como preferível. A maneira pela qual muitas pessoas reorganizam a vida após a morte de um parente, dedicando um culto ativo ao morto ou, ao contrário, racionalizando o esquecimento como prova de tato, é a contrapartida moderna da aparição de fantasmas, que, não sublimada, continua a grassar no espiritismo. Só a perfeita conscientização do horror que temos pelo aniquilamento estabelece um verdadeiro relacionamento com os mortos: a unidade com eles. Pois, como eles, somos vítimas das mesmas condições e da mesma esperança decepcionada.

Adendo

O transtorno das relações com os mortos – o fato de que são esquecidos e embalsamados – é um dos sintomas da doença que afeta hoje nossa experiência. Quase se poderia dizer que é o próprio conceito da vida humana, enquanto unidade da história de um homem, que se tornou caduco: a vida do indivíduo passa a ser definida por seu mero contrário, o aniquilamento, mas perdeu toda coerência, toda continuidade da lembrança consciente e da memória involuntária, perdeu todo sentido. Os indivíduos se reduzem a uma simples sucessão de instantes punctuais que não deixam nenhum vestígio, ou melhor: seu vestígio é por eles odiado como irracional, supérfluo, no sentido mais literal: superado. Do mesmo modo que todo livro que não tenha sido publicado recentemente e toda tentativa de pensar a história fora do setor especializado da ciência histórica, enerva os tipos contemporâneos, assim também o que passou enfurece os homens. O que um indivíduo foi e experimentou no passado é anulado em face daquilo que ele agora é, daquilo que ele agora tem e eventualmente daquilo para o que pode agora ser utilizado. O primeiro conselho, ao mesmo tempo bem-intencionado e ameaçador, que se costuma dar ao emigrante e que consiste em esquecer todo o passado, já que não se pode transferi-lo, e anular toda a vida pregressa para começar sem mais cerimônias uma nova vida – esse conselho visa tão somente infligir verbalmente ao intruso espectral a mesma violência que as pessoas há muito aprenderam a infligir a si próprias. As pessoas recalcam a história dentro de si mesmas e dentro das outras, por medo de que ela possa recordar a ruína de sua própria vida, ruína essa que consiste em larga medida no recalcamento da história. O que se passa com todos os sentimentos, ou seja, a proscrição de tudo aquilo que não tenha valor mercantil, também se passa da maneira mais brutal com aquilo de que não se pode sequer obter a reconstituição psicológica da força de trabalho: o luto. O luto torna-se a ferida que marca a civilização, a sentimentalidade associal que revela que ainda não se conseguiu comprometer inteiramente os homens com o reino dos fins. Por isso o luto, mais que qualquer outra coisa, se vê desfigurado, conscientemente transformado numa formalidade social – coisa que o belo cadáver sempre foi para os homens endurecidos. No *funeral home* e no crematório, onde o morto é transformado em cinzas transportáveis, numa incômoda propriedade, é de fato muito pouco apropriado aos tempos atuais se descontrolar, e aquela menina que, ao descrever orgulhosamente o funeral de primeira classe dedicado à sua avó, comentou: "*a pity that daddy lost control*"*, porque este derramara duas ou três lágrimas, exprime com perfeição a situação. De fato, o que se faz com os mortos é rogar o que os antigos judeus consideravam a pior das pragas: não se lembrar deles. Em face dos mortos os homens desabafam o desespero de não serem mais capazes de se lembrarem de si próprios.

Quand même**

O que levou os homens a superar a própria inércia e a produzir obras materiais e espirituais foi a pressão externa. Nisto têm razão os pensadores, de Demócrito a Freud. A resistência da natureza externa, a que se reduz em última análise a pressão, prolonga-se no interior da sociedade através das classes e atua sobre cada indivíduo, desde sua infância, na dureza de seus semelhantes. Os homens são suaves, quando desejam alguma coisa dos mais fortes, e brutais, quando o solicitante é mais fraco que eles. Eis aí, até agora, a chave para penetrar na essência da pessoa na sociedade.

A conclusão de que o terror e a civilização são inseparáveis, que é a conclusão tirada pelos conservadores, é bem fundamentada. O que poderia levar os homens a se desenvolver, de modo a se tornarem capazes de elaborar positivamente estímulos complicados, se não sua própria evolução permeada de esforços e desfechada pela resistência externa? Primeiro, a resistência motivadora se encarna no pai, depois ela cria mil cabeças: o professor, o superior hierárquico, o cliente, o concorrente, os representantes dos poderes sociais e estatais. Sua brutalidade estimula a espontaneidade individual.

A possibilidade de dosar no futuro a severidade, a possibilidade de substituir por sanatórios os castigos sangrentos através dos quais a humanidade foi domada ao longo dos milênios, tudo isso parece um sonho. A coerção simulada é impotente. Foi sob o signo do carrasco que se realizou a evolução da cultura; nisso estão de acordo o *Genesis*, que narra a expulsão do paraíso, e as *Soirées de Saint-Pétersbourg*. Sob o signo do carrasco estão o trabalho e o prazer. Querer negá-lo significa esbofetear toda a ciência e toda a lógica. Não se pode abolir o terror e conservar a civili-

---

* Pena que o papai perdeu o controle. (N.T.)
** Apesar de tudo. (N.T.)

zação. Afrouxar o primeiro já significa o começo da dissolução. As mais diferentes conclusões podem ser tiradas daí: da adoração da barbárie fascista à busca de refúgio nos círculos do inferno. Mas há uma outra: zombar da lógica quando ela está contra a humanidade.

Psicologia animal

Um cachorro enorme atravessa a *highway*.* Ele cai sob as rodas de um carro, ao prosseguir confiante seu caminho. Seu ar tranquilo mostra que ele é, em outras circunstâncias, objeto de maiores cuidados, um animal doméstico a quem não se faz nenhum mal. Mas será que os filhos da alta burguesia, a quem não se faz nenhum mal, têm no rosto um ar tranquilo? Eles não foram objeto de menores cuidados do que o cão que agora é atropelado.

Para Voltaire

Sua razão é unilateral, sussurra a razão unilateral, você foi injusto com o poder. Você trombeteou aos quatro ventos a ignomínia da tirania – pateticamente, plangentemente, sarcasticamente, barulhentamente. Mas o bem que o poder criou, você omite. Sem a segurança que só o poder pode instaurar, ele jamais poderia ter existido. Foi sob as asas do poder que a vida e o amor brincaram, foram elas que arrancaram à natureza hostil a felicidade de que você desfruta. – O que a apologética sugere é verdadeiro e falso ao mesmo tempo. Apesar de todos os feitos do poder, só o poder pode cometer a injustiça, pois só é injusto o julgamento seguido da execução, não o discurso do advogado que não é aceito. O discurso só participa da injustiça geral na medida em que ele próprio visa a opressão e defende o poder em vez de defender a impotência. – Mas o poder, sussurra de novo a razão unilateral, é representado por homens. Ao expor o poder, você faz desses homens um alvo. E depois deles virão talvez outros piores. – A mentira diz a verdade. Quando os assassinos fascistas estão às portas, não se deve açular o povo contra o governo fraco. Mas nem mesmo a aliança com o poder menos brutal tem por consequência lógica a necessidade de se calar sobre as infâmias. O risco de prejudicar a boa causa com a denúncia da injustiça que nos protege do diabo foi sempre menor do que a vantagem que o diabo tirava quando se deixava a seu cargo a denúncia da injustiça. A que ponto deve ter chegado uma sociedade na qual só os crápulas ainda dizem a verdade e onde Goebbels mantém viva a lembrança dos linchamentos alegremente perpetrados! Não é o bem, mas o mal,

---
* Estrada principal, autoestrada. (N.T.)

que é objeto da teoria. Ela já pressupõe a reprodução da vida nas formas determinadas em cada caso. Seu elemento é a liberdade, seu tema a opressão. Quando a linguagem se torna apologética, ela já está corrompida; por essência, ela não pode ser nem neutra nem prática. – Será que você não pode mostrar o lado bom e proclamar como princípio o amor, ao invés da amargura infinita? – Só há uma expressão para a verdade: o pensamento que nega a injustiça. Se a insistência nos lados bons não for superada no todo negativo, ela transfigurará seu contrário: a violência. Com as palavras, posso intrigar, propalar, sugerir; é por aí que elas se veem envolvidas como toda ação na realidade, e é isso também a única coisa que a mentira compreende. Ela insinua que até mesmo a recusa da ordem existente tem lugar a serviço de formas incipientes da violência, burocracias e despotismos concorrentes. Em seu medo inominável, ela só pode e só quer enxergar o que ela própria é. Tudo o que pertence a seu meio, isto é, à linguagem usada como simples instrumento, identifica-se à mentira, assim como as coisas se identificam umas às outras nas trevas. Mas, por mais verdadeira que seja a suposição de que não há nenhuma palavra de que a mentira não possa acabar se servindo, não é através delas que sua bondade resplandece, mas unicamente na dureza do pensamento em face do poder. O ódio intransigente pelo terror perpetrado contra a última das criaturas constitui a legítima gratidão dos que foram poupados. A invocação do sol é idolatria. Só o olhar voltado para a árvore ressecada por seu ardor faz pressentir a majestade do dia, que não precisa abrasar o mundo ao iluminá-lo.

Classificação

Os conceitos universais, formados pelas diversas ciências com base na abstração ou na axiomatização, constituem o material da representação, assim como os nomes que servem para designar coisas individuais. A luta contra os conceitos universais não tem sentido. Mas isso não nos diz o que pensar da dignidade do universal. O que é comum a muitos indivíduos, ou o que reaparece sempre no indivíduo, não precisa absolutamente de ser mais estável, mais eterno, mais profundo do que o particular. A escala dos gêneros não é a escala da importância. Foi este justamente o erro dos Eleatas e de todos os que os seguiram, Platão e Aristóteles sobretudo.

    O mundo é único no tempo. A simples repetição dos aspectos que reaparecem sempre de novo como os mesmos parece mais uma vã e compulsiva ladainha do que a palavra salvadora. A classificação é a condição do conhecimento, não o próprio conhecimento, e o conhecimento por sua vez destrói a classificação.

Avalancha

No presente não há mais nenhuma mudança. A mudança das coisas é sempre a mudança para melhor. Mas quando, em tempos como os nossos, a penúria é extrema, os céus se abrem e despejam seu foge sobre aqueles que, de qualquer modo, já estão perdidos.

O que era comumente designado como o social, o político, é a primeira coisa a dar essa impressão. A primeira página dos diários que, outrora, pareciam estranhos e vulgares às mulheres e crianças felizes – o jornal evocava as cervejarias e as fanfarronadas –, a primeira página e suas manchetes acabaram por invadir as casas como uma verdadeira ameaça. O rearmamento, os acontecimentos de ultramar, a tensão no Mediterrâneo, e não sei que outros conceitos grandiloquentes acabaram por mergulhar as pessoas numa verdadeira angústia até explodir a Primeira Guerra Mundial. Surgiu então, com cifras cada vez mais vertiginosas, a inflação. Quando esta parou de crescer, isso não significou uma mudança, mas uma desgraça ainda maior, racionalização e desemprego. Quando as cifras eleitorais de Hitler começaram a crescer, modestamente a princípio, mas insistentemente, já estava claro que era o movimento da avalancha. Os números eleitorais são típicos desse fenômeno. Quando, à noitinha das eleições pré-fascistas, começam a chegar os resultados das diferentes regiões do país, um oitavo, um dezesseis avos já antecipa o total. Se dez ou vinte distritos tomaram em bloco uma direção, os cem restantes não se oporão a ela. Já é um estado de espírito uniforme. A essência do mundo coincide com a lei estatística pela qual sua superfície é classificada.

Na Alemanha, o fascismo venceu sob uma ideologia crassamente xenófoba, anticultural e coletivista. Agora que ele está devastando a terra, os povos têm que lutar contra ele, não há saída. Mas quando tudo houver acabado, não é preciso que o espírito da liberdade se difunda sobre a Europa, suas nações podem se tornar tão xenófobas, hostis à cultura e pseudocoletivistas como era o fascismo do qual tiveram que se defender. Mesmo a sua derrota não interrompe necessariamente o movimento da avalancha.

O princípio da filosofia liberal era: "Não apenas – Mas também." Hoje parece vigorar o "Ou – Ou", mas como se o pior já houvesse sido escolhido.

Isolamento pelos meios de comunicação

A afirmação que o meio de comunicação isola não vale apenas no domínio cultural. Não apenas a linguagem mentirosa do locutor de rádio se sedimenta no cérebro das pessoas como a imagem da linguagem e impede-as de falar umas com as outras, não apenas o louvor da Pepsi-Cola abafa o ruído do desmoronamento dos continentes, não apenas o modelo espectral dos heróis do cinema se projeta sobre o abraço dos adolescentes e mesmo sobre o adultério. O progresso separa literalmente as pessoas. O pequeno guichê da estação ou do banco possibilitava ao caixa cochichar com o colega e partilhar com ele seus pequenos segredos. As janelas de vidro dos escritórios modernos, os salões gigantescos onde inúmeros empregados trabalham em comum, podendo ser facilmente vigiados pelo público e pelos chefes, não permitem mais nem conversas particulares, nem idílios. Mesmo nas repartições, o contribuinte está protegido do desperdício de tempo dos servidores. Mas os meios de comunicação separam as pessoas também fisicamente. A ferrovia foi substituída pelos automóveis. O carro próprio reduz os contatos de viagem a *hitchhikers** algo inquietantes. As pessoas viajam sobre pneus de borracha, rigorosamente isoladas umas das outras. Em compensação, só se conversa num carro o que se discute em outro; a conversa da família isolada está regulada pelos interesses práticos. Assim como toda família com uma renda determinada gasta a mesma percentagem com alojamento, cinema, cigarros, exatamente como a estatística prescreve, assim também os temas são esquematizados segundo as classes de automóveis. Quando se encontram, aos domingos ou viajando, em hotéis onde as acomodações e os cardápios são idênticos em cada faixa de preços, os hóspedes descobrem que se tornaram, com o isolamento, cada vez mais semelhantes. A comunicação cuida da assimilação dos homens isolando-os.

Para uma crítica da filosofia da história

Não é a espécie humana que constitui, como já se disse, um desvio na história natural, uma anomalia ou má formação devida à hipertrofia do cérebro. Isso vale apenas para a razão em certos indivíduos e talvez, em curtos períodos, para alguns países nos quais a economia deixou uma margem de ação a semelhantes indivíduos. O órgão cerebral, a inteligência humana, é bastante robusto para constituir uma época regular da história terrestre. A espécie humana juntamente com suas máquinas, produtos químicos, forças organizatórias – e por que não deveríamos atribuí-las à espécie humana assim como os dentes aos ursos, já que servem aos mesmos fins e só funcionam melhor? – é, nesta época, o *dernier cri*** da adaptação. Os homens não apenas superaram seus antecessores imediatos, mas já os exterminaram mais radicalmente que qualquer outra espécie, sem excluir os sáurios carnívoros.

Comparado a isso, parece uma ideia extravagante a pretensão de construir a história universal, como fez Hegel, em função de categorias como liberdade e justiça. Pois essas categorias provêm dos indivíduos anômalos, os indivíduos

---
* Caronistas, caronas. (N.T.)
** Literalmente: o último grito, i.e., a última moda. (N.T.)

que, do ponto de vista do todo, nada significam, a não ser que ajudaram a provocar condições sociais transitórias em que se fabricam muitas máquinas e produtos químicos, úteis para fortalecer a espécie e subjugar as outras. Do ponto de vista dessa história séria, todas as ideias, proibições, religiões e credos políticos são interessantes apenas na medida em que, resultando de diversas condições, aumentam ou diminuem as chances da espécie humana sobre a terra ou no universo. Libertar os burgueses da injustiça do passado feudalista e absolutista serviu, através do liberalismo, para desencadear o maquinismo, assim como a emancipação da mulher desemboca em seu adestramento como parte das forças militares. O espírito é uma monstruosidade e tudo o que há de bom em sua origem e em sua existência está inextricavelmente envolvido neste horror. O soro que o médico administra à criança doente se deve a um ataque contra uma criatura indefesa. As expressões de carinho dos amantes assim como os mais sagrados símbolos do cristianismo ainda lembram o prazer de comer a carne do cordeiro, do mesmo modo que este prazer ainda lembra o respeito ambivalente pelo animal totêmico. Até mesmo a aptidão para a cozinha, a igreja e o teatro é uma consequência da divisão refinada do trabalho que se faz a expensas da natureza dentro e fora da sociedade humana. É no aumento retroativo dessa organização que reside a função histórica da cultura. Por isso, o pensamento genuíno que se desliga dessa função, isto é, a razão em sua forma pura, assume os traços da loucura que os autóctones sempre notaram. Se essa razão conquistasse uma vitória decisiva na humanidade, a hegemonia da espécie estaria ameaçada. A teoria do desvio tornar-se-ia finalmente verdadeira. Mas essa teoria, que pretendia cinicamente servir à crítica da filosofia da história antropocêntrica, é ela própria excessivamente antropocêntrica para se impor como correta. A razão desempenha o papel do instrumento de adaptação e não do tranquilizante, como poderia dar a entender o uso que o indivíduo às vezes faz dela. Sua astúcia consiste em fazer dos homens feras dotadas de um poder cada vez mais extenso, e não em estabelecer a identidade do sujeito e do objeto.

Uma construção filosófica da história universal teria de mostrar como, apesar de todos os desvios e resistências, a dominação consequente da natureza se impõe de uma maneira cada vez mais decidida e passa a integrar toda a interioridade humana. Desse ponto de vista, dever-se-iam deduzir também as formas da economia, da dominação, da cultura. É só no sentido do salto da quantidade para a qualidade que a ideia do super-homem poderia ser aplicada. Do mesmo modo que se poderia chamar o aviador, capaz de, em poucos voos, expurgar os últimos continentes dos últimos animais livres com um produto tóxico, de um super-homem comparado ao troglodita, assim também poderia surgir um super-anfíbio humano perto do qual o aviador atual pareceria uma andorinha inofensiva. É duvidoso que possa surgir na história natural uma genuína espécie imediatamente superior ao homem. Pois o que há de correto no antropomorfismo é que a história natural, por assim dizer, não contava com o lance de sorte que ela logrou criando o homem. A capacidade de destruição do homem ameaça tornar-se tão grande que, quando vier a se esgotar, esta espécie terá feito *tabula rasa* da natureza. Ou bem há de se dilacerar a si mesma, ou bem arrastará consigo para a destruição a fauna e a flora inteiras da terra, e se a terra ainda for bastante jovem, a coisa toda – para variar uma frase célebre – deve começar de novo a um nível muito mais baixo.

Quando a filosofia da história transpôs as ideias humanas como forças ativas para dentro da própria história e fez com que esta terminasse com o triunfo dessas ideias, elas foram privadas da ingenuidade que faz parte de seu conteúdo. O papel ridículo que fizeram, quando a economia, isto é, a força, não estava de seu lado, é o ridículo de todos os fracos, e é nele que os autores, sem querer, se identificam com a opressão que pretendiam abolir. Na filosofia da história repete-se o que aconteceu no cristianismo: o bem, que na verdade permanece entregue ao sofrimento, é disfarçado como uma força determinando o curso da história e triunfando no final. Ele é divinizado como espírito do mundo ou, pelo menos, como uma lei imanente. Mas, desse modo, não apenas a história se vê diretamente convertida em seu contrário, mas a própria Ideia, que devia romper a necessidade, o curso lógico do acontecer, é desfigurada. O risco do desvio é evitado. A impotência erroneamente tomada pelo poder é mais uma vez denegada mediante essa elevação e, por assim dizer, subtraída à lembrança. Assim, o cristianismo, o idealismo e o materialismo, que, a rigor, também contêm a verdade, têm também a sua culpa pelas patifarias cometidas em seu nome. Como mensageiros do poder (ainda que do poder do bem), eles se tornaram eles próprios potências históricas dotadas da força de organização e desempenharam enquanto tais seu papel sanguinolento na história real da espécie humana: o papel de instrumentos da organização.

Visto que a história enquanto correlato de uma teoria unitária, como algo de construível, não é o bem, mas justamente o horror, o pensamento, na verdade, é um elemento negativo. A esperança de uma melhoria das condições, na medida em que não é uma mera ilusão, funda-se menos na asseveração de que elas seriam as condições garantidas, estáveis e definitivas, do que precisamente na falta de respeito por tudo aquilo que está tão solidamente fundado no sofrimento geral. A paciência infinita, o impulso delicado e inextinguível que leva a criatura a buscar a expressão e a luz, que parece abrandar e apaziguar em si mesma a violência da evolução criadora, não prescreve, como as filosofias racionais da história, nenhuma práxis determinada como a práxis salvadora, nem sequer a não resistência. O primeiro clarão da razão, que se anuncia nesse impulso e se reflete no pensamento recordante do homem, encontrará, mesmo em seu dia mais feliz, sua contradição insuperável: a fatalidade que a razão sozinha não consegue mudar.

Monumentos da humanidade

A humanidade sempre se sentiu mais à vontade na França do que em qualquer outro lugar. Mas os franceses não o sabiam mais. O que se encontrava em seus livros era ideologia, facilmente reconhecível por qualquer um. O que havia de melhor levava uma vida separada: na inflexão da voz, no torneio da frase, na cozinha refinada, nos bordéis e nos mictórios de ferro fundido. Mas o governo Blum já havia declarado guerra a semelhante respeito do indivíduo, e os próprios conservadores fizeram muito pouco para proteger seus monumentos.

Fragmento de uma teoria do criminoso

... Assim como o criminoso, a pena de privação da liberdade também era uma instituição burguesa. Na Idade Média, encarceravam-se os infantes reais que simbolizassem uma incômoda pretensão dinástica. O criminoso, em compensação, era torturado até a morte, para incutir na massa da população o respeito pela ordem e pela lei, porque o exemplo da severidade e da crueldade educa os severos e os cruéis para o amor. A pena de prisão regular pressupõe uma crescente necessidade de força de trabalho e reflete o modo de vida burguês como sofrimento. As fileiras de células na moderna penitenciária representam mônadas no autêntico sentido de Leibniz. "As mônadas não têm janelas pelas quais algo possa entrar ou sair. Os acidentes não podem se desprender ou se mover fora das substâncias, como o faziam outrora as formas sensíveis dos filósofos escolásticos. Nem a substância nem o acidente podem penetrar de fora para dentro em uma mônada."[17] As mônadas não têm nenhuma influência direta umas sobre as outras; quem regula e coordena sua vida é Deus, vale dizer, a Direção.[18] A absoluta solidão, o retorno forçado ao próprio eu, cujo ser se reduz à elaboração de um material no ritmo monótono do trabalho, delineiam como um espectro horrível a existência do homem no mundo moderno. O isolamento radical e a redução radical ao mesmo nada sem esperança são idênticos. O homem na penitenciária é a imagem virtual do tipo burguês em que ele deve se transformar na realidade. Os que não o fizerem lá fora serão forçados a isso aí dentro numa terrível pureza. Justificar a existência de penitenciárias com a necessidade de separar o criminoso da sociedade, ou mesmo de regenerá-lo, não atinge o âmago da questão. Elas são a imagem do mundo do trabalho burguês levado às últimas consequências, imagem essa que o ódio dos homens coloca no mundo como um símbolo contra a realidade em que são forçados a se transformar. O indivíduo fraco, atrasado, animalizado tem que sofrer, qualificado, uma forma de vida à qual se resigna sem amor; encarniçada, a violência introvertida repete-se nele. O criminoso que, ao cometer seu crime, pôs sua autoconservação acima de tudo, tem na verdade um eu mais fraco e mais instável, e o criminoso contumaz é um débil.

Os prisioneiros são doentes. Sua fraqueza colocou-os numa situação que já havia atacado e continua a atacar o corpo e o espírito. A maioria deles já estava doente quando cometeram o crime que os jogou na prisão: por causa de sua constituição e das circunstâncias. Outros agiram como teria agido qualquer pessoa sadia na mesma constelação de estímulos e motivos, só não tiveram sorte. Os restantes eram mais cruéis e ruins que a maioria dos homens livres, tão ruins e cruéis em sua pessoa quanto os donos fascistas do mundo pela posição que ocupam. O ato do criminoso comum é obtuso, pessoal, imediatamente destrutivo. É provável que a substância viva, que é a mesma em cada um, não conseguisse fugir a uma pressão da constituição física e do destino individual com a mesma força da pressão que levou o criminoso a esses atos extremos, de tal sorte que qualquer um de nós teria agido do mesmo modo que o assassino, não houvesse um feliz encadeamento de circunstâncias nos concedido a graça do discernimento. E agora, como prisioneiros, eles são apenas indivíduos que sofrem, e a punição que lhes é infligida é um castigo cego, um acontecimento alheio à sua vontade, uma desgraça como o câncer ou o desmoronamento de uma casa. A prisão é uma longa moléstia. É o que revela a expressão dos prisioneiros, o andar cauteloso, a maneira complicada de pensar. Como os doentes, eles só conseguem falar de sua doença.

Quando os limites entre o banditismo respeitável e o banditismo ilegal são objetivamente fluidos, como acontece hoje, os tipos psicológicos também se confundem. Mas, enquanto os criminosos eram doentes, como no século dezenove, a prisão representou o inverso de sua fraqueza. A energia necessária para se destacar como um indivíduo do mundo ambiente e, ao mesmo tempo, para estabelecer uma ligação com ele, através das formas de comunicação autorizadas, e assim nele se afirmar estava corroída no criminoso. Ele representava uma tendência profundamente arraigada no ser vivo e cuja superação é um sinal de evolução: a tendência a perder-se em vez de impor-se ativamente no meio ambiente, a propensão a se largar, a regredir à natureza. Freud denominou-a pulsão de morte, Caillois *le mimétisme*.[19] Um vício semelhante atravessa tudo o que se opõe ao progresso inflexível, desde o crime, que é um atalho evitando as formas atuais do trabalho, até a obra de arte sublime. A moleza com respeito às coisas, sem a qual não existe a arte, não está tão afastada da violência crispada do criminoso. A incapacidade de dizer "não" que arrasta a adolescente à prostituição determina igualmente a carreira do criminoso. No criminoso, é a negação desprovida da resistência. É contra essa fluidez, que, sem consciência determinada, tímida e impotente (mesmo em sua forma mais brutal), imita e ao mesmo tempo destrói a civilização impiedosa, que esta eleva as sólidas muralhas das casas de detenção e de correção, que é seu ideal fixado na pedra. Assim como, segundo Tocqueville, as repúblicas burguesas, ao contrário das monarquias, não violentam o corpo, mas vão direto à alma, assim também os castigos dessa espécie atacam a alma. Seus supliciados não morrem mais amarrados à roda após longos dias e noites, mas apodrecem espiritualmente, como um exemplo invisível e silencioso, dentro dos enormes prédios das prisões, que só o nome, na prática, separa dos manicômios.

O fascismo absorve os dois. A concentração do comando sobre a produção inteira traz de volta a sociedade ao nível da dominação direta. Com o desaparecimento da necessidade de fazer um rodeio passando pelo mercado no interior das nações, desaparecem também as mediações espirituais, entre elas o direito. O pensamento que se desenvolvera na transação, como resultado do egoísmo forçado a negociar, se reduz ao planejamento da apropriação violenta. O fascista capaz de genocídios surgiu como a pura essência do fabricante alemão, só o poder distingue-o ainda do criminoso. O rodeio tornou-se desnecessário. O direito civil, que continuava a funcionar para dirimir os litígios dos empresários que sobreviviam à sombra da grande indústria, tornou-se uma espécie de tribunal arbitral, uma forma de justiça dispensada aos inferiores e não levando mais em conta os interesses dos concernidos, em suma, o puro terror. Mas era através da proteção legal, agora em vias de desaparecer, que a propriedade era definida. O monopólio, enquanto forma acabada da propriedade privada, destrói esse conceito. Do contrato social e político, que o fascismo substitui por tratados secretos nas relações entre as potências, o fascismo só conserva no interior do país a coerção do universal que seus servidores impõem espontaneamente ao resto da humanidade. No Estado total, o crime e o castigo são liquidados como resíduos supersticiosos, e a prática do puro e simples extermínio dos recalcitrantes, certa de seu objetivo político, vai se difundindo sob o regime dos criminosos pela Europa inteira. Comparada ao campo de concentração, a penitenciária parece uma lembrança dos bons velhos tempos, assim como a folha de anúncios de outrora, que, embora já deixasse transparecer a verdade, também parece uma lembrança de bons tempos comparada à revista impressa em papel brilhante e tendo um conteúdo literário que preenche ainda melhor que os anúncios – mesmo quando trata de Michelangelo – a função de boletim comercial, sinal de dominação e propaganda. O isolamento, que outrora se infligia de fora aos prisioneiros, se generalizou neste meio tempo e se instilou no sangue e na carne dos indivíduos. Sua alma bem adestrada e sua felicidade são tão desoladoras como as células da prisão, que os donos do poder já podem dispensar, porque a totalidade da força de trabalho das nações caiu presa deles. A privação de liberdade é um pálido castigo comparado com a realidade social.

LE PRIX DU PROGRÈS*

Numa carta recém-descoberta do fisiologista francês Pierre Flourens, que gozou um dia a triste glória de ter sido eleito, concorrendo com Victor Hugo, para a Academia Francesa, encontra-se uma estranha passagem:

"Ainda não consigo aprovar a utilização do clorofórmio na prática corrente das operações. Como o senhor sabe, consagrei a essa droga estudos aprofundados e, baseando-me em experiências efetuadas com animais, fui um dos primeiros a descrever suas propriedades específicas. Meus escrúpulos se fundam no simples fato de que as operações praticadas com o auxílio do clorofórmio representam sem dúvida um embuste tão grande quanto as outras formas conhecidas de anestesia. As drogas utilizadas agem unicamente sobre certos centros motores e de coordenação, bem como sobre a capacidade residual da substância nervosa. Sob a influência do clorofórmio, ela perde uma parte importante de sua aptidão a registrar vestígios de impressões sensoriais, mas de modo nenhum a capacidade sensorial enquanto tal. Minhas observações mostram, ao contrário, que, em consequência da paralisia geral da inervação, as dores são sentidas ainda mais vivamente que no estado normal. O logro do público resulta da incapacidade do paciente de lembrar-se após a operação do que se passou. Se disséssemos a verdade a nossos doentes, é provável que nenhum deles escolheria essa droga, ao passo que agora, por causa de nosso silêncio, costumam insistir no seu uso.

"Mas, mesmo se fizermos abstração do fato de que a única e duvidosa vantagem é um enfraquecimento da memória relativa ao tempo da intervenção, a difusão dessa prática parece-me apresentar um outro risco sério. Dado que a formação acadêmica geral de nossos médicos é cada vez mais superficial, a medicina poderia se ver encorajada pelo emprego ilimitado dessa droga a empreender despreocupadamente intervenções cirúrgicas cada vez mais complicadas e mais graves. Em vez de proceder a essas experiências com animais para fins de pesquisa, nossos pacientes serão suas cobaias inocentes. É concebível que as excitações dolorosas, que, em razão de sua natureza específica, podem ultrapassar todas as sensações conhecidas dessa espécie, provoquem um dano psíquico permanente nos doentes ou mesmo levem, durante a anestesia, a uma morte indescritivelmente dolorosa, cujas peculiaridades permanecerão eternamente ocultas aos parentes e ao mundo. Não seria este um preço excessivamente alto a pagar pelo progresso?"

Se Flourens tivesse razão nesta carta, os obscuros caminhos do governo divino do mundo estariam pelo menos justificados. O animal estaria vingado pelo sofrimento de seu carrasco: cada operação seria uma vivissecção. Surgiria então a suspeita de que não nos comportamos com os homens e com as criaturas em geral de maneira diferente da maneira pela qual nos comportamos em relação a

---

* O preço do progresso. (N.T.)

nós mesmos depois de ter sofrido uma operação, ou seja, cegos para o sofrimento. O espaço que nos separa dos outros significaria, para o conhecimento, a mesma coisa que o tempo que se intercala entre nós e o sofrimento de nosso próprio passado, a saber, uma barreira insuperável. Mas a dominação perene da natureza, a técnica médica e não médica, tira sua força dessa cegueira; só o esquecimento a tornaria possível. A perda da lembrança como condição transcendental da ciência. Toda reificação é um esquecimento.

Vão espanto

O olhar fixado na desgraça tem algo da fascinação. Mas também algo de uma secreta cumplicidade. A má consciência social latente em todos os que participam da injustiça e o ódio pela vida realizada são tão fortes que, em situações críticas, eles se voltam imediatamente contra o interesse do próprio indivíduo como uma vingança imanente. Disso há, entre os burgueses franceses, um exemplo fatal, que se assemelhava ironicamente ao ideal heroico dos fascistas: eles se alegravam com o triunfo de seus iguais, como o que se exprimiu na ascensão de Hitler, mesmo quando ele os ameaçava de ruína; eles chegavam mesmo a tomar sua ruína como prova da justiça da ordem que defendiam. Uma prefiguração desse comportamento é a atitude de muitos ricos em face do empobrecimento, cuja imagem invocam para racionalizar a parcimônia, sua tendência latente (apesar da tenacidade com que lutam por cada tostão) a eventualmente renunciar sem luta a todas as suas posses ou a colocá-las irresponsavelmente em jogo. No fascismo, eles conseguem realizar a síntese entre a cupidez de mandar e o ódio de si mesmo, e o vão espanto é sempre acompanhado do gesto: foi assim que sempre imaginei as coisas.

Interesse pelo corpo

Sob a história conhecida da Europa corre, subterrânea, uma outra história. Ela consiste no destino dos instintos e paixões humanas recalcados e desfigurados pela civilização. O fascismo atual, onde o que estava oculto aparece à luz do dia, revela também a história manifesta em sua conexão com esse lado noturno que é ignorado tanto na legenda oficial dos Estados nacionais, quanto em sua crítica progressista.

Essa espécie de mutilação afeta sobretudo a relação com o corpo [*Körper*]. A divisão do trabalho, onde o desfrute foi para um lado e o trabalho para o outro, proscreveu a força bruta. Quanto menos os senhores podiam dispensar o trabalho dos outros, mais desprezível ele se tornava a seus olhos. Assim como o escravo, também o trabalho foi estigmatizado. O cristianismo louvou o trabalho, mas em compensação humilhou ainda mais a carne como fonte de todo mal. Ele anunciou a ordem burguesa moderna – em uníssono com o pagão Maquiavel – cantando o louvor do trabalho que, mesmo no Velho Testamento, era considerado como uma maldição. Para os Patriarcas do Deserto, são Doroteu, Moisés o Ladrão, Paulo o Simples e outros pobres de espírito, o trabalho servia ainda diretamente para entrar no céu. Para Lutero e Calvino, o laço que ligava o trabalho à salvação já era tão complexo que a exortação febril ao trabalho, típica da Reforma, quase parece um escárnio, como uma bota pisando um verme.

Os príncipes e patrícios podiam ignorar o abismo religioso que se abrira entre sua vida terrestre e seu destino eterno pensando nos rendimentos que tiravam das horas de trabalho dos outros. A irracionalidade da graça divina abria-lhes a possibilidade da salvação. Sobre os outros, porém, só recaía uma pressão ainda mais forte. Eles pressentiam surdamente que a humilhação da carne pelo poder nada mais era que o reflexo ideológico da opressão a que eram submetidos. O destino dos escravos da Antiguidade foi o destino de todas as vítimas até os modernos povos colonizados: eles tinham que passar como sendo os piores. Havia duas raças na natureza: os superiores e os inferiores. A libertação do indivíduo europeu realizou-se em ligação com uma transformação geral da cultura, que aprofundava cada vez mais a divisão, à medida que diminuía a coerção física exercida de fora. O corpo explorado devia representar para os inferiores o que é mau e o espírito, para o qual os outros tinham o ócio necessário, devia representar o sumo bem. Esse processo possibilitou à Europa realizar suas mais sublimes criações culturais, mas o pressentimento do logro, que desde o início foi se propagando, reforçava ao mesmo tempo, com o controle sobre o corpo, essa obscena maldade que é o amor-ódio pelo corpo, que permeia a mentalidade das massas ao longo dos séculos e que encontrou na linguagem de Lutero sua expressão autêntica. Na relação do indivíduo com o corpo, o seu e o de outrem, a irracionalidade e a injustiça da dominação reaparecem como crueldade, que está tão afastada de uma relação compreensiva e de uma reflexão feliz, quanto a dominação relativamente à liberdade. Nietzsche, em sua teoria da crueldade, e sobretudo Sade reconheceram a importância desse fator, e Freud interpretou-o psicologicamente em sua teoria do narcisismo e da pulsão de morte.

O amor-ódio pelo corpo impregna toda a cultura moderna. O corpo se vê de novo escarnecido e repelido como algo inferior e escravizado, e, ao mesmo tempo, desejado como o proibido, reificado, alienado. É só a cultura que conhece o corpo como coisa que se pode possuir; foi só nela que ele se distinguiu do espírito, quintessência do poder e do comando, como objeto, coisa morta, "*corpus*". Com o autorrebaixamento do homem ao *corpus*, a natureza se vinga do fato de que o homem a rebaixou a um objeto de dominação, de matéria bruta. A compulsão à crueldade e à destruição tem origem no recalcamento orgânico da proximidade ao corpo, de maneira análoga ao surgimento do nojo, que teve origem, de acordo com a intuição genial de Freud, quando, com a postura ereta e o afastamento da terra, o sentido do olfato, que atraía o animal humano para a fêmea menstruada, tornou-se objeto de um recalcamento orgânico. Na civilização ocidental e provavelmente em toda civilização, o corpo é tabu, objeto de atração e repulsão. Para os senhores da Grécia e do feudalismo, a relação com o corpo ainda era determinada pela habilidade e destreza pessoal como condição da dominação. O cuidado com o corpo [*Leib*] tinha, ingenuamente, uma finalidade social. O *kalos kagathos** só em parte era uma aparência, o ginásio servindo, por outra parte, para preservar o poder pessoal, pelo menos como *training* para uma postura dominadora. Quando a dominação assume completamente a forma burguesa mediatizada pelo comércio e pelas comunicações e, sobretudo, quando surge a indústria, começa a se delinear uma mutação formal. A humanidade deixa-se escravizar, não mais pela espada, mas pela gigantesca aparelhagem que acaba, é verdade, por forjar de novo a espada. É assim que desapareceu o sentido racional para a exaltação do corpo viril; as tentativas dos românticos, nos séculos dezenove e vinte, de levar a um renascimento do corpo [*Leib*] apenas idealizam algo de morto e mutilado. Nietzsche, Gauguin, George, Klages reconheceram a inominável estupidez que é o resultado do progresso. Mas tiraram a conclusão errada. Não denunciaram a injustiça como ela é, mas transfiguraram a injustiça como ela era. A reação contra a mecanização tornou-se o adorno da cultura industrial de massa, que não consegue abrir mão dos gestos nobres. Os artistas, a contragosto, prepararam para a publicidade a imagem perdida da unidade do corpo [*Leib*] e da alma. A exaltação dos fenômenos vitais, da fera loura ao nativo das ilhas do Sul, desemboca inevitavelmente no filme de sarongues, no cartaz publicitário das drágeas de vitaminas e dos cremes para a pele, que são apenas os substitutos do objetivo imanente da publicidade: o novo, grande, belo e nobre tipo humano, vale dizer, dos chefes fascistas e suas tropas. Os chefes fascistas voltam a tomar em suas próprias mãos os instrumentos do assassínio, eles executam seus prisioneiros com a pistola e a chibata, mas não com base em sua força superior, mas porque esse aparelho gigantesco e seus verdadeiros potentados, que continuam a não fazê-lo com as próprias mãos, entregam-lhes as vítimas da razão de Estado nos porões dos quartéis-generais.

Não se pode mais reconverter o corpo físico [*Körper*] no corpo vivo [*Leib*].** Ele permanece um cadáver, por mais exercitado que seja. A transformação em

---

* Belo e bom. (N.T.)
** Na linguagem corrente, *Körper* e *Leib* são sinônimos. Não é raro, contudo, que o termo *Körper* seja usado por filósofos para designar o físico, e o termo *Leib* para designar o orgânico, o corpo vivo, como ocorre nesta frase. Não é certo, porém, que os autores façam essa distinção sempre que usam um ou outro termo. Por isso, optamos por traduzir os dois termos por "corpo", em consonância com o uso normal, mas colocando, para controle do leitor, o termo *Leib* entre parênteses, sempre que este aparece no original. (N.T.)

algo de morto, que se anuncia em seu nome, foi uma parte desse processo perene que transformava a natureza em matéria e material. As obras da civilização são o produto da sublimação, desse amor-ódio adquirido pelo corpo e pela terra, dos quais a dominação arrancou todos os homens. A medicina torna produtiva a reação psíquica à corporificação do homem [*Verkörperung*]; a técnica, a reação à reificação da natureza inteira. Mas o assassino, o homicida, os colossos animalizados, que são secretamente empregados pelos donos do poder – legais e ilegais, grandes e pequenos – como seus executores, os homens violentos, que estão sempre aí quando se trata de eliminar alguém, os linchadores e os membros da Ku-Klux-Klan, o brutamontes que logo se ergue quando alguém começa a querer aparecer, as figuras terríveis às quais a gente se vê entregue tão logo a mão protetora do poder se retira, quando se perde dinheiro e posição, todos os lobisomens que vivem nas trevas da história e alimentam o medo sem o qual não haveria nenhuma dominação: neles, o amor-ódio pelo corpo é brutal e imediato, eles profanam tudo o que tocam, aniquilam tudo o que veem à luz, e esse aniquilamento é o rancor pela reificação, eles repetem numa fúria cega sobre o objeto vivo tudo o que não podem mais fazer desacontecer: a cisão da vida no espírito e seu objeto. O homem os atrai irresistivelmente, eles querem reduzi-lo ao corpo, nada deve continuar a viver. Essa hostilidade dos inferiores, outrora cuidadosamente cultivada e alimentada pelos superiores laicos e espirituais, à vida que neles se atrofiou e com a qual se relacionam, homossexual e paranoicamente, pelo homicídio, essa hostilidade foi sempre um instrumento indispensável para a arte de governar. A hostilidade dos escravizados à vida é uma força inexaurível da esfera noturna da história. Até mesmo o excesso puritano, a bebedeira, é uma vingança desesperada contra a vida.

 O amor da propaganda totalitária pela natureza e pelo destino é apenas uma superficial formação reativa a essa servidão ao corpo, à civilização malograda. Não podemos nos livrar do corpo e nós o louvamos quando não podemos golpeá-lo. A cosmovisão "trágica" do fascista são vésperas ideológicas a festejar verdadeiras núpcias de sangue. Os que na Alemanha louvavam o corpo, os ginastas e os excursionistas, sempre tiveram com o homicídio a mais íntima afinidade, assim como os amantes da natureza com a caça. Eles veem o corpo como um mecanismo móvel, em suas articulações as diferentes peças desse mecanismo, e na carne o simples revestimento do esqueleto. Eles lidam com o corpo, manejam seus membros como se estes já estivessem separados. A tradição judia conservou a aversão de medir as pessoas com um metro, porque é do morto que se tomam as medidas – para o caixão. É nisso que encontram prazer os manipuladores do corpo. Eles medem o outro, sem saber, com o olhar do fabricante de caixões, e se traem quando anunciam o resultado, dizendo, por exemplo, que a pessoa é comprida, pequena, gorda, pesada. Eles estão interessados na doença, à mesa já estão à espreita da morte do comensal, e seu interesse por tudo isso é só muito superficialmente racionalizado como interesse pela saúde. A linguagem acerta o passo com eles. Ela transformou o passeio em movimento e os alimentos em calorias, de maneira análoga à designação da floresta viva na língua inglesa e francesa pelo mesmo nome que significa também "madeira". Com as taxas de mortalidade, a sociedade degrada a vida a um processo químico.

Na diabólica humilhação do prisioneiro no campo de concentração, que o carrasco moderno acrescenta sem um sentido racional a seu martírio, desponta a rebelião não sublimada e, no entanto, recalcada da natureza condenada. Ela atinge em toda sua atrocidade o mártir do amor, o pretenso criminoso sexual e libertino, pois o sexo é o corpo não reduzido, aquilo pelo que anseiam secreta e desesperadamente todos eles. Na sexualidade livre, o assassino teme a imediatidade perdida, a unidade originária, na qual não pode mais viver. Ela é o morto que ressurge para a vida. O assassino reduz tudo a uma única coisa, reduzindo-a a nada, porque ele tem que sufocar a unidade dentro de si mesmo. A vítima representa para ele a vida que superou a separação, ela, a vida, deve ser quebrada e o universo deve se reduzir ao pó e ao poder abstrato.

Sociedade de massas

O culto dos astros do cinema tem como complemento da celebridade o mecanismo social que nivela tudo o que chama a atenção. Os astros são apenas os moldes para uma indústria de confecção de dimensões mundiais e para a tesoura da justiça legal e econômica, com a qual se eliminam as últimas pontas dos fios de linha.

Adendo

A opinião segundo a qual ao nivelamento e à padronização dos homens corresponde, por outro lado, um crescimento da individualidade nas chamadas personalidades de líderes [Führer], proporcionalmente a seu poder, é errônea e constitui ela própria uma parte da ideologia. Os senhores fascistas de hoje são menos super-homens do que funções de seu próprio aparelho de publicidade, pontos de interseção das reações idênticas de inúmeros indivíduos. Se, na psicologia das massas hodiernas, o líder representa menos o pai do que a projeção coletiva e desmesuradamente aumentada do ego impotente de cada indivíduo, então as figuras dos líderes correspondem a ele efetivamente. Não é à toa que se parecem com cabeleireiros, atores de província e jornalistas chantagistas. Uma parte de sua influência moral reside justamente no fato de que, embora impotentes, se o consideramos em si mesmos, no que se assemelham a todos os outros, eles representam para esses a plenitude do poder, sem por isso deixarem de ser simples lugares vazios que o poder veio ocupar. Não é que eles constituam uma exceção ao processo de desintegração da individualidade, mas se trata antes do fato que a individualidade desintegrada neles triunfa e, de certo modo, se vê recompensada por sua desintegração. Os líderes tornaram-se totalmente o que sempre foram um pouco durante toda a era burguesa: atores representando o papel de líderes. A distância entre a individualidade de Bismarck e a de Hitler é praticamente a mesma que existe entre a prosa dos *Pensamentos e recordações* e a algaravia de *Mein Kampf* [*Minha luta*]. Os que lutam contra o fascismo não têm o menor interesse em reduzir as *imagines** inflacionadas do Führer à real medida de sua nulidade. O filme de Chaplin tocou pelo menos um ponto essencial, mostrando a semelhança entre o barbeiro do gueto e o ditador.

Contradições

Uma moral como sistema, com princípios e conclusões, uma lógica férrea e a possibilidade de uma aplicação segura a todo dilema moral – eis aí o que se pede aos filósofos. Em geral, eles responderam a essa expectativa. Mesmo quando não estabeleceram um sistema prático ou uma casuística elaborada, eles conseguiram deduzir do sistema teórico a obediência à autoridade. Na maioria das vezes, voltaram a fundamentar, valendo-se dos recursos da lógica, da intuição e da evidência, toda a escala dos valores tal como já a sancionara a prática pública. "Honrai os deuses com a religião legada por vossos ancestrais", diz Epicuro[20], e o próprio Hegel secundou-o. Quem hesita a se pronunciar nesse sentido será solicitado ainda mais energicamente a fornecer um princípio universal. Se o pensamento não se limita a ratificar os preceitos vigentes, ele deverá se apresentar de maneira ainda mais segura de si, mais universal, mais autoritária do que quando se limita a justificar o que já está em vigor. Será que você considera injusto o poder dominante? Quem sabe você quer que impere o caos e não o poder? Você está criticando a uniformização da vida e o progresso? Será que, à noite, a gente deve voltar a acender velas de cera? Será que o fedor do lixo deve voltar a empestear nossas cidades, como na Idade Média? Você não gosta dos matadouros, será que a sociedade deve passar a comer legumes crus? Por mais absurdo que seja, a resposta positiva a essas questões encontra ouvidos. O anarquismo político, a reação cultural baseada no artesanato, o vegetarianismo radical, as seitas e partidos excêntricos têm o chamado apelo publicitário. A doutrina só precisa ser geral, segura de si, universal e imperativa. O que é intolerável é a tentativa de

---

* Plural do latim *imago*, imagem; em psicanálise, o protótipo inconsciente de personagens determinando a maneira como o indivíduo apreende o outro. (N.T.)

escapar à disjuntiva "ou isso – ou aquilo", a desconfiança do princípio abstrato, a firmeza sem doutrina.

Dois jovens conversam:

A: Você não quer ser médico?

B: Por causa da profissão, os médicos estão sempre lidando com os moribundos, e isso endurece as pessoas. Depois, com a institucionalização crescente, os médicos passam a representar em face do doente a empresa com sua hierarquia. Muitas vezes, ele se vê tentado a se apresentar como o administrador da morte. Ele se torna o agente da grande empresa em face dos consumidores. Quando se trata de automóveis, isso não é tão grave assim, mas quando os bens administrados são a vida e os consumidores são pessoas que sofrem, trata-se de uma situação em que não gostaria de me encontrar. A profissão do médico de família talvez fosse mais inofensiva, mas ela está em decadência.

A: Você acha que não deveria mais haver médicos e que deveríamos voltar aos charlatães?

B: Não disse isso. Só tenho horror de me tornar médico, e sobretudo um desses diretores-médicos com poder de comando sobre um hospital público. Apesar disso, acho que é melhor, naturalmente, que haja médicos e hospitais do que deixar os doentes morrer. Também não quero ser nenhum promotor público, mas acho que dar liberdade aos assaltantes seria um mal muito maior que a existência dessa corporação que os põe na cadeia. A justiça é racional. Não sou contra a razão, só quero enxergar a forma que ela assumiu.

A: Você está se contradizendo. Você se aproveita o tempo todo dos serviços dos médicos e dos juízes. Você é tão culpado quanto eles próprios. Só que você não quer se dar ao trabalho de fazer o que os outros fazem por você. Sua própria existência pressupõe o princípio a que você gostaria de escapar.

B: Não nego isso, mas a contradição é necessária. Ela é uma resposta à contradição objetiva da sociedade. Quando a divisão do trabalho é tão diferenciada como hoje é possível que em dado lugar se manifeste um horror responsável pela culpabilidade de todos. Se esse horror se difundir, se pelo menos uma pequena parte da humanidade se tornar consciente dele, talvez os manicômios e as penitenciárias se tornem mais humanos e os tribunais acabem se tornando supérfluos. Mas não é absolutamente por isso que eu quero ser escritor. Eu só queria ver com maior clareza a situação terrível em que tudo se encontra hoje.

A: Mas se todos pensassem como você, e ninguém quisesse sujar as mãos, então não haveria nem médicos nem juízes, e o mundo pareceria ainda mais horrível.

B: Mas é justamente isso que me parece questionável, pois, se todos pensassem como eu, espero, não apenas os remédios contra o mal iam diminuir, mas o próprio mal. A humanidade ainda tem outras possibilidades. Eu não sou a humanidade inteira e não posso simplesmente tomar o seu lugar em meus pensamentos. O preceito moral que diz que cada uma de minhas ações deveria poder ser tomada como uma máxima universal é muito problemático. Ele ignora a história. Por que minha aversão a ser médico deveria equivaler à opinião de que não deve haver médicos? Na verdade, há tantas pessoas aí que podem ser bons médicos e têm mais de uma chance de vir a ser médicos. Se eles se comportarem moralmente dentro dos limites traçados atualmente para sua profissão, terão minha admiração. Talvez cheguem mesmo a minorar o mal que descrevi para você; talvez, ao contrário, agravem-no ainda mais, apesar de toda a sua competência técnica e toda a sua moralidade. Minha vida, tal como a imagino, meu horror e minha vontade de conhecer parecem-me tão justificados como a própria profissão de médico, mesmo que eu não possa ajudar diretamente a ninguém.

A: Mas se você soubesse que você poderia, se estudasse para médico, vir a salvar a vida de uma pessoa amada, vida que ela perderia com toda a certeza, não fosse por você, você não se dedicaria imediatamente ao estudo da medicina?

B: Provavelmente, mas você mesmo está vendo que, com seu gosto por uma coerência inexorável, você acaba tendo de recorrer a um exemplo absurdo, enquanto eu, com minha teimosia sem qualquer sentido prático e com minhas contradições, não me afastei do bom senso.

Esse diálogo se repete sempre que uma pessoa não quer abrir mão do pensamento em benefício da prática. Ela vai sempre encontrar a lógica e a coerência no lado contrário. Quem for contra a vivissecção não deve mais fazer nenhum movimento respiratório, porque isto pode custar a vida a um bacilo. A lógica está a serviço do progresso e da reação, ou, em todo caso, da realidade. Mas, na época de uma educação radicalmente realista, os diálogos tornaram-se mais raros, e o interlocutor neurótico B precisa de uma força sobre-humana para não ficar são.

Marcados

Ao atingir a década dos 40 anos, as pessoas costumam fazer uma estranha experiência. Elas descobrem que a maioria das pessoas com que cresceram e mantiveram contatos começa a demonstrar distúrbios em seus costumes e em sua consciência. Um torna-se tão negligente em seu trabalho que seus negócios começam a periclitar, outro destrói o casamento sem a menor culpa da mulher, um terceiro vem a cometer desfalques. Mas também os que não passaram por acontecimentos marcantes apresentam indícios de decomposição. A conversação com eles torna-se insípida, fanfarrona, desconexa. Outrora, o quarentão ainda recebia dos outros um *élan* intelectual, mas agora ele tem a impressão de ser quase o único a demonstrar espontaneamente um interesse objetivo.

A princípio, ele se inclina a considerar a evolução das pessoas de sua idade como um infeliz acaso. Justamente eles mudaram para pior. Talvez isso tenha a ver com a geração e seu destino exterior particular. Finalmente, descobre que essa experiência é familiar, só que numa perspectiva diferente: a da juventude frente aos adultos. Pois ele não se convencera então de que algo não estava certo com este ou aquele professor do colégio, com os tios e as tias, os amigos dos pais e depois com os professores da universidade ou com o mestre dos aprendizes! Seja porque exibiam algum traço maluco e ridículo, seja porque sua presença era particularmente maçante, incômoda, decepcionante.

Nessa época, ele não pensava nisso, aceitava a inferioridade dos adultos como um simples fato natural. Agora, ele tem a confirmação disso: nas condições atuais, o simples transcurso da vida, ainda que se conservem certas habilidades técnicas ou intelectuais, é suficiente para levar, já na força da idade, ao cretinismo. Nem mesmo as pessoas experimentadas no trato dos homens e das coisas estão excluídas. É como se as pessoas, como castigo de terem traído as esperanças de sua juventude e terem se ajustado ao mundo, fossem marcadas por uma precoce decadência.

Adendo

Atualmente, o declínio da individualidade não ensina simplesmente a compreender sua categoria como algo de histórico, mas também desperta dúvidas quanto à sua essência positiva. A injustiça que sofre o indivíduo era o princípio de sua própria existência na fase da concorrência. Mas isso não se aplica apenas à função do indivíduo e de seus interesses particulares na sociedade, mas também à complexidade interna da própria individualidade. Foi sob o seu signo que se colocou a tendência à emancipação do homem, mas ela é, ao mesmo tempo, o resultado justamente dos mecanismos dos quais é preciso emancipar a humanidade. É na autonomia e na incomparabilidade do indivíduo que se cristaliza a resistência contra o poder cego e opressor do todo irracional. Mas essa resistência só foi possível historicamente através da cegueira e irracionalidade daquele indivíduo autônomo e incomparável. Inversamente, tudo o que se opõe incondicionalmente ao todo enquanto particular permanece preso de maneira ruim e opaca à ordem existente. Os traços radicalmente individuais e irredutíveis de uma pessoa são sempre duas coisas numa só: o que não foi totalmente capturado pelo sistema dominante e sobrevive para sorte nossa e as marcas da mutilação que o sistema inflige a seus membros. Esses traços repetem de maneira exagerada as determinações básicas do sistema: na avareza, por exemplo, a propriedade fixa; na doença imaginária, a autoconservação irrefletida. Na medida em que o indivíduo utiliza esses traços para se afirmar desesperadamente contra a compulsão da natureza e da sociedade, contra a doença e a bancarrota, esses traços assumem necessariamente um caráter compulsivo. Em sua célula mais íntima o indivíduo choca-se com o mesmo poder do qual ele foge para dentro de si mesmo. Isso torna sua fuga numa quimera sem esperança. As comédias de Molière conhecem essa maldição da individuação tão bem quanto os desenhos de Daumier; mas os nacional-socialistas, que abolem o indivíduo, deleitam-se prazerosamente com essa maldição e instalam Spitzweg como seu pintor clássico.

É só contra a sociedade endurecida, e não em termos absolutos, que o indivíduo endurecedor apresenta o melhor. Ele fixa a vergonha que se sente em face daquilo que a coletividade volta sempre a infligir ao indivíduo e que se consuma quando não há mais indivíduos. Os sequazes despersonalizados de hoje são a consequência dos boticários maníacos, dos apaixonados cultivadores de rosas e dos aleijados políticos dos tempos de outrora.

Filosofia e divisão do trabalho

É fácil identificar o lugar da ciência na divisão social do trabalho. Ela tem por função estocar fatos e conexões funcionais de fatos nas maiores quantidades possíveis. A ordem do armazenamento deve ser clara. Ela deve possibilitar às diversas indústrias descobrir prontamente a mercadoria intelectual desejada na especificação desejada. Em larga medida, a compilação já é feita em vista de encomendas industriais precisas.

Também as obras históricas devem fornecer material. A possibilidade de sua utilização não se deve buscar imediatamente na indústria, mas mediatamente na administração. Assim como Maquiavel escrevia para o uso dos príncipes e das repúblicas, assim também se trabalha hoje para os comitês econômicos e políticos. É verdade que a forma histórica se tornou um estorvo, assim é melhor classificar logo o material histórico sob o ponto de vista de um determinado problema administrativo: por exemplo, a manipulação dos preços das mercadorias ou dos estados de espírito das massas. Ao lado da administração e dos consórcios industriais, entre os interessados encontram-se também os sindicatos e os partidos.

A filosofia oficial serve à ciência que funciona dessa maneira. Ela deve, como uma espécie de taylorismo do espírito, ajudar a aperfeiçoar seus métodos de produção, a racionalizar a estocagem dos conhecimentos, a impedir o desperdício de energia intelectual. Ela encontra seu lugar na divisão do trabalho, assim como a química e a bacteriologia. Os dois ou três restolhos filosóficos, que pregam a volta à adoração do Deus da Idade Média e à contemplação de essências eternas, ainda são tolerados nas universidades seculares porque elas são tão reacionárias. Além disso, ainda há historiadores da filosofia que ensinam infatigavelmente Platão e Descartes, sem esquecer de acrescentar, naturalmente, que já estão ultrapassados. Aqui e ali associam-se a eles algum veterano do sensualismo ou algum perito personalista. Eles separam do campo da ciência o joio dialético que, de outro modo, poderia começar a medrar.

Contrariamente a seus administradores, a filosofia representa, entre outras coisas, o pensamento, na medida em que este não capitula diante da divisão de trabalho dominante e não aceita que esta lhe prescreva suas tarefas. A ordem existente não compele os homens unicamente pela força física e pelos interesses materiais, mas pelo poder superior da sugestão. A filosofia não é síntese, ciência básica ou ciência-cúpula, mas o esforço de resistir à sugestão, a decisão resoluta pela liberdade intelectual e real.

A divisão do trabalho, tal como se formou sob a dominação, não é absolutamente ignorada neste caso. A filosofia limita-se a escutar dela a mentira de que ela seria inevitável. Não se deixando hipnotizar pela superioridade do poder, ela segue-o em todos os cantos e recantos da maquinaria social que *a priori* não deve ser nem derrubada, nem redirecionada, mas compreendida sem sucumbir à fascinação que exerce. Quando os funcionários que a indústria mantém em seus setores intelectuais, as universidades, igrejas e jornais, pedem à filosofia que apresente o passaporte dos princípios com que legitima suas buscas, ela cai num embaraço mortal. Ela não reconhece qualquer norma ou objetivo abstratos que, ao contrário dos vigentes, fossem praticáveis. Sua liberdade em face da força de sugestão da ordem existente reside justamente no fato de aceitar os ideais burgueses, sem transigir com eles, quer se trate dos ideais que seus defensores ainda proclamam mesmo desfigurados, quer se trate dos ideais que, apesar de toda manipulação, ainda possam ser reconhecidos como o sentido objetivo das instituições, tanto técnicas quanto culturais. A filosofia acredita na divisão do trabalho e que ela exista para os homens, acredita no progresso e que ele leve à liberdade. É por isso que entra facilmente em conflito com a divisão do trabalho e com o progresso. Ela dá expressão à contradição entre a crença e a realidade e, ao fazer isso, atém-se estritamente ao fenômeno historicamente determinado. Para ela, diferentemente dos jornais, o assassinato em massa, apesar de suas proporções gigantescas, não é mais interessante que a eliminação de alguns internados em asilos. Ela não dá à intriga do estadista envolvido com o fascismo nenhuma prioridade sobre um simples linchamento, nem privilegia a vertiginosa publicidade da indústria cinematográfica de preferência a um simples anúncio funerário. O pendor à grandeza é algo que está longe da filosofia. Por isso, relativamente ao existente, ela se mantém ao mesmo tempo alheia e compreensiva. Sua voz pertence ao objeto, mas sem que este a queira: ela é a voz da contradição que, sem ela, não se faria ouvir, mas triunfaria em silêncio.

O PENSAMENTO

Crer que a verdade de uma teoria é a mesma coisa que sua fecundidade é um erro. Muitas pessoas parecem, no entanto, admitir o contrário disso. Elas acham que a teoria tem tão pouca necessidade de encontrar aplicação no pensamento, que ela deveria antes dispensá-lo pura e simplesmente. Elas interpretam toda declaração equivocadamente no sentido de uma definitiva profissão de fé, imperativo ou tabu. Elas querem submeter-se à Ideia como se fora um Deus, ou atacá-la como se fora um ídolo. O que lhes falta, em face dela, é a liberdade. Mas é próprio da verdade o fato de que participamos dela enquanto sujeitos ativos. Uma pessoa pode ouvir frases que são em si mesmas verdadeiras, mas só perceberá sua verdade na medida em que está pensando e continua a pensar, ao ouvi-las.

Hoje esse fetichismo exprime-se sob uma forma drástica. Pedem-se prestações de contas pelo pensamento expresso, como se ele fosse a própria práxis. Justamente por isso toda palavra é intolerável: não apenas a palavra que pretende atingir o poder, mas também a palavra que se move tateando, experimentando, jogando com a possibilidade do erro. Mas: não estar pronto e acabado e saber que não está é o traço característico daquele pensamento e precisamente daquele pensamento com o qual vale a pena morrer. A proposição segundo a qual a verdade é o todo revela-se idêntica à proposição contrária, segundo a qual ela só existe em cada caso como parte. Dentre as desculpas que os intelectuais encontraram para os carrascos – e, na última década, eles não ficaram de braços cruzados com relação a isso – a mais deplorável é a desculpa de que o pensamento da vítima, responsável por seu assassinato, fora um erro.

O HOMEM E O ANIMAL

Na história europeia, a Ideia do homem exprime-se na maneira pela qual ele é distinguido do animal. A ausência da razão no animal prova a dignidade do homem. Essa oposição foi matraqueada com tanta insistência e unanimidade pelos predecessores do pensamento burguês, os antigos judeus, os estoicos e os padres da Igreja e, depois, pela Idade Média afora e os Tempos Modernos adentro, que ela passou a pertencer ao patrimônio básico da antropologia ocidental. Ainda hoje ela é reconhecida. Os behavioristas só aparentemente a esqueceram. O fato de que aplicam aos homens as mesmas fórmulas e resultados que eles, desencadeados, arrancam a animais indefesos em seus atrozes laboratórios de fisiologia confirma essa diferença de maneira particularmente refinada. A conclusão que tiram dos corpos mutilados dos animais não se ajusta ao animal em liberdade, mas ao homem atual. Ele prova, ao violentar o animal, que ele e só ele em toda a criação funciona voluntariamente de maneira tão mecânica, cega e automática como as convulsões da vítima encadeada, das quais se utiliza o especialista. O professor na mesa de dissecação define-as cientificamente como reflexos, o arúspice no altar proclamava-as como sinais de seus deuses. O homem possui a razão, que procede impiedosamente; o animal, do qual ele tira a conclusão sanguinolenta, só tem o pavor irracional, o instinto da fuga que lhe é vedada.

A falta de razão não tem palavras. Eloquente é a sua posse, que estende seu domínio através, de toda a história manifesta. A terra inteira dá testemunho da glória do homem. Na guerra e na paz, na arena e no matadouro, da morte lenta do elefante, que as hordas primitivas dos homens abatiam graças ao primeiro planejamento, até à exploração sistemática do mundo animal atualmente, as criaturas irracionais sempre tiveram que fazer a experiência da razão. Esse processo visível esconde aos carrascos o processo invisível: a vida sem a luz da razão, a vida dos animais. Esta seria o tema genuíno da psicologia, pois só a vida dos animais decorre segundo impulsões psíquicas; quando a psicologia tem que explicar os homens, eles já regrediram e se destruíram. E quando os homens chamam a psicologia em seu socorro, o espaço reduzido de suas relações imediatas se vê ainda mais reduzido, mesmo aí eles são convertidos em coisas. O recurso à psicologia, para compreender o outro, é um gesto descarado; para a explicação dos próprios motivos, um gesto sentimental. A psicologia, porém, perdeu de vista seu objeto, esqueceu nas chicanas de seus alçapões e labirintos que falar da alma, conhecê-la, é algo que se impõe precisamente e tão somente em face do animal. O próprio Aristóteles, que atribuiu aos animais uma alma, ainda que inferior, preferiu tratar dos corpos, de suas partes, movimento e geração, do que da existência própria dos animais.

O mundo do animal é um mundo sem conceito. Nele nenhuma palavra existe para fixar o idêntico no fluxo dos fenômenos, a mesma espécie na variação dos exemplos, a mesma coisa na diversidade das situações. Mesmo que a recognição seja possível, a identificação está limitada ao que foi predeterminado de maneira vital. No fluxo, nada se acha que se possa determinar como permanente e, no entanto, tudo permanece idêntico, porque não há um saber sólido acerca do passado e nenhum olhar claro mirando o futuro. O animal responde ao nome e não tem um eu, está fechado em si mesmo e, no entanto, abandonado; a cada momento surge uma nova compulsão, nenhuma ideia a transcende. O animal não compensa a privação do consolo com a diminuição do medo, a falta da consciência da felicidade com a ausência da tristeza e a dor. Para que a felicidade se torne substancial e confira a morte à existência, é preciso de uma reminiscência identificadora, de um conhecimento apaziguador, da Ideia religiosa ou filosófica, em suma, do conceito. Há animais felizes, mas como é curta essa felicidade! Para o animal, o transcorrer do tempo, que não é interrompido pelo pensamento liberador, é sombrio e depressivo. Para escapar ao vazio lancinante é necessário uma resistência cuja coluna vertebral é a linguagem. Até mesmo o animal mais forte é infinitamente débil. A doutrina de Schopenhauer segundo a qual o pêndulo da vida oscila entre a dor e o tédio, entre instantes punctuais de satisfação do instinto e uma ânsia infinita aplica-se ao animal, que não pode pôr termo à fatalidade pelo conhecimento. Na alma do animal já estão plantados os diferentes sentimentos e necessidades do homem e, inclusive, os elementos do espírito, sem o apoio que só a razão organizadora confere. Os melhores dias fluem numa mudança contínua como um sonho, que o animal, aliás, mal pode distinguir da vigília. Falta-lhe uma transição clara do jogo para a seriedade, do despertar feliz do pesadelo para a realidade.

A transformação das pessoas em animais como castigo é um tema constante dos contos infantis de todas as nações. Estar encantado no corpo de um animal equivale a uma condenação. Para as crianças e os diferentes povos, a ideia de semelhantes metamorfoses é imediatamente compreensível e familiar. Também a crença na transmigração das almas, nas mais antigas culturas, considera a figura animal como um castigo e um tormento. A muda ferocidade no olhar do tigre dá testemunho do mesmo horror que as pessoas receavam nessa transformação. Todo animal recorda uma desgraça infinita ocorrida em tempos primitivos. O conto infantil exprime o pressentimento das pessoas. Mas, enquanto o príncipe conservou a razão, de tal modo que pôde exprimir na hora certa sua dor e ser assim resgatado pela fada, a falta de razão exila eternamente o animal em sua figura, a não ser que o homem que, pelo passado, se identifica com ele descubra a fórmula salvadora e com ela abrande no fim dos tempos o coração de pedra da eternidade.

Para o ser racional, porém, a solicitude pelo animal desprovido de razão é uma vã ocupação. A civilização ocidental deixou-a ao encargo das mulheres. Estas não tiveram nenhuma participação independente nas habilidades que produziram essa civilização. É o homem que deve sair para enfrentar a vida hostil, é ele que deve agir e lutar. A mulher não é sujeito. Ela não produz, mas cuida dos que produzem, monumento vivo dos tempos há muito passados da economia doméstica fechada. A divisão do trabalho imposta pelo homem foi-lhe pouco favorável. Ela passou a encarnar a função biológica e tornou-se o símbolo da natureza, cuja opressão é o título de glória dessa civilização. Durante milênios os homens sonharam com o domínio ilimitado da natureza e com a transformação do cosmo num infinito território de caça. É para isso que se voltavam as ideias das pessoas numa sociedade de homens. Era este o sentido da razão de que se ufanavam. A mulher era menor e mais fraca, entre ela e o homem havia uma diferença que ela não podia superar, uma diferença imposta pela natureza, a mais vergonhosa e humilhante que é possível na sociedade dos homens. Quando a dominação da natureza é o verdadeiro objetivo, a inferioridade biológica será sempre o estigma por excelência, e a fraqueza impressa pela natureza a marca incitando à violência. A Igreja, que no curso da história poucas oportunidades perdeu para dizer sua palavrinha influente junto às instituições populares – não importa se se tratava da escravidão, das cruzadas ou de simples *pogroms* –, também se associou, apesar do *Ave Maria*, ao juízo de Platão sobre as mulheres. A imagem da Madre Dolorosa de Deus foi uma concessão a resíduos matriarcais. Todavia, a Igreja também ratificou com essa imagem a inferioridade da mulher, da qual, no entanto a imagem devia justamente resgatá-la. "Basta extinguir", exclama seu filho legítimo, De Maistre, "basta enfraquecer um pouquinho, num país cristão, a influência da lei divina, deixando subsistir a liberdade que dela advém para as mulheres, e logo vocês verão essa nobre e tocante liberdade degenerar numa vergonhosa licenciosidade. Elas se transformarão nos instrumentos funestos de uma corrupção universal que atingirá em pouco tempo as partes vitais do Estado. Ele cairá na podridão e sua decrepitude gangrenosa fará ao mesmo tempo vergonha e horror."[21] O terrorismo dos processos de caça às bruxas, a que as gangues dos senhores feudais recorriam contra a população quando se viam em perigo, era ao mesmo tempo a celebração e a confirmação da vitória da sociedade dos homens sobre as etapas evolutivas matriarcal e mimética dos tempos primitivos. Os autos de fé eram as festivas fogueiras pagãs da Igreja, o triunfo da natureza sob a forma da razão autoconservadora para glória da dominação da natureza.

A burguesia embolsou junto à mulher a virtude e o recato: como formações reativas da rebelião matriarcal. Ela própria obteve para toda essa natureza explorada a admissão no mundo da dominação, mas como uma natureza vencida. Subjugada, ela reflete para o vencedor sua vitória através da submissão espontânea: a derrota, como devotamento; o desespero, como a beleza da alma; o coração violentado, como o seio amante. Ao preço de uma separação radical da prática, ao preço do retorno aos limites do círculo mágico, a natureza recebe a reverência do senhor da criação. A arte, a moral, o amor sublime são máscaras da natureza, nas quais ela reaparece transformada e se torna expressão de seu próprio contrário. Através de suas máscaras, ela conquista a linguagem; em sua distorção, manifesta-se sua essência; a beleza é a serpente que mostra a ferida em que penetrava outrora o espinho. Por trás da admiração do homem pela beleza está emboscada a gargalhada sonora, o escárnio desmedido, a bárbara obscenidade que o potente dirige à impotência, à morte, à natureza. Desde que os bufões aleijados, cujos saltos e guizos exprimiam em outros tempos a triste felicidade da natureza vencida, se livraram do serviço dos reis, as mulheres foram encarregadas do cultivo planejado do belo. A puritana moderna aceitou o encargo cheia de zelo. Ela se identificava totalmente com tudo o que aconteceu, não com a natureza selvagem, mas com a natureza domesticada. O que ainda restava dos leques, cantos e danças das escravas de Roma acabou se reduzindo, em Birmingham, à execução do piano e outros trabalhos manuais, até que os derradeiros vestígios da licenciosidade feminina se enobreceram totalmente e se transformaram em símbolos da civilização patriarcal. Sob a pressão da publicidade universal, o pó de arroz e o batom, rompendo com sua origem hetáirica, transformaram-se em produtos para a proteção da pele, o maiô numa exigência de higiene. Impossível escapar. A simples circunstância de que tudo isso se passa no sistema totalmente organizado da dominação é suficiente para imprimir no próprio amor a marca da fábrica. Na Alemanha, as mulheres prisioneiras do sistema continuam a provar pela promiscuidade a obediência à ordem existente que demonstravam antigamente pelo recato apenas; pelo ato sexual indiscriminado, continuam a provar a rígida subordinação à razão dominante.

A megera se destaca nos tempos presentes como um fóssil da alta estima que a burguesia demonstrava pela mulher. Seus berros são, desde tempos imemoriais, a vingança que ela tira em sua própria casa pelas misérias que seu sexo teve de sofrer. Na falta da genuflexão, que não lhe cabia, a velha ruim se põe a invectivar, mesmo fora de casa, o distraído que deixa de se erguer em sua presença, e derruba-lhe o chapéu da cabeça. De qualquer maneira, este tinha que rolar pelo chão; é o que ela sempre exigiu na política, seja como reminiscência de seu passado de bacante, seja procurando superar numa fúria impotente o próprio homem e sua ordem. A sede de sangue que a mulher demonstra no *pogrom* supera a do homem. A mulher oprimida como megera sobreviveu a sua época e continua a mostrar a careta da natureza mutilada numa época em que a dominação já se pôs a modelar o corpo treinado dos dois sexos, reduzindo-os a uma uniformidade que faz desaparecer a careta. Contra o fundo dessa produção em massa, as increpações da megera, que pelo menos conservou sua própria cara, distinta das demais, tornam-se um sinal de humanidade – e a feiúra, um vestígio do espírito. Se a moça nos séculos passados exibia sua submissão nos traços melancólicos e na devoção amorosa, imagem alienada da natureza, objeto estético-cultural, a megera acabou por descobrir uma nova vocação feminina. Como uma hiena social, ela se pôs a perseguir ativamente objetivos culturais. Sua ambição aspira por honrarias e publicidade, mas seu sentido pela cultura masculina ainda não está aguçado a ponto de impedir que reaja mal à dor que lhe é infligida, mostrando assim que ainda não se sente à vontade na civilização dos homens. A mulher solitária busca refúgio numa mistura de ciência e magia, em obras ridículas que nascem do ideal de um conselheiro de Estado ou de uma vidente nórdica. Ela sente-se atraída pela desgraça. A derradeira oposição feminina ao espírito da sociedade dos homens afunda-se no pântano das pequenas extorsões, dos conventículos e dos hobbies, ela se converte na agressão pervertida do *social work** e da conversa fiada teosófica, no exercício dos pequenos rancores em obras de beneficência e na Christian Science. Nesse pântano, a solidariedade com a criatura não

---

* Trabalho social. (N.T.)

se exprime tanto nas sociedades protetoras de animais quanto no interesse pelo neobudismo ou pelo pequinês, cuja cara desfigurada lembra ainda hoje, como nas velhas gravuras, o rosto do bufão superado pelo progresso. Os traços do cãozinho representam ainda, como os saltos desajeitados do corcunda, a natureza mutilada, enquanto a indústria de massa e a cultura de massa já aprenderam a preparar tanto os corpos dos animais de criação quanto os dos homens segundo métodos científicos. As massas uniformizadas estão tão pouco conscientes de sua própria transformação, da qual no entanto participaram tão convulsivamente, que não precisam mais de uma exibição simbólica dessa transformação. Entre as pequenas notícias da segunda e terceira páginas dos jornais, que falam na primeira das gloriosas e terríveis façanhas dos homens, pode-se ler às vezes o relato de incêndios de circos e envenenamentos de grandes animais. Os animais são lembrados quando seus últimos espécimes, companheiros dos bufões da Idade Média, perecem entre enormes tormentos, representando uma perda de capital para seu dono, que, na era do concreto armado, não soube protegê-los do fogo. A grande girafa e o sábio elefante são "*oddities*"* que não divertem mais sequer um escolar sabido. Eles constituíram na África – o último canto da terra que procurou em vão proteger suas pobres manadas da civilização – um obstáculo para o pouso dos bombardeiros durante a última guerra. Agora, estão em vias de serem completamente dizimados. A terra que se tornou racional não carece mais do reflexo estético. A exorcização dos demônios se efetua pela impressão direta nos homens de seu caráter. A dominação não precisa mais de imagens luminosas, ela as produz industrialmente e penetra através delas com uma segurança ainda maior nos homens.

 A distorção que pertence à essência da obra de arte, assim como a mutilação pertence ao brilho da beleza feminina, justamente aquela exibição da ferida na qual a natureza se reconhece, foi retomada pelo fascismo, mas não como aparência. Ela é infligida diretamente aos condenados. Nesta sociedade, não existe mais nenhum setor onde a dominação se declare, como na arte, como uma contradição, nenhuma duplicação exprime mais a desfiguração. Essa expressão, porém, não se chamava outrora simplesmente beleza, mas pensamento, espírito e mesmo linguagem. Hoje a linguagem calcula, designa, trai, inspira o assassinato, ela não exprime nada. A indústria cultural tem seu padrão exato fora de si mesma, ao qual pode se ater como a ciência: o fato. Os astros do cinema são especialistas, suas criações são registros do comportamento natural, classificações de reações; os diretores e escritores produzem modelos para o comportamento adaptado. O trabalho de precisão da indústria cultural exclui a distorção como um simples erro, como o acaso, o aspecto mau da subjetividade e do natural. Exige-se do desvio o motivo prático que o integra na razão. Só então ele se vê

---

* Curiosidades, objetos singulares, estranhos. (N.T.)

perdoado. A partir do momento em que a natureza começa a refletir a dominação, o trágico desaparece, assim como o cômico; os senhores mobilizam uma seriedade proporcional à resistência a vencer, e um humor proporcional ao desespero que veem. O gozo intelectual estava associado à representação do sofrimento; eles, porém, brincam com o próprio horror. O amor sublime ligava-se à manifestação da força através da fraqueza, à beleza da mulher, mas eles se ligam diretamente à força: o ídolo da sociedade atual é o rosto masculino de traços nobres e elegantes. A mulher está aí para trabalhar e parir; ou então para realçar, quando é apresentável, o prestígio do marido. Ela não leva o homem ao arrebatamento, e a adoração regride de novo para o egoísmo. O mundo com seus fins precisa do homem inteiro. Ninguém pode mais se dar, todos têm que ficar dentro. A natureza, porém, é para a práxis algo que está por fora e por baixo, um objeto, assim como a mulher do soldado na boca do povo. Agora, o sentimento permanece preso ao poder que se refere a si mesmo como poder. O homem depõe as armas diante do homem em sua frieza e sinistra tenacidade, como o fazia antes a mulher. Ele se torna a mulher que tem os olhos postos na dominação. Na coletividade fascista, com seus *teams* e campos de concentração, cada um é, desde a primeira juventude, um prisioneiro em sua célula; ela cultiva a homossexualidade. É o animal que deve conservar os traços nobres. O rosto humano de traços exagerados, lembrança embaraçosa de suas origens na natureza e de sua dependência dela, nada mais é senão uma irresistível iniciação ao homicídio qualificado. As caricaturas dos judeus sempre o souberam, e a repugnância de Goethe pelos macacos revela os limites de sua humanidade. Quando os magnatas da indústria e os chefes fascistas têm animais em torno de si, não são cachorrinhos, mas cães dinamarqueses e filhotes de leão. Eles devem temperar o poder com o terror que incutem. O colosso do carniceiro fascista fica tão cego diante da natureza, que só pensa no animal para humilhar o homem através dele. Ele, sim, merece a censura que Nietzsche fizera injustamente a Schopenhauer e Voltaire, a saber, que "souberam disfarçar seu ódio por certas coisas e pessoas sob o manto da misericórdia em face dos animais".[22] Um pressuposto da devoção dos fascistas pelos animais, pela natureza e pelas crianças é a vontade de perseguir. A carícia negligente da mão que roça os cabelos de uma criança ou o pelo de um animal significa: esta mão pode destruir. Ela afaga delicadamente uma vítima antes de abater a outra, e sua escolha nada tem a ver com a culpa da vítima. A carícia serve para ilustrar o fato de que todos são iguais diante do poder, que eles não têm nenhuma essência própria. Para a finalidade sangrenta da dominação, a criatura não passa de um material. É assim que o Führer se interessa pelos inocentes, não é por seu mérito que são escolhidos, do mesmo modo que não é com base em seu merecimento que são executados. A natureza é uma porcaria. Só a força astuciosa capaz de sobreviver tem razão. Ela própria, por sua vez, é pura natureza; toda a maquinaria sofisticada da moderna sociedade industrial é a pura natureza se dilacerando. Não há mais nenhum meio capaz de exprimir essa contradição. Ela se realiza com a seriedade obstinada do mundo do qual desapareceram a arte, o pensamento, a negatividade. Os homens se tornaram tão radicalmente alienados uns dos outros e à natureza que a única coisa que ainda sabem é: para que precisam uns dos outros e o que se infligem mutuamente. Cada um é um fator, o sujeito ou o objeto de uma prática qualquer, algo com quem se conta ou não se precisa mais contar.

Neste mundo liberado da aparência, no qual os homens depois da perda da reflexão de novo se tornaram os animais mais inteligentes, que subjugam o resto do universo, quando não estão se dilacerando entre si, respeitar o animal não é mais considerado simplesmente como sentimentalismo, mas como uma traição do progresso. Seguindo a boa tradição reacionária, Göring associou a proteção dos animais ao ódio racial, o prazer germânico e luterano em assassinar alegremente à amável esportividade do fidalgo caçador. Os *fronts* estão claramente separados: quem luta contra Hearst e Göring se coloca do lado de Pavlov e da vivissecção, quem hesita é um alvo liberado para os dois lados. Ele deve se render à razão. A escolha está predeterminada e é inevitável. Quem quiser mudar o mundo não deve por preço nenhum aterrissar nesse pântano das pequenas extorsões, onde se atolam, juntamente com os adivinhos, os políticos sectários, os utopistas e os anarquistas. O intelectual, cujo pensamento não adere a nenhuma potência histórica atuante, que não toma para orientação nenhum dos polos para os quais tende a sociedade industrial, perderia a substância, seu pensamento perderia a base. Só o real seria racional. Nenhum dedo se levantará, dizem também os progressistas, para ajudar quem se recusa a colaborar. Tudo depende da sociedade, até mesmo o pensamento mais rigoroso teria que se vender às poderosas tendências sociais, sem as quais se tornaria um simples capricho. Esse acordo une todos os que têm o senso da realidade; ele se declara pela sociedade humana como se esta fosse uma prática de extorsão em massa na natureza. A palavra que não segue os objetivos de um dos ramos dessa prática de extorsão provoca uma fúria desmedida. Ela lembra que ainda tem voz aquilo que só existe para ser quebrado: lembra a natureza, de onde transbordam as mentiras dos que se voltam para uma cultura racista [*völkisch*] e folclorista. Quando essa voz interrompe por um momento o coro dessas mentiras, torna-se audível o horror que esse coro abafa, o horror que vive em cada animal e nos próprios corações racionalizados e quebrados. As tendências que são trazidas à luz por essa palavra são onipresentes e cegas. A natureza em si mesma não é nem boa, como queria o antigo romantismo, nem nobre, como quer o novo. Como modelo e objetivo, ela representa o antiespírito, a mentira e a bestialidade. É só quando é reconhecida tal como realmente é que ela se torna a ânsia que a vida tem pela paz, aquela consciência que desde o começo animou a resistência tenaz contra os chefes e contra a coletividade. O perigo que ameaça a prática dominante e suas alternativas inevitáveis não é a natureza – a natureza, muito ao contrário, coincide com ela –, mas sim o fato de recordar a natureza.

Propaganda

Propaganda para mudar o mundo, que bobagem! A propaganda faz da linguagem um instrumento, uma alavanca, uma máquina. A propaganda fixa o modo de ser dos homens tais como eles se tornaram sob a injustiça social, na medida em que ela os coloca em movimento. Ela conta com o fato de que se pode contar com eles. No íntimo, cada um sabe que ele próprio será transformado pelo meio num outro meio, como na fábrica. A fúria que sentem quando se deixam levar por ela é a velha fúria dirigida contra o jugo, reforçada pelo pressentimento de que a saída indicada pela propaganda é uma falsa saída. A propaganda manipula os homens; onde ela grita liberdade, ela se contradiz a si mesma. A falsidade é inseparável dela. É na comunidade da mentira que os líderes (Führer) e seus liderados se reúnem graças à propaganda, mesmo quando os conteúdos enquanto tais são corretos. A própria verdade torna-se para ela um simples meio de conquistar adeptos para sua causa, ela já a falsifica quando a coloca em sua boca. Por isso, a verdadeira resistência não conhece nenhuma propaganda. A propaganda é inimiga dos homens. Ela pressupõe que o princípio segundo o qual a política deve resultar de um discernimento em comum não passa de uma *façon de parler*.*

Numa sociedade que sabiamente impõe limites à superabundância que a ameaça, tudo o que é recomendado a todos por outras pessoas merece desconfiança. A advertência contra a publicidade comercial, que chama a atenção para o fato de que nenhuma firma dá nada de graça, vale em toda parte e, depois da moderna fusão do mundo dos negócios com a política, vale sobretudo para esta. Quanto maiores os elogios, menor a qualidade; diferentemente de um Rolls-Royce, o Volkswagen depende da publicidade. Os interesses da indústria e dos consumidores não se harmonizam nem mesmo quando aquela tem algo de sério a oferecer. Até mesmo a propaganda da liberdade pode engendrar confusão, na medida em que deve necessariamente nivelar a diferença entre a teoria e os interesses particulares daqueles a quem se destina. O fascismo defraudou os líderes trabalhistas assassinados na Alemanha da verdade de sua própria ação, porque desmentia a solidariedade através da seleção da vingança. Quando o intelectual é torturado até a morte no campo de concentração, nem por isso os trabalha-

---

* Maneira de falar. (N.T.)

dores do lado de fora precisam passar pior. O fascismo não foi o mesmo para Ossietzky e para o proletariado. A propaganda enganou a ambos.

É bem verdade que o que é suspeito não é a representação da realidade como um inferno, mas a exortação rotineira a fugir dela. Se o discurso ainda pode se dirigir a alguém hoje, não é nem às massas, nem ao indivíduo, que é impotente, mas antes a uma testemunha imaginária, a quem o entregamos para que ele não desapareça totalmente conosco.

Sobre a gênese da burrice

O símbolo da inteligência é a antena do caracol "com a visão tateante", graças à qual, a acreditar em Mefistófeles,[23] ele é também capaz de cheirar. Diante de um obstáculo, a antena é imediatamente retirada para o abrigo protetor do corpo, ela se identifica de novo com o todo e só muito hesitantemente ousará sair de novo como um órgão independente. Se o perigo ainda estiver presente, ela desaparecerá de novo, e a distância até a repetição da tentativa aumentará. Em seus começos, a vida intelectual é infinitamente delicada. O sentido do caracol depende do músculo, e os músculos ficam frouxos quando se prejudica seu funcionamento. O corpo é paralisado pelo ferimento físico, o espírito pelo medo. Na origem, as duas coisas são inseparáveis.

Os animais mais evoluídos devem o que são à sua maior liberdade; sua existência mostra que, outrora, suas antenas foram dirigidas em novas direções e não foram retiradas. Cada uma de suas espécies é o monumento de inumeráveis outras espécies cuja tentativa de evoluir se frustrou desde o início; que sucumbiram ao medo tão logo uma de suas antenas se moveu na direção de sua evolução. A repressão das possibilidades pela resistência imediata da natureza ambiente prolongou-se interiormente, com o atrofiamento dos órgãos pelo medo. Cada olhar de curiosidade que o animal lança anuncia uma forma nova dos seres vivos que poderia surgir da espécie determinada a que pertence o ser individual. Não é apenas seu caráter determinado que o mantém sob a guarda de seu antigo ser; a força que vem de encontro a esse olhar é uma força cuja existência remonta a milhões de anos: foi ela que o fixou desde sempre em sua etapa evolutiva e impede, numa resistência sempre renovada, toda tentativa de ultrapassar essa etapa. Esse primeiro olhar tateante é sempre fácil de dobrar, ele tem por trás de si a boa vontade, a frágil esperança, mas nenhuma energia constante. Tendo sido definitivamente afugentado da direção que queria tomar, o animal torna-se tímido e burro.

A burrice é uma cicatriz. Ela pode se referir a um tipo de desempenho entre outros, ou a todos, práticos e intelectuais. Toda burrice parcial de uma pessoa designa um lugar em que o jogo dos músculos foi, em vez de favorecido, inibido no momento do despertar. Com a inibição, teve início a inútil repetição de tentativas desorganizadas e desajeitadas. As perguntas sem fim da criança já são sinais de uma dor secreta, de uma primeira questão para a qual não encontrou resposta e que não sabe formular corretamente.[24] A repetição lembra em parte a vontade lúdica, por exemplo do cão que salta sem parar em frente da porta que ainda não sabe abrir, para afinal desistir, quando o trinco está alto demais; em parte obedece a uma compulsão desesperada, por exemplo, quando o leão em sua jaula não pára de ir e vir, e o neurótico repete a reação de defesa, que já se mostrara inútil. Se as repetições já se reduziram na criança, ou se a inibição foi excessivamente brutal, a atenção pode se voltar numa outra direção, a criança ficou mais rica de experiências, como se diz, mas frequentemente, no lugar onde o desejo foi atingido, fica uma cicatriz imperceptível, um pequeno enrijecimento, onde a superfície ficou insensível. Essas cicatrizes constituem deformações. Elas podem criar caracteres, duros e capazes, podem tornar as pessoas burras – no sentido de uma manifestação de deficiência, da cegueira e da impotência, quando ficam apenas estagnadas, no sentido da maldade, da teimosia e do fanatismo, quando desenvolvem um câncer em seu interior. A violência sofrida transforma a boa vontade em má. E não apenas a pergunta proibida, mas também a condenação da imitação, do choro, da brincadeira arriscada, pode provocar essas cicatrizes. Como as espécies da série animal, assim também as etapas intelectuais no interior do gênero humano e até mesmo os pontos cegos no interior de um indivíduo designam as etapas em que a esperança se imobilizou e que são o testemunho petrificado do fato de que todo ser vivo se encontra sob uma força que domina.

Notas

O Conceito de Esclarecimento (p.17-46)

1. Voltaire, *Lettres philosophiques XII*, in *Œuvres completes*. Paris, Garnier, 1879, vol. XXII, p.118.
2. Bacon, "In praise of knowledge", in *Miscellaneous Tracts upon Human Phylosophy*, in *The Works of Francis Bacon*, ed. Basil Montagu. Londres, 1825, vol. I, p.254s.
3. Cf. Bacon, *Novum organum*, in *Works*, op.cit., vol. XIV, p.31.
4. Bacon, "Valerius Terminus: of the interpretation of nature", in *Miscellaneous Tracts*, in *Works*, op.cit. vol. I, p.281.
5. Cf. Hegel, *Phänomenologie des Geistes*, in *Werke*, vol. II, p.410s.
6. Xenófanes, Montaigne, Hume, Feuerbach e Salomon Reinach estão de acordo nesse ponto. Quanto a Reinach, cf. *Orpheus*, trad. de F. Simmons. Londres e Nova York, 1909, p.6s.
7. Bacon, *De augmentis scientiarum*, in *Works*, op.cit., vol. VIII, p.152.
8. *Les soirées de Saint-Pétersbourg. Siême entretien*, in *Œuvres completes*. Lyon, 1891, vol. IV, p.256.
9. Bacon, *Advancement of Learning*, in *Works*, op.cit., vol. II, p.126.
10. *Gênese*, I, 26.
11. Arquíloco, frag. 87, apud Deussen, *Allgemeine Geschichte der Philosophie*, vol. II, 1ª seção, Leipzig, 1911, p.18.
12. Sólon, frag. 13, 25s., apud ibid., p.20.
13. Cf. p.ex. Robert H. Lowie, *An Introduction to Cultural Anthropology*. Nova York, 1940, p.344s.
14. Cf. Freud, *Totem und Tabu*, in *Gesammelte Werke*, vol. IX, p.106s.
15. Ibid., p.110.
16. Hegel, *Phänomenologie des Geistes*, in *Werke*, op.cit., p.424.
17. Cf. W. Kirfel, *Geschichte Indiens*, in *Propyläenweltgeschichte*, vol. III, p.261s., e G. Glotz, *Histoire grècque*, vol. I, in *Histoire ancienne*. Paris, 1938, p.137s.
18. G. Glotz, ibid., p.140.
19. Cf. Kurt Eckermann, *Jahrbuch der Religionsgeschichte und Mythologie*. Halle, 1845, vol. I, p.241, e O. Kern, *Die Religion der Griechen*. Berlim, 1926, vol. I. p.181s.

20. Hubert e Mauss descrevem da seguinte maneira o conteúdo ideacional da "simpatia", da mimese: "*L'un est le tout, tout est dans l'un, la nature triomphe de la nature.*" ("O uno é o todo, tudo está no uno, a natureza triunfa sobre a natureza.") H. Hubert e M. Mauss, *Théorie générale de la magie*, in *L'Année Sociologique*, 1902-3, p.100.

21. Cf. Westermack, *Ursprung der Moralbegriffe*. Leipzig, 1913, vol. I, p.402.

22. Cf. Platão, o décimo Livro da *República*.

23. *Erster Entwurf eines Systems der Naturphilosophie*. Fünfter Hauptabschnitt, in *Werke*, tomo I, vol. II, p.623.

24. Ibid., p.626.

25. Cf. E. Durkheim, *De quelques formes primitives de classification*, *L'Année Sociologique*, vol. IV, 1903, p.66s.

26. G. Vico, *Die Neue Wissenschaft über die gemeinschaftliche Natur der Völker* (trad. alemã de Auerbach). Munique, 1924, p.397.

27. "Nossas ideias vagas de acaso e de quintessência são pálidos remanescentes dessa noção muito mais rica", Hubert e Mauss, *Théorie générale de la magie*, in *L'Année Sociologique*, op.cit., p.118.

28. Cf. Tönnies, *Philosophische Terminologie*, in *Psychologisch-Soziologische Ansicht*. Leipzig, 1908, p.31.

29. Hegel. *Phänomenologie des Geistes*, in *Werke*, op.cit., p.65.

30. E. Husserl, *Die Krisis der europäischen Wissenschaften und die transzendentale Phänomenologie*, in *Philosophia*. Belgrado, 1936, p.95s.

31. Cf. Schopenhauer, *Parerga und Paralipomena*, vol. II, §356, in *Werke*, ed. Deussen, vol. V, p.671.

32. "O esforço para se conservar a si mesmo é o primeiro e único fundamento da virtude", *Ethica*, pars IV. Propos. XXII. Coroll.

33. *Odisseia*, vol. XII, p.191.

34. lbid., p.189-90.

35. Hegel, *Phänomenologie des Geistes*, in *Werke*, op.cit., p.146.

36. "*The supreme question which confronts our generation today – the question to which all other problems are merely corollaries – is whether technology can be brought under control... Nobody can be sure of the formula by which this end can be achieved... We must draw on all the resources to which access can be had...*" ["A questão suprema que nossa geração enfrenta atualmente – a questão da qual todos os outros problemas são meros corolários – é se a tecnologia pode ser colocada sob controle... Ninguém tem certeza de saber a fórmula pela qual esse objetivo pode ser alcançado... Temos de nos valer de todos os recursos a que se possa ter acesso..."], *The Rockefeller Foundation. A Review for 1943*. Nova York, 1944, p.33s.

EXCURSO I (*p.47-70*)

1. Nietzsche, *Nachlass*, in *Werke*, vol. XIV, p.206.
2. lbid., vol. XV, p.235.
3. Nietzsche, op.cit., vol. IX, p.289
4. Hölderlin, *Patmos*, ed. completa da Inselverlag, texto estabelecido por Zinkernagel. Leipzig, s.d., p.230.

5. Esse processo está diretamente documentado no começo do vigésimo canto. Ulisses observa como as servas se esgueiram de noite ao encontro dos pretendentes "e o coração em seu peito ladrava. Assim como a cadela valente anda em redor de seus frágeis cachorrinhos e ladra para o desconhecido, instigando-se para a luta, assim também ladrava o coração em seu peito, enfurecido pela conduta vergonhosa das servas. Batendo no coração, punia-o com as seguintes palavras: 'Aguenta, coração! Mais duras penas suportaste no dia em que o ciclope monstruoso devorou enfurecido meus bravos amigos. Suportaste sozinho até que, graças a um estratagema, escapaste da caverna onde antevias uma noite horrorosa!' Assim falou, punindo o coração no peito irado. Logo o coração recobrou a calma e quedou inabalável. Ele, porém, continuava a revolver-se para lá e para cá" (XX, 13/24). O sujeito ainda não está configurado em sua identidade interna. Seus ímpetos, seu ânimo e seu coração excitam-se independentemente dele. "Ladra a *kradia* [*kardía*, coração] ou ainda o *étor* [coração] (as duas palavras são sinônimas, 17.22) e Ulisses bate no peito, logo contra o coração, e interpela-o. Ele sente o coração palpitar, logo esta parte de seu corpo excita-se contra sua vontade. Assim, sua interpelação não é meramente formal (como em Eurípides, que interpela a mão e o pé quando estes devem entrar em ação), mas o coração age de maneira autônoma" (Wilamowitz-Moellendorff, *Die Heimkehr des Odysseus*. Berlim, 1927, p.189). O ímpeto é equiparado ao animal que o homem subjuga: a comparação da cadela pertence ao mesmo nível de experiência a que remete a imagem dos companheiros metamorfoseados em porcos. O sujeito, ainda dividido e forçado a usar de violência contra a natureza tanto dentro dele quanto fora dele, "pune" o coração exortando-o à paciência e negando-lhe – com o olhar posto no futuro – o presente imediato. Bater no peito tornou-se depois um gesto de triunfo: com esse gesto, o vencedor exprime o fato de que sua vitória é sempre uma vitória sobre sua própria natureza. Esse feito é levado a cabo pela razão autoconservadora. "... a princípio, o narrador ainda estava pensando no coração que batia rebelde; superior a este era a *métis* [inteligência, discernimento], que é assim claramente apresentada como uma outra força interna: foi ela que salvou Ulisses. Os filósofos posteriores tê-la-iam contraposto enquanto *nous* [razão, espírito, entendimento] ou *logistikón* [(poder) capaz de entender, calcular] à parte da alma desprovida de entendimento" (Wilamowitz, op.cit., p.190). Do "eu" – *autós* – só se fala no verso 24: depois que a razão conseguiu domar o instinto. Se atribuímos à escolha e sequência das palavras um valor demonstrativo, é preciso admitir que Homero só vem a considerar o ego idêntico como o resultado do domínio da natureza intra-humana. Este novo eu estremece dentro de si, uma coisa, o corpo, depois que o coração foi punido nele. De qualquer maneira, a justaposição dos elementos da alma (analisada em detalhe por Wilamowitz), que frequentemente se dirigem uns aos outros, parece confirmar a frouxa e efêmera composição do sujeito, cuja substância consiste unicamente na coordenação desses elementos.

6. Contra a interpretação materialista de Nietzsche, Klages interpretou a conexão entre o sacrifício e a troca num sentido inteiramente mágico: "A obrigação do sacrifício concerne a cada um, porque a porção que cada um pode arrebatar à vida e ao conjunto de seus bens – o *suu cuique* originário – só é conseguida num processo contínuo de dar e devolver. Mas não se trata da troca no sentido da troca de bens usual (que, aliás, também recebe sua consagração originária da noção de sacrifício), mas do intercâmbio dos fluidos ou essências pela entrega de sua própria alma à vida de que tudo depende e se alimenta" (Ludwig Klages, *Der Geist als Widersacher der Seele*, vol. III, 2ª parte, Leipzig, 1932, p.1.409). Contudo, o caráter dual do sacrifício – o mágico autoabandono do indivíduo à coletividade, não importa se para seu bem ou para seu mal, e a autoconservação dessa magia pela técnica – implica uma contradi-

ção objetiva que impele justamente ao desenvolvimento do elemento racional no sacrifício. Sob o influxo constante da magia, a racionalidade converte-se enquanto comportamento do sacrificante em astúcia. O próprio Klages, autor de uma entusiástica apologia do mito e do sacrifício, tropeçou com isso e viu-se forçado a fazer uma distinção, mesmo na imagem ideal da era pelásgica, entre a genuína comunicação com a natureza e a mentira, sem conseguir no entanto derivar do próprio pensamento mítico um princípio oposto à aparência da dominação mágica da natureza, porque essa aparência constitui justamente a essência do mito. "Já não é mais simplesmente a fé pagã, já é também superstição pagã quando, por exemplo, o rei-deus tem de jurar, ao subir ao trono, que fará o sol brilhar e o campo cobrir-se de frutos" (Klages, op.cit., p.1.408).

7. Isso se harmoniza com o fato de que os sacrifícios humanos propriamente ditos não ocorrem em Homero. A tendência civilizatória da epopeia manifesta-se na escolha dos acontecimentos relatados. "With one exception... both *Iliad* and *Odyssey* are completely expurgated of the abomination of Human Sacrifict" ["Com uma única exceção... tanto a *Ilíada* quanto a *Odisseia* estão completamente expurgadas da abominação do Sacrifício Humano"] (Gilbert Murray, *The Rise of the Greek Epic*. Oxford, 1911, p.150).

8. Dificilmente na mais antiga. "O costume do sacrifício humano ... é muito mais difundido entre bárbaros e povos semicivilizados do que entre os verdadeiros selvagens, e é praticamente desconhecido nos estágios inferiores da cultura. Em vários povos observou-se que ele foi se difundindo ao longo do tempo, como, por exemplo, nas Ilhas da Sociedade, na Polinésia, na Índia, entre os Astecas. "Relativamente aos africanos, diz Winwood Read: 'Quanto mais poderosa a nação, tanto mais importante o sacrifício'" (Eduard Westermarck, *Ursprung und Entwicklung der Moralbegriffe*. vol. I, Leipzig, 1913, p.363).

9. Entre os povos antropófagos, como os da África Ocidental, não podiam "provar dessa iguaria nem as mulheres nem os adolescentes" (E. Westermarck, op.cit. Leipzig, 1909, vol. II, p.459).

10. Wilamowitz coloca o *nous* em "nítida oposição" ao *logos* (*Glaube der Hellenen*. vol. I, Berlim, 1931, p.41s.). O mito é para ele uma "história como a gente se conta a si mesmo", fábula infantil, inverdade, ou ainda, ao mesmo tempo, a verdade suprema que não é passível de prova, como em Platão. Enquanto Wilamowitz está consciente do caráter ilusório dos mitos, ele equipara-os à poesia. Ou por outra: ele procura-os em primeiro lugar na linguagem significativa que já está em contradição objetiva com sua intenção, contradição essa que ela, enquanto poesia, tenta racionalizar: "O mito é, antes de mais nada, o discurso falado; a palavra não concerne jamais a seu conteúdo" (*loc. cit.*). Ao hipostasiar esse conceito tardio do mito, que já pressupõe a razão como sua contrapartida explícita, e polemizando implicitamente com Bachofen – que é para ele um modismo de que zomba sem, no entanto, pronunciar seu nome –, ele chega a uma nítida separação da mitologia e da religião (op.cit., p.5), na qual o mito aparece, não como a fase mais antiga, mas justamente como a mais recente: "Estou tentando seguir o vir-a-ser, as transformações e a passagem da fé ao mito" (op.cit., p.1). A obstinada arrogância departamental do helenista impede-lhe o discernimento da dialética do mito, da religião e do esclarecimento. "Não compreendo as línguas às quais se tomaram as palavras *tabu* e *totem*, *mana* e *orenda*, mas considero um caminho viável ater-me aos gregos e pensar grego sobre coisas gregas" (op.cit., p.10). Como compatibilizar isso, a saber, a opinião expressa sem maiores justificativas e segundo a qual "o germe da divindade platônica já se encontrava no mais antigo helenismo", com a concepção histórica defendida por Kirchhoff e adotada por Wilamowitz, que vê nos encontros míticos do *nostos* [retorno,

volta à casa, viagem] o núcleo mais antigo do livro da *Odisseia*? Isso não é esclarecido e o próprio conceito do mito, que é um conceito central, não encontra em Wilamowitz uma articulação filosófica suficiente. Entretanto, sua resistência ao irracionalismo que enaltece o mito e sua insistência na inverdade dos mitos contém um profundo discernimento, que não devemos ignorar. A aversão ao pensamento primitivo e à pré-história destaca com clareza tanto maior a tensão que já havia sempre entre a palavra enganosa e a verdade. O que Wilamowitz censura aos mitos posteriores, o arbítrio da invenção, já devia estar presente nos mais antigos em virtude do *pseudos* [mentira, inverdade, engano] dos sacrifícios. Esse *pseudos* tem justamente um parentesco com a divindade platônica que Wilamowitz faz remontar à fase arcaica do espírito helênico.

11. Essa concepção do cristianismo como religião sacrificial pagã é essencialmente a base do livro de Werner Hegemann: *Geretteter Christus*. Potsdam, 1928.

12. Assim, por exemplo, quando renuncia a matar imediatamente Polifemo (IX, 302); quando suporta os maus-tratos de Antinoo para não se trair (XVII, 460s.). Cf. além disso o episódio com os ventos (X, 50s.) e a profecia de Tirésias na primeira *nekyia* [sacrifício aos mortos] (XI, 105s.), que põe a volta à casa na dependência de sua capacidade de domar o coração. Todavia, a renúncia de Ulisses ainda não tem um caráter definitivo, mas apenas de adiamento: as vinganças que ele se proíbe, no mais das vezes ele as perpetra depois de uma maneira ainda mais perfeita: o sofredor é o paciente. Até certo ponto, seu comportamento manifesta abertamente, como uma finalidade espontânea, o que depois se esconde na renúncia total e imperativa, para só então tomar uma força irresistível, a força da subjugação universal da natureza. Transposta para o sujeito, emancipada do conteúdo mítico dado, essa subjugação torna-se "objetiva", dotada da autonomia de uma coisa em face de toda finalidade particular do homem; ela se torna uma lei racional universal. Já na paciência de Ulisses, e de maneira muito nítida após a matança dos pretendentes, a vingança se transforma num procedimento jurídico: é justamente a satisfação finita da ânsia mítica que se torna o instrumento objetivo da dominação. O direito é a vingança abdicante. Mas, ao se formar com base em algo que está fora dela: a nostalgia da pátria, essa paciência judicial adquire traços humanos e até mesmo, quase, os da confiança, que transcendem a vingança diferida. Depois, na sociedade burguesa plenamente desenvolvida, as duas coisas são cobradas: com a ideia da vingança, a nostalgia também sucumbe ao tabu, o que significa justamente a entronização da vingança, mediada como vingança do eu contra si mesmo.

13. Max Weber. *Wirtschaftsgeschichte*. Munique e Leipzig, 1924, p.3.

14. Victor Bérard ressaltou com particular ênfase (mas não, é verdade, sem alguma construção apócrifa) o elemento semítico da *Odisseia*. Cf. o capítulo: "Les Phéniciens et l'Odyssée" em sua *Résurrection d'Homère*. Paris, 1930, p.111s.

15. *Odisseia*, vol. IX, p.92s.

16. Ibid., vol. XXIII, p.311.

17. Ibid., vol. IX, p.94s.

18. Jacob Burckhardt. *Griechische Kulturgeschichte*, vol. III. Stuttgart, s.d., p.95.

19. *Odisseia*, vol. IX, p.98s.

20. Na mitologia indiana, Lótus é a deusa da terra (cf. Heinrich Zimmer. *Maja*. Stuttgart e Berlim, 1936, p.105s.). Se há uma conexão com a tradição mítica em que se baseia o

velho *nostos* homérico, convém caracterizar também o encontro com os lotófagos como uma etapa no confronto com as potências ctônicas.

21. *Odisseia*, vol. IX, p.105.
22. Ver n.12. (N.T.)
23. Segundo Wilamowitz, os ciclopes são "na verdade animais" (*Glaube der Hellenen*. vol. I, p.14).
24. *Odisseia*, vol. IX, p.106.
25. Ibid., p.107s.
26. Ibid., p.112s.
27. Cf. Ibid., p.403s.
28. Ibid., p.428.
29. Ibid., p.273s.
30. Ibid., p.278.
31. Cf. Ibid., p.355s.
32. "Finalmente a habitual puerilidade do demente poderia ser considerada à luz de um humor natimorto" (Klages, *Der Geist als Widersacher der Seele*, op.cit., p.1.469).
33. *Odisseia*, loc. cit., p.347s.
34. Ibid., vol. X, p.296-7.
35. Cf. Ibid., p.138s. Cf. também F.C. Bauer, *Symbolik und Mythologie*. Stuttgart. 1824. vol. I, p.47.
36. Cf. Baudelaire, *Le vin du solitaire, Les fleurs du mal*.
37. Cf. J.A.K. Thompson, *Studies in the Odyssey*. Oxford, 1914, p.153.
38. *Odisseia*, loc. cit., p.212s.
39. Murray trata das "*sexual expurgations*" a que foram submetidos os poemas homéricos no curso da redação (cf. *The Rise of the Greek Epic*, op.cit., p.141s.).
40. "Os porcos são os animais sacrificiais de Deméter em geral". (Wilamowitz-Moellendorff. *Der Glaube der Hellenen*. vol. II, p.53).
41. Cf. Freud, *Das Unbehagen in der Kultur*, in *Gesammelte Werke*, vol. XIV. Frankfurt am Main, 4ª ed., 1968, p.459, nota.
42. Uma das notas de Wilamowitz remete surpreendentemente à conexão entre o conceito de "fungar" e o conceito do *noos* [*nous*, cf. n.5], isto é, da razão autônoma: "Schwyzer ligou de maneira muito convincente *noos* com bufar e fungar" (Wilamowitz-Moellendorff, *Die Heimkehr des Odysseus*, p.191). Wilamowitz contesta, é verdade, que o parentesco etimológico dê alguma contribuição para o significado.
43. *Odisseia*, vol. X, p.434.
44. A consciência da irresistibilidade exprimiu-se mais tarde no culto de Afrodite Peithon [a persuasiva] "cuja magia não tolera nenhuma recusa" (Wilamowitz-Moellendorff, *Der Glaube der Hellenen*. vol. II, p.152).
45. *Odisseia*, vol. X, p.329.
46. Ibid., p.333s.
47. Ibid., p.395s.
48. Ibid., p.398s.
49. Cf. Bauer, *Symbolik und Mythologie*, op.cit., p.49.

50. *Odisseia*, vol. XXIII, p.93s.

51. Goethe. *Wilhelm Meisters Lehrjahre*. Jubiläumsausgabe. Stuttgart e Berlim. vol. I, Cap.16, p.70.

52. *Odisseia*, vol. XXIII, p.210s.

53. Cf. Thomson, *Studies in The Odyssey*, op.cit., p.28.

54. "Ao vê-la, meus olhos marejaram e lamentei de todo coração. Contudo, proibi a ela também, embora cheio de íntima melancolia, que se aproximasse do sangue antes que eu interrogasse Tirésias" (*Odisseia*, vol. XI, p.87s.).

55. "Vejo aí a alma de minha defunta mãe, mas ela se mantém muda junto à poça de sangue e não se atreve a olhar para o próprio filho nem a proferir qualquer palavra. Diz, senhor, o que fazer, para que ela me reconheça como filho" (ibid., p.141s.).

56. "Não posso deixar de considerar todo o livro 11, com exceção de algumas passagens... como um fragmento do velho *nostos*, que foi apenas deslocado; seria assim a parte mais antiga do poema" (Kirchhoff, *Die homerische Odysee*. Berlim, 1879, p.226). – "*Whatever else is original in the myth of Odysseus, the Visit to Death is*" ["se alguma coisa é original no mito de Ulisses, a Visita à Morte é uma delas"] (Thomson, *Studies in The Odyssey*, op.cit., p.95).

57. *Odisseia*, vol. XI, p.122s.

58. Ele era originariamente o "esposo da Terra" (cf. Wilamowitz, *Der Glaube der Hellenen*, vol. I, p.112s.) e só mais tarde tornou-se o deus do mar. A profecia de Tirésias pode aludir à sua essência dual. É concebível que sua reconciliação por meio de um sacrifício terreno, longe do mar, se baseie na restauração simbólica de sua potência ctônica. Essa restauração exprime possivelmente a substituição da pirataria pela agricultura: os cultos de Possêidon e Deméter se confundiram (cf. Thomson, *Studies in The Odyssey*, op.cit., p.96 n.).

59. Irmãos Grimm, *Kinder und Hausmärchen*, Leipzig, s.d., p.208. Há temas intimamente aparentados a esse que remontam à Antiguidade, ligados aliás a Deméter. Quando esta chegou a Elêusis, "em busca de sua filha raptada", encontrou "acolhida junto de Dysaules e sua mulher Baubo, mas recusou-se em sua profunda tristeza a tocar em comida ou bebida. Então sua hospedeira Baubo fez com que ela risse, levantando de repente a roupa e descobrindo o corpo" (Freud, *Gesammelte Werke*, vol. X. p.399. Cf. Salomon Reinach, *Cultes, Mythes et Religions*. Paris. 191., vol. IV, p.115s.).

60. Hölderlin, *Der Herbst*, op.cit., p.1066.

61. *Odisseia*, vol. XXII, p.473.

62. Wilamowitz é de opinião que a punição "foi narrada prazerosamente pelo poeta" (*Die Heimkehr des Odysseus*, p.67). Mas, como o autoritário filólogo se entusiasma com a metáfora da armadilha de pássaros porque "descreve de maneira precisa e... muito moderna como ficam a baloucar os cadáveres das escravas enforcadas" (loc. cit., cf., também p.76), o prazer em grande parte parece ser dele próprio. Os escritos de Wilamowitz se incluem entre os documentos mais enfáticos da mescla bem além de barbárie e cultura, que está na base do moderno filo-helenismo.

63. Gilbert Murray chama a atenção para a intenção consoladora do verso. Segundo sua teoria, a censura civilizatória expurgou de Homero as cenas de tortura. Restaram a morte de Melântio e das escravas (*The Rise of the Greek Epic*, op.cit., p.146).

Excurso II (p.71-98)

1. Kant, *Beantwortung der Frage: Was ist Aufklärung?*, in *Kants Werke*. Akademie-Ausgabe. vol. VIII, p.35.
2. *Kritik der reinen Vernunft*, op.cit., vol. III (2ª ed.), p.427.
3. Idem.
4. Ibid., p.435s.
5. Ibid., p.428.
6. Ibid., p.429.
7. Ibid., vol. IV (1ª ed.), p.93.
8. *Kritik der Urteilskraft*, op.cit., vol. V, p.185.
9. Idem.
10. *Metaphysische Anfänge der Tugendlehre*, op.cit., vol. VI, p.449.
11. [Como se fosse uma questão de linhas, planos ou volumes.] Spinoza. *Ethica*, parte III. Prefácio.
12. *Kritik der reinen Vernunft*, op.cit., vol. III (2ª ed.), p.109.
13. *Histoire de Juliette*, vol. V. Holanda, 1797, p.319s.
14. Ibid., p.322s.
15. Ibid., p.324.
16. *Kritik der praktischen Vernunft*, vol. V, op.cit., p.31, 47, 55 entre outras.
17. *Nouveaux Essais sur J'Entendement Humain*, ed. Erdmann, Livro I, cap. II., §9. Berlim, 1840, p.215.
18. Cf. a introdução de Heinrich Mann à edição da Inselverlag.
19. *Metaphysische Anfänge der Tugendlehre*, vol. VI, op.cit., p.408.
20. *Juliette*, vol. IV, op.cit., p.58.
21. Ibid., p.60s.
22. ["O arrependimento não é uma virtude, ou não se origina da razão, mas quem se arrepende do que fez é duas vezes miserável ou impotente."] Spinoza, *Ethica*, parte IV, prop. LIV, p.368.
23. ["O povo mete medo, a não ser que tenha medo."] Ibid., Schol.
24. *Metaphysische Anfänge der Tugendlehre*, vol. VI, op.cit., p.408.
25. Ibid., p.409.
26. *Juliette*, vol. II, op.cit., p.114.
27. Ibid., vol. III, p.282.
28. Nietzsche, *Umwertung aller Werte*, in *Werke*, vol. VIII, Kröner, p.213.
29. *Juliette*, vol. IV, op.cit., p.204.
30. E. Dühren apontou esse parentesco em suas *Neuen Forschungen*. Berlim, 1904, p.453s.
31. Nietzsche, *Umwertung aller Werte*, in *Werke*, vol. VIII, op.cit., p.218.
32. *Juliette*, op.cit., vol. I, p.315s.
33. *Genealogie der Moral*, op.cit., vol. VII, p.321s.
34. ["Ousar tudo doravante sem medo."] *Juliette*, op.cit., vol. I, p.300.
35. *Histoire de Justine*, vol. IV,. Holanda, 1797, p.4. Também citado em Dühren, *Neuen Forschungen*, op.cit., p.452.
36. *Genealogie der Moral*, vol. VII, op.cit., p.326s.
37. *Justine*, vol. IV, op.cit., p.7.

38. *Nachlass*, vol. XI, op.cit., p.214.
39. *Genealogie der Moral*, vol. VII, op.cit., p.433.
40. *Juliette*, vol. I, op.cit., p.208s.
41. Ibid., p.211s.
42. *Jenseits von Gut und Base*, vol. III, op.cit., p.100.
43. *Nachlass*, vol. XII, op.cit., p.108.
45. *Juliette*, vol. I, op.cit., p.313.
45. ["Embora pareça ser uma espécie de piedade."] *Ethica*, parte IV, apêndice, Cap. XVI.
46. Ibid., prop. L. Schol.
47. lbid., prop. L.
48. *Juliette*, vol. II, op.cit., p.125.
49. Idem.
50. *Nietzsche contra Wagner*, in *Werke*, vol. VIII, op.cit., p.204.
51. *Juliette*, vol. I, op.cit., p.313.
52. Ibid., vol. II, p.126.
53. *Beobachtungen über das Gefühl des Schönen und Erhabenen*, vol. II, op.cit., p.215s.
54. Idem.
55. *Nachlass*, vol. XI, op.cit., p.227s.
56. *Also Sprach Zarathustra*, vol. VI, op.cit., p.248.
57. *Genealogie der Moral*, vol. VII, op.cit., p.421.
58. *Juliette*, vol. III, op.cit., p.78s.
59. Ibid., vol. IV, p.126s.
60. *Théorie de la Fête*, Nouvelle Revue Française, jan 1940, p.49.
61. Cf. Caillois, op.cit.
62. Ibid., p.58s.
63. *Nachlass*, vol. XII, op.cit., p.364.
64. *Juliette*, vol. II, op.cit., p.81s.
65. Ibid., vol. III, p.172s.
66. Ibid., vol. III, p.176s.
67. Edição particular Helpey, p.267.
68. *Juliette*, loc. cit.
69. Ibid., p.178s.
70. Ibid., p.188-99.
71. *Juliette*, vol. IV, op.cit., p.261.
72. Ibid., vol. II, p.273.
73. *Juliette*, vol. IV, op.cit., p.379.
74. *Aline et Valcour*, vol. I. Bruxelas, 1883, p.58.
75. Ibid., p.57.
76. Victor Hugo, vol. VIII, *L'Homme qui rit*, cap.7.
77. *Juliette*, vol. IV,op.cit., p.199.
78. Cf. *Les 120 Journées de Sodome*, vol. II. Paris, 1935, p.308.
79. *Der Fall Wagner*, vol. VIII, op.cit., p.10.
80. R. Briffault, *The Mothers*, vol. I. Nova York, 1927, p.119.
81. *Nachlass*, vol. XI, op.cit., p.216.
82. Ibid., vol. XIV, p.273.

83. *Grundlegung zur Metaphysik der Sitten*, vol. IV, op.cit., p.432.
84. *Die Fröhliche Wissenschaft*, vol. V, op.cit., p.275. Cf. *Genealogie der Moral*, vol. VII, op.cit., p.267-71.
85. *Die Fröhliche Wissenschaft*, loc. cit.
86. Cf. Nietzsche, *Nachlass*, vol. XI, op.cit., p.216.
87. Cf. Le Play, *Les Ouvriers Européens*, vol. I. Paris, 1879, esp. p.133s.
88. *Juliette*, vol. IV, op.cit., p.303s.
89. *Les 120 Journées de Sodome*, vol. I, op.cit., p.72.
90. Cf. *Juliette*, vol. II, op.cit., p.234, nota.
91. *La Philosophie dans le Boudoir*, op.cit., p.185.
92. Cf. Demócrito, *Diels Fragment 278*, vol. II. Berlim, 1912, p.117s.
93. *La Philosophie dans le Boudoir*, op.cit., p.242.
94. S. Reinach, "La prohibition de l'inceste et le sentiment de la pudeur", in *Cultes. Mythes et Religions*, vol. I. Paris, 1905, p.157.
95. *La Philosophie dans le Boudoir*, op.cit., p.238.
96. Ibid., p.238-49.
97. Idem.
98. *Juliette*, vol. IV, op.cit., p.240-4.
99. ["Guardem suas fronteiras e fiquem em casa."] *La Philosophie dans le Boudoir*, op.cit., p.263.
100. *Aline et Valcour*, vol. II, op.cit., p.181s.
101. *Juliette*, vol. V, op.cit., p.232.
102. *Die Fröhliche Wissenschaft*, vol. V, op.cit., p.205.

A Indústria Cultural (*p.99-138*)

1. Nietzsche. *Unzeilgemässe Betrachtungen*, in *Werke* (Grossoktavausgabe), vol. I, Leipzig, 1917, p.187.
2. A. de Tocqueville, *De la Démocratie en Amérique*, vol. II. Paris, 1864, p.151.
3. Frank Wedekind, *Gesammelte Werke*, in vol. IX, Munique, 1921, p.426.
4. Nietzsche, *Götzendämmerung*, in *Werke*, vol. VIII, p.136.
5. Expressão própria do discurso ideológico nacional-socialista.

Elementos do Antissemitismo (*p.139-171*)

1. Cf. Freud, *Das Unheimliche*, in *Gesammelte Werke*, vol. XII, p.254, 259, entre outras.
2. Kant, *Kritik der reinen Vernunft* (2ª edição), in *Werke*, vol. III, p.180s.
3. Freud, *Totem und Tabu*, in *Gesammelte Werke*, vol. IX, p.91.

Notas e Esboços (*p.173-211*)

1. Paul Deussen, *Sechzig Upanishad's des Veda*. Leipzig, 1905, p.524.

2. Capítulo II, v.17-19.
3 Sobretudo *Brihadâranyaka-Upanislrad* 3.5.1 e 4.4.22. Deussen, *Sechzig Upanishad's des Veda*, op.cit., p.436s. e 479s.
4. Ibid., p.436.
5. *Marcos*, cap.I, vers. 6.
6. *Vorlesungen über die Geschichte der Philosophie*, vol. II, in *Werke*, vol. XIV, p.159s.
7. Ibid., p.168.
8. Cf. Deussen, *Sechzig Upanishad's des Veda*, op.cit., p.373.
9. Cf. Eduard Meyer. *Ursprung und Anfänge des Christentums*, vol. I. Stuttgart e Berlim, 1921, p.90.
10. Diógenes Laércio, vol. IV, p.15.
11. Cf. *República*, 372; *Político*, 267s. e Eduard Zeller, *Die Philosophie der Griechen*. Leipzig, 1922, 2ª parte, cap.I, p.325s., nota.
12. Cf. Deussen, *Das System des Vedanta*. Leipzig, 1906, 2ª ed., p.63s.
13. Hermann Oldenberg. *Buddha*. Stuttgart e Berlim, 1914, p.174s.
14. Cf. ibid., p.386.
15. Ibid., p.393s.
16. Cf. ibid., p.184s. e 424s.
17. Leibniz. *La Monadologie*, ed. Erdmann. Berlim, 1840, §7, p.705.
18. Cf. ibid., §51, p.709.
19. Cf. R. Caillois, *Le Mythe et l'homme*. Paris, 1938, p.125s.
20. Wilhelm Nestle (org.), *Die Nachsokratiker*, vol. I. Iena, 1923, 72a, p.195.
21. *Éclaircissement sur les Sacrifices*, in *Oeuvres*, vol. V. Lyon, 1892, p.322s.
22. Nietzsche, *Die fröhliche Wissenschaft*, in *Werke*, vol. V, p.133.
23. *Faust*, 1ª parte, v.4.068.
24. Cf. Karl Landauer, *Intelligenz und Dummheit*, in *Das Psychoanalytische Volksbuch*. Berna, 1939, p.172.

1ª EDIÇÃO [1985] 23 reimpressões

ESTA OBRA FOI COMPOSTA POR TEXTOS&FORMAS EM ADOBE GARAMOND E SABON
E IMPRESSA EM OFSETE PELA GRÁFICA PAYM SOBRE PAPEL ALTA ALVURA
DA SUZANO S.A. PARA A EDITORA SCHWARCZ EM MAIO DE 2025

A marca FSC® é a garantia de que a madeira utilizada na fabricação do papel deste livro provém de florestas que foram gerenciadas de maneira ambientalmente correta, socialmente justa e economicamente viável, além de outras fontes de origem controlada.